"十四五"职业教育国家规划教材

高等职业教育校企"双元"
合作开发教材

全国职业院校技能大赛
资源教学转化成果

U0572069

纳税计缴与申报

（第四版）

新准则 新税率

主　审　涂祥策　奚卫华

主　编　喻　竹　夏菊子　孙一玲

徐庆林　马红梅

NASHUI JIJIAO YU SHENBAO

新形态
教材

本书另配教学资源和实训系统，
使用本书的学校可申请安装"税务实训平台软件"

中国教育出版传媒集团

高等教育出版社·北京

内容提要

本书是"十四五"职业教育国家规划教材。

本书以典型企业纳税计缴与申报流程为依据,按照"项目导向、任务驱动"的理念进行编写,力求体现职业性和实践性。本书共有九个项目,包括税务登记、发票管理、增值税及附加税费计缴与申报、消费税及附加税费计缴与申报、企业所得税计缴与申报、个人所得税计缴与申报、小税种及其他税费计缴与申报、税收风险管控、综合税费计缴与申报模拟。针对每个计缴与申报项目,以税种认知、计缴申报为主线设计,体现"做中学、做中教"的理念,培养学生的职业能力和职业素养。

本书是"税友衡信杯"全国税务技能大赛推荐用书,既可作为高等职业本科院校和高等职业专科院校会计类等财经商贸大类专业的教材,又可作为社会相关人士培训用书。

图书在版编目(CIP)数据

纳税计缴与申报 / 喻竹等主编. -- 4 版. -- 北京 : 高等教育出版社,2024.10(2025.8 重印).

ISBN 978 - 7 - 04 - 061750 - 4

Ⅰ. F812.423

中国国家版本馆 CIP 数据核字第 20243MD702 号

策划编辑 毕颖娟 张文博　责任编辑 张文博 蒋 芬　封面设计 张文豪　责任印制 高忠富

出版发行	高等教育出版社	网　址	http://www.hep.edu.cn
社　址	北京市西城区德外大街 4 号		http://www.hep.com.cn
邮政编码	100120	网上订购	http://www.hepmall.com.cn
印　刷	上海叶大印务发展有限公司		http://www.hepmall.com
开　本	787mm×1092mm　1/16		http://www.hepmall.cn
印　张	24	版　次	2016 年 2 月第 1 版
字　数	594 千字		2024 年 10 月第 4 版
购书热线	010-58581118	印　次	2025 年 8 月第 3 次印刷
咨询电话	400-810-0598	定　价	52.00 元

本书如有缺页、倒页、脱页等质量问题,请到所购图书销售部门联系调换

第四版前言

本书是"十四五"职业教育国家规划教材。

党的二十大报告指出："培养什么人、怎样培养人、为谁培养人是教育的根本问题。"本书以培养能够"依法依规报好税、缴好税"、适应数字经济时代税务数字化要求的高素质技术技能人才为目标，立足于为社会主义现代化建设培养高技能人才。

为了全面贯彻党的二十大精神，落实立德树人根本任务，满足高等职业院校会计类教育发展需求，本书编写团队成员与政府税务部门、行业组织、多家企业深入合作，根据"1＋X"个税计算职业技能等级证书暨会计（税务）行业标准开发的"税费核算与申报"课程标准编写了本书。本书内容力求实现课程教学要求与企业（行业）岗位职业技能要求对接、课程内容标准与"1＋X"个税计算职业技能等级证书（中级）对接、课程实训教学内容与全国职业院校技能大赛财经商贸类赛项规程涉税典型业务内容对接，为院校人才培养模式改革创新提供支撑。

本书广泛吸收核心课程资源库建设优秀成果，反映"衡信杯"全国大学生智慧税务大赛赛项规程内容，坚持理论与实务相结合，反映高等院校教学改革的要求和税收领域改革的最新动态。

本书特色如下：

1. 编写理念创新

按照"项目导向、任务驱动"的编写理念，依据会计（税务）岗位要求及职业标准，以企业的纳税计缴与申报流程为主线设计任务，培养学生的综合职业能力和职业素养。

2. 体例科学合理

以职业能力为目标，设计一个综合案例，并将其分解为若干子任务进行讲解，将"教、学、做"融为一体，体现了"工学结合"的人才培养模式。

3. 内容全面新颖

以最新的税收制度为依据，吸收"以数治税"背景下的税收征管与现代化税费治理新理念，结合金税工程全面数字化的电子发票、税务数字账户、自然人电子税务局、新电子税务局、风险管理系统等最新应用和业务，反映税收领域改革的新动态，突破了传统税务教材编写大框架，具有实用性、前瞻性等特点。

4. 突出重点难点

针对重点知识，不仅有详细的计缴与申报操作步骤，而且充分利用现代信息化技术建设了丰富的课程资源库，实现理实一体化，让学生真正掌握计缴与申报知识，达到熟练运用和举一反三的效果。

5. 配套资源丰富

配套的丰富教学资源为教师提供全面教学支持。为便于学校统一组织教学，选用本书的学校可凭书后"课程平台申请体验单"，向浙江衡信教育科技有限公司免费申请安装其开发的"电子税务局实训平台"。

本书由遵义职业技术学院喻竹、安徽商贸职业技术学院夏菊子、天津滨海职业学院孙一玲、安徽审计职业学院徐庆林、浙江旅游职业学院马红梅任主编。具体编写分工如下：安徽审计职业学院杨成晨编写项目一，安徽审计职业学院周奕飞编写项目二，夏菊子编写项目三，滁州职业技术学院夏敏编写项目四，孙一玲编写项目五，马红梅编写项目六，贵州电子商务职业技术学院丁小红编写项目七，喻竹、咸宁职业技术学院柯希均和丁小红编写项目八，徐庆林编写项目九。

在本书编写过程中，除选用了现行的税收法规以外，还参考了一些专家、学者的有关资料和教材，得到不少院校领导和浙江衡信教育科技有限公司的大力支持，在此一并表示感谢！由于我们理论水平和实践经验有限，书中疏漏之处在所难免，恳请读者提出宝贵意见。

编　者

2024 年 8 月

目 录

项目一　税务登记

≣ 知识目标

1. 掌握税务登记常规业务操作,包括企业设立、变更、注销税务登记。
2. 掌握税务登记特殊业务操作,包括企业停业、复业登记、跨区域涉税事项报验。

✎ 技能目标

1. 能熟练办理企业的开业税务登记,及时向主管税务机关提交相关材料、核定税种。
2. 能熟练办理企业税务信息变更、注销,对信息变更类型实现准确分类。
3. 能熟练办理定期定额征收个体工商户的停业、复业税务登记及企业跨区域涉税事项报验。

≣ 素养目标

1. 关注税务变更,认识到税务相关流程简化中体现出的为民利民思想。
2. 培育效率意识、创新意识。
3. 培育自觉、诚信纳税意识。

▨ 知识导图　(图 1-1)

图 1-1　知识导图

1

青海：察实情 谋实招 服务纳税人缴费人

2023年11月，西宁经济技术开发区税务局结合最新政策及业务调整情况，按照国家税务总局更新发布的"非接触式"办税缴费事项清单，探索改进办税缴费方式，切实减轻企业办税缴费负担，积极推行网上业务受理中心，将办税业务移上"云端"，实现云端预约、税费咨询、帮办代办，搭建集"线上＋线下"于一体的"云端办税服务厅"。

"我刚在电子税务局提交变更税务登记的申请，马上就有税务人员在线回复，既省时又省事。"作为受理中心的体验者，青海牛羊跳动供应链有限公司办税员周小楠表示。受理中心充分发挥专家团队优势，形成简单问题由座席直接答复，复杂问题由"税费管家"团队支援，疑难问题由专家团队兜底处理的"1＋1＋N"问题解决机制，实现网上业务网上办，网上问题网上解决的"全链条"办理新模式。

同时，受理中心集中办理开发区辖区内纳税人通过电子税务局提交的各项涉税业务申请，打破了各园区税务局之间的信息壁垒，实现线上业务"一站式"受理、内部业务"一站式"流转、远程帮办"一站式"服务。截至2023年11月，已受理网上涉税业务17 880件，进一步提升服务纳税人缴费人的"精准度"和"靶向性"。

国家税务总局青海省税务局有关负责人表示，让税费优惠政策精准落地、涉税费业务办理更加便捷、税收营商环境更加优质，成为纳税人缴费人的更高期待，同时也是税务部门的不懈追求。全省税务系统将紧扣纳税人缴费人需求，在精细化、智能化、便捷化上用力，切实提高纳税人缴费人获得感。

案例思考：

1. 大数据时代，企业开设、变更、注销登记发生了怎样的变化？

2. 税务机关为何致力于提升服务纳税人的水平？

任务一 办理常规业务

⚓ 知识准备

《中华人民共和国税收征收管理法》第十五条规定，企业在外地设立的分支机构和从事生产、经营的场所，个体工商户和从事生产、经营的事业单位（以下统称从事生产、经营的纳税人）自领取营业执照之日起30日内，持有关证件，向税务机关申报办理税务登记。税务机关应当于收到申报的当日办理登记并发给税务登记证件。工商行政管理机关（现为市场监督管理机关,下同)应当将办理登记注册、核发营业执照的情况,定期向税务机关通报。

从事生产、经营的纳税人,税务登记内容发生变化的,自工商行政管理机关办理变更登记之日起 30 日内,或者在向工商行政管理机关申请办理注销登记之前,持有关证件向税务机关申报办理变更或者注销税务登记。

《中华人民共和国税收征收管理法实施细则》规定,纳税人发生解散、破产、撤销以及其他情形,依法终止纳税义务的,应当在向工商行政管理机关或者其他机关办理注销登记前,持有关证件向原税务登记机关申报办理注销税务登记;按照规定不需要在工商行政管理机关或者其他机关办理注册登记的,应当自有关机关批准或者宣告终止之日起 15 日内,持有关证件向原税务登记机关申报办理注销税务登记。

纳税人因住所、经营地点变动,涉及改变税务登记机关的,应当在向工商行政管理机关或者其他机关申请办理变更或者注销登记前或者住所、经营地点变动前,向原税务登记机关申报办理注销税务登记,并在 30 日内向迁达地税务机关申报办理税务登记。

纳税人被工商行政管理机关吊销营业执照或者被其他机关予以撤销登记的,应当自营业执照被吊销或者被撤销登记之日起 15 日内,向原税务登记机关申报办理注销税务登记。

岗位说明

税务专员岗。

业务操作

一、公司设立的税务登记

(一)设立税务登记的范围

按照"多证合一"等制度改革要求,领取加载统一社会信用代码证件的企业、农民专业合作社、个体工商户及其他组织无须单独到税务机关办理该事项,其领取的证件作为税务登记证件使用。但企业仍需在市场监管部门办理营业执照后,及时到税务机关完成补充信息采集、核定税种。补充信息的内容包括:银行账号、财务负责人信息、核算方式、从业人数、会计制度、代扣代缴业务情况。

(二)新开办企业设立登记流程

"一表申请、一窗受理、并联审批、一份证照"的新办企业登记流程如下:

(1)线下办理(办税大厅)。具体流程如图 1-2 所示。

"多证合一,一照一码"登记制度

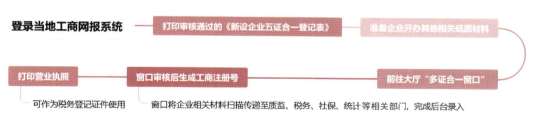

图 1-2 企业设立登记线下办理流程

企业开办需要准备的材料

（2）线上办理。新开办业务纳税人通过市场监督管理局系统进行业务申请，税务人员在后台操作，纳税人可到政务大厅窗口领取税务 Ukey 和纸质发票，或者由政务大厅邮寄。流程如图 1-3 所示。

图 1-3　企业设立登记线上办理流程

（3）完成税务机关补充登记。具体流程如图 1-4 所示。

图 1-4　企业设立登记税务机关补充登记流程

二、变更税务登记流程

（一）变更税务登记的适用范围

发生以下业务的，需进行税务变更登记：改变纳税人名称、法定代表人的；改变住所、经营地点的（不含改变主管税务机关的）；改变经济性质或企业类型的；改变经营范围、经营方式的；改变产权关系的；改变注册资金的。

（二）变更税务登记的时限

税务登记内容发生变化，按规定纳税人须在市场监督管理机关办理注册登记的，相关人员应自市场监督管理部门办理变更登记之日起 30 日内，向原税务登记机关申报办理变更税务登记。

（三）变更流程（图 1-5）

图 1-5　变更税务登记流程

三、注销税务登记流程

（一）注销申请条件

（1）因解散、破产、撤销等情形，依法终止纳税义务的。

1

（2）按规定不需要在市场监督管理机关或者其他机关办理注销登记的，但经有关机关批准或者宣告终止的。

（3）被市场监督管理机关吊销营业执照或者被其他机关予以撤销登记的。

（4）境外企业在中华人民共和国境内承包建筑、安装、装配、勘探工程和提供劳务，项目完工、离开中国的。

（5）外国企业常驻代表机构驻在期届满、提前终止业务活动的。

（6）非境内注册居民企业经国家税务总局确认终止居民身份的。

（二）所需材料

（1）《注销税务登记申请审批表》。

（2）经办人身份证原件。

（三）办理地点

纳税人可通过办税服务厅（或其他规定的场所）、电子税务局办理。

（四）注销税务登记流程（图 1－6）

图 1－6　注销税务登记流程

任务二　特殊业务办理

知识准备

《个体工商户税收定期定额征收管理办法》（国家税务总局令第 16 号公布，国家税务总局令第 44 号修改）规定，定期定额户发生停业的，应当在停业前向税务机关书面提出停业报告；提前恢复经营的，应当在恢复经营前向税务机关书面提出复业报告；需延长停业时间的，应当在停业期满前向税务机关提出书面的延长停业报告。

《中华人民共和国税收征收管理法实施细则》规定，从事生产、经营的纳税人到外县（市）临时从事生产、经营活动的，应当持税务登记证副本和所在地税务机关填开的外出经营活动税收管理证明，向营业地税务机关报验登记，接受税务管理。

岗位说明

税务专员岗。

业务操作

一、停业登记

(一) 适用范围

实行定期定额征收的个体工商户或比照定期定额户进行管理的个人独资企业发生停业的,应当在停业前向税务机关书面提出停业报告;纳税人停业期满不能及时恢复生产经营的,在停业期满前到主管税务机关申报办理延长停业报告。

(二) 操作流程(图 1-7)

图 1-7　停业登记流程

二、复业登记

(一) 适用范围

已办理停业登记的纳税人于恢复生产经营之前,向主管税务机关申报。纳税人停业期满未按期复业又不申请延长停业的,视为已恢复生产经营,税务机关将纳入正常管理,并按核定税额按期征收税款。

(二) 操作流程(图 1-8)

图 1-8　复业登记流程

三、跨区域涉税事项报验管理

根据《国家税务总局关于创新跨区域涉税事项报验管理制度的通知》(税总发〔2017〕103号)规定,纳税人跨省(自治区、直辖市和计划单列市)临时从事生产经营活动的,不再开具《外出经营活动税收管理证明》,改向机构所在地的税务机关填报《跨区域涉税事项报告表》。纳税人在省(自治区、直辖市和计划单列市)内跨县(市、区)临时从事生产经营活动的,是否实施跨区域涉税事项报验管理由各省(自治区、直辖市和计划单列市)税务机关自行确定。

操作流程如图 1－9 所示。

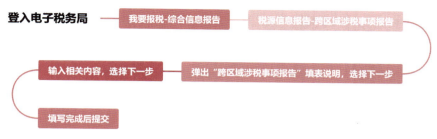

图 1－9　跨区域涉税事项报验流程

项目小结

　　通过完成本项目的工作任务,理解企业在开办初期需要完成的基本工作,掌握企业在开设、变更、注销税务登记所需的材料及流程,了解定期定额征收的个体工商户停复业登记、企业跨区经营报验所需材料及相关流程,提升解决企业税务登记相关问题的能力。

项目二　发票管理

知识目标

1. 掌握全面数字化的电子发票的相关规定。
2. 掌握全面数字化的电子发票的开具流程。
3. 掌握税务数字账户发票勾选确认。

技能目标

1. 能进行全面数字化的电子发票相关信息维护。
2. 能开具全面数字化的电子发票。
3. 能在税务数字账户中进行发票勾选确认。

素养目标

1. 培养运用实训平台完成发票开具时严谨务实的工作作风。
2. 培养在开具发票过程中识别风险的能力,具备一丝不苟的工作态度。
3. 培养责任意识,确保发票勾选准确。

知识导图　（图 2－1）

全面数字化的电子发票的基本概念

推行数电票的优点

全面数字化的电子
发票的开具流程

模拟开具全面数
字化的电子发票

发票管理

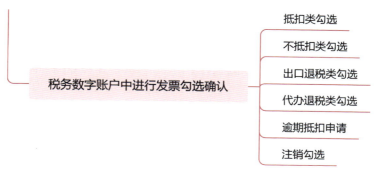

图 2-1　知识导图

引导案例

　　对于企业来说,发票的意义重大。发票不仅是重要的原始凭证,更能帮助企业抵扣部分税额,进而降低成本。某大型企业目前有纸票与电票混开的情况,开票流程复杂缓慢,自动化程度低,无法做到集中管控开票,工作效率低下。这种问题随着全面数字化的电子发票的普及,得到了有效改善。全面数字化的电子发票是与纸质发票具有同等法律效力的全新发票,进一步优化了开具和领用的流程,是一次具有里程碑意义的变革。

 **知识准备**

一、全面数字化的电子发票基本概念

　　全面数字化的电子发票(以下简称数电票)是与纸质发票具有同等法律效力的全新发票,不以纸质形式存在,不用介质支撑,无须申请领用、发票验旧及申请增版增量。纸质发票的票面信息全面数字化,多个票种集成归并为电子发票单一票种,具有全国统一赋码、开具金额总额度管理、自动流转交付等特征。数电票的法律效力、基本用途与现有纸质发票相同。其中,带有"增值税专用发票"字样的数电票,其法律效力、基本用途与现有增值税专用发票相同;带有"普通发票"字样的数电票,其法律效力、基本用途与现有增值税普通发票相同。

　　数电票无联次,基本内容包括:发票号码、开票日期、购买方信息、销售方信息、项目名称、规格型号、单位、数量、单价、金额、税率(或征收率)、税额、合计、价税合计(大写、小写)、备注、开票人等。

二、推行数电票的优点

(一) 简化领票流程

　　开业开票"无缝衔接"。数电票实现"去介质",纳税人不再需要预先领取专用税控设备;通过"赋码制"取消特定发票号段申领,发票信息生成后,系统自动分配唯一的发票号码;通过"赋额制"自动为纳税人赋予发票总额度,实现开票"零前置"。基于此,新办纳税人可实现"开业即可开票"。

2

（二）便利开票用票

（1）发票服务"一站式"更便捷。纳税人登录电子发票服务平台后，可进行发票开具、交付、查验以及用途勾选等一系列操作，享受"一站式"服务，不再像以前，须登录多个平台才能完成相关操作。

（2）发票数据应用更广泛。通过"一户式""一人式"发票数据归集，加强各税费数据联动，为实现"一表集成"式税费申报预填服务奠定数据基础。

（3）发票使用满足个性业务需求。数电票破除特定版式要求，增加了 XML 的数据电文格式，便利交付，同时保留 PDF、OFD 等格式，降低发票使用成本，提升纳税人用票的便利度和获得感。数电票样式根据不同业务进行差异化展示，为纳税人提供更优质的个性化服务。

（4）纳税服务渠道更畅通。电子发票服务平台提供征纳互动相关功能，如增加智能咨询，纳税人在开票、受票等过程中，平台自动接收纳税人业务处理过程中存在的问题并进行智能答疑；纳税人对发票总额度有异议时，可以通过平台向税务机关提出。

🔍 岗位说明

税务专员岗。

☰ 业务操作

一、模拟开具全面数字化的电子发票

（一）登录电子税务局实训平台

电子税务局实训平台为网页端，登录电子税务局实训平台，相关操作界面如图 2-2 所示。

图 2-2　电子税务局实训平台登录界面

登录后，单击【我的企业】—【发票业务】—【全面数字化的电子发票开具】，如图 2-3 所示。

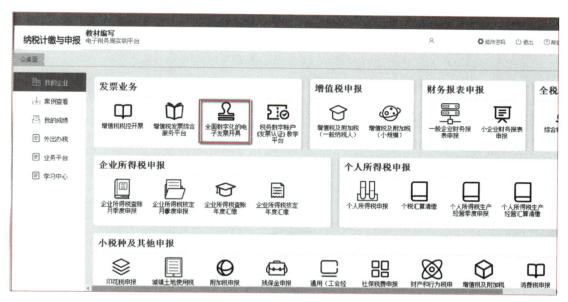

图 2-3 全面数字化的电子发票开具入口

（二）进入案例实训系统

进入案例列表界面，选择相关案例，单击【实训】，进入实训系统选择界面，如图 2-4 所示。

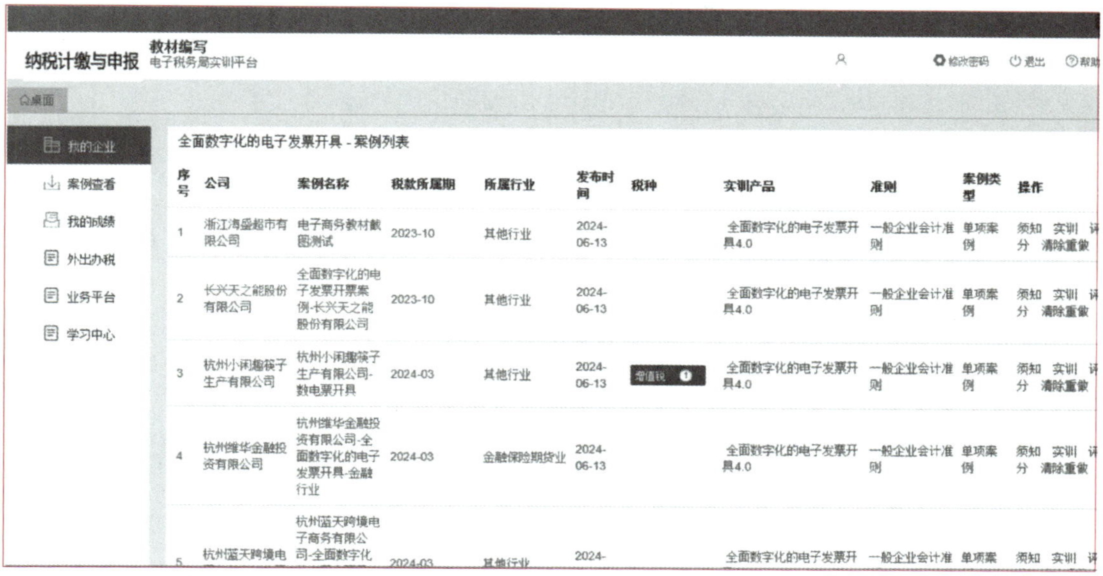

图 2-4 实训案例选择界面

单击【案例详情】可以查看实训要求、企业信息等资料，单击【清除数据】将清除已有的作答记录，请慎重操作。单击【进入系统】，进入实训界面，如图 2-5 所示。

2

图 2 - 5　进入实训系统界面

进入实训系统，单击右上角的头像，完成电子税务局实训系统的登录，如图 2 - 6 所示。

图 2 - 6　登录实训系统

（三）进入开票界面

单击【我要办税】—【开票业务】，进入开票业务界面，如图 2 - 7 和图 2 - 8 所示。

图 2-7　选择【开票业务】

图 2-8　进入【开票业务】

（四）开票信息维护

单击【开票信息维护】，进入信息维护界面，分为【项目信息维护】【客户信息维护】【附加信息维护】三项，如图 2-9 所示。

2

图 2 - 9　进入【开票信息维护】

　　进入项目信息维护界面,有【添加】【批量导入】【税控批量导入】三个选项供选择,如图 2 - 10 所示。

图 2 - 10　进行项目信息维护

单击【添加】,进入项目信息的添加界面,如图 2-11 所示。

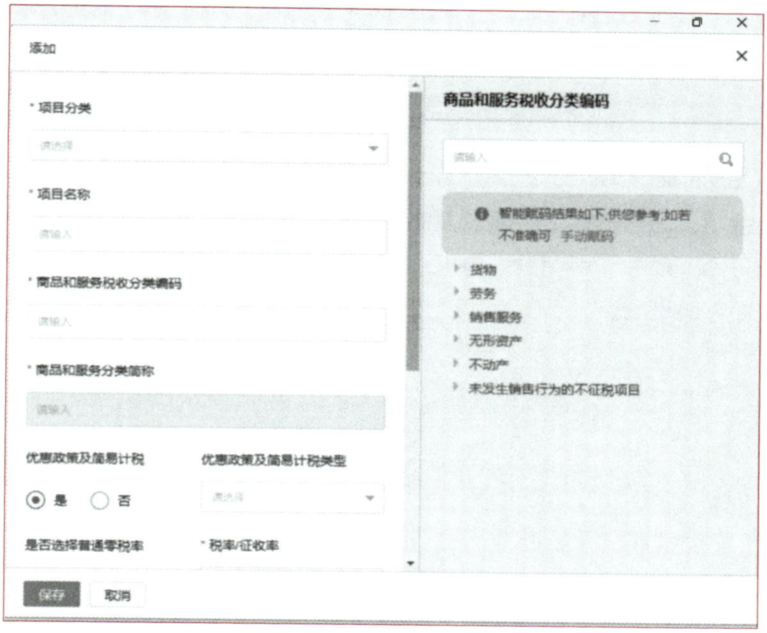

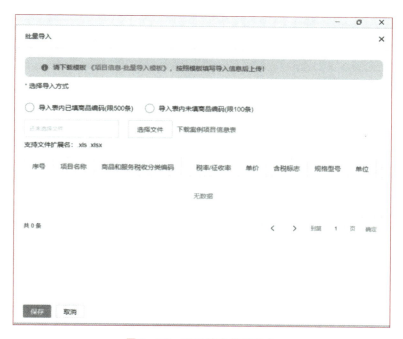

图 2-11　项目信息添加界面

单击【批量导入】,进入【批量导入】,下载导入模板,填写后上传,如图 2-12 所示。

图 2-12　项目信息批量导入

单击【税控批量导入】，进入相应界面，下载导入模板，填写后上传，如图 2-13 所示。

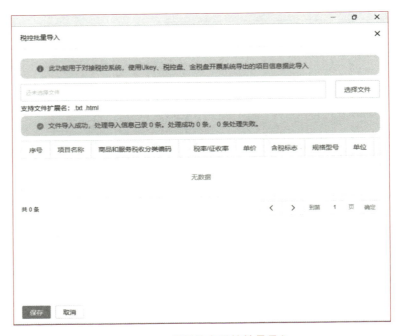

图 2-13　项目信息税控批量导入

在【开票信息维护】中单击【客户信息维护】，跳转至【客户信息维护】，如图 2-14 所示。

图 2-14　选择【客户信息维护】

单击【添加】,在维护界面填写客户信息完成维护,如图 2 - 15 所示。

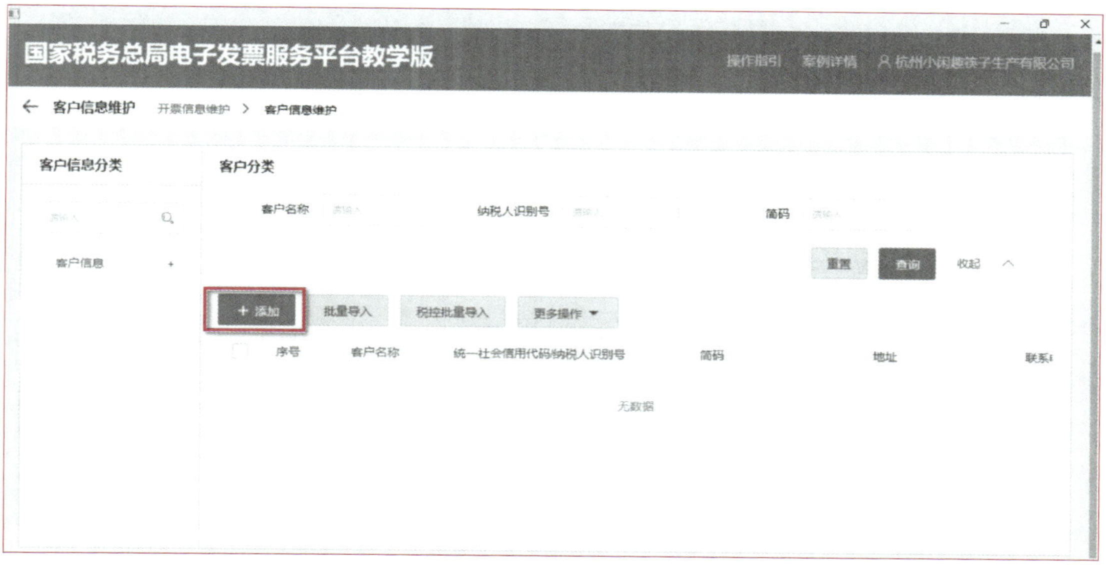

图 2 - 15 客户信息维护界面

在客户信息添加的界面,添加客户信息,如图 2 - 16 所示。

图 2 - 16 客户信息添加界面

单击【详情】【修改】【删除】按钮,对列表的项进行维护操作,如图 2-17 所示。

图 2-17 客户信息维护

(五) 开具蓝字发票

在【开票业务】选择【蓝字发票开具】栏目的【在线办理】按钮,进入开票界面,如图 2-18 所示。

图 2-18 开票业务选择界面

单击【立即开票】，根据案例内容选择对应的发票种类（即：增值税专用发票和普通发票），单击【确认进入】，如图 2 - 19 所示。

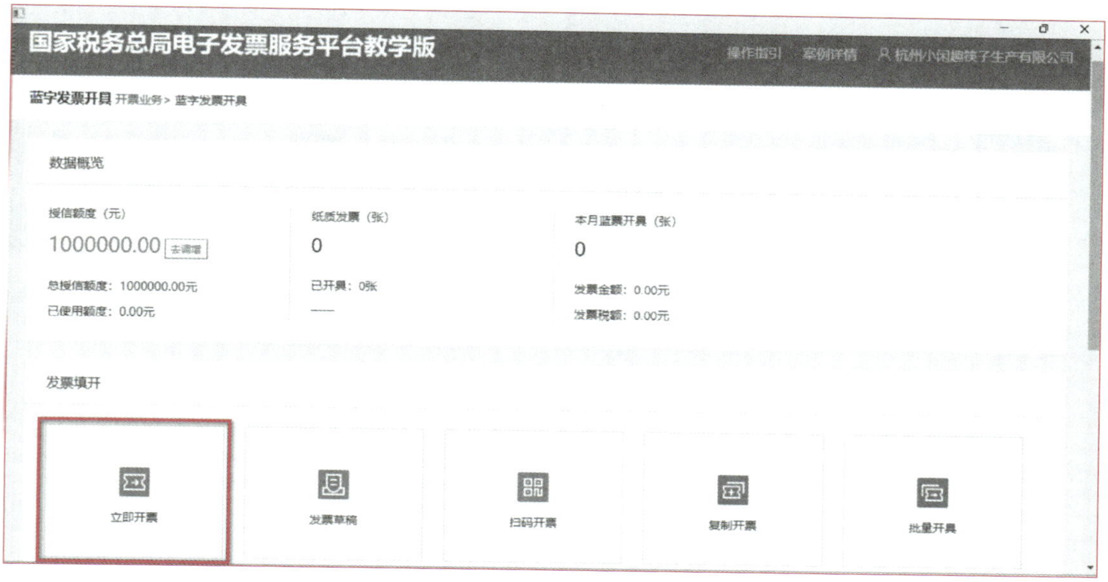

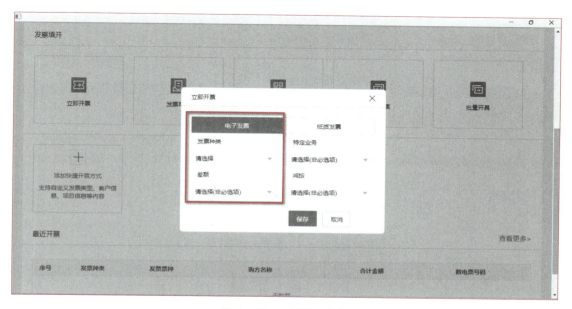

图 2 - 19 开具蓝字发票

根据业务需要，选择发票种类，如图 2 - 20 所示。

图 2 - 20 选择发票种类

　　进入开票界面,首先需要在右上角的开票日期中根据案例选择对应的开票日期,选择完开票日期后,在购买方信息中通过输入或选择已维护的客户信息数据完成信息录入,同时完成销售方信息的核对及录入,如图 2-21 所示(注:现实工作中"开票日期"为登录时的自然日期,不可改)。

图 2-21　维护开票日期和购销方信息

　　录入完成购销方信息,在开票信息中通过单击【添加】按钮添加条数,同时在填写数据前确认发票是否含税,并在项目名称中通过输入或选择的方式录入项目信息维护数据,并根据案例要求录入开票信息,金额及税额将由系统自动计算,如图 2-22 所示。

图 2-22　确认开票信息

根据需要,编写备注信息和经办人信息等内容,如图 2-23 所示。

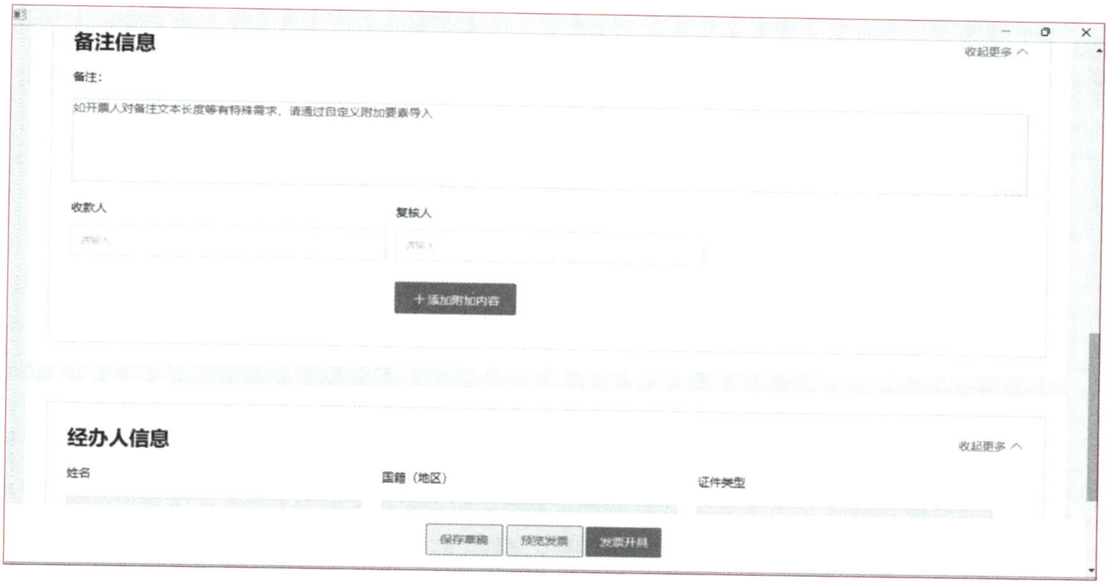

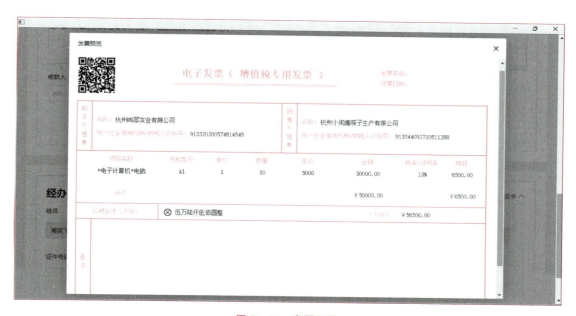

图 2-23 确认备注信息和经办人信息

单击【预览发票】,进入预览界面,如图 2-24 所示。

图 2-24 发票预览

2

单击【发票开具】，提示开票成功，如图 2－25 所示。

图 2－25　开票成功提示

（六）开具折扣发票

重复图 2－18 至图 2－22 操作，在"开票信息"界面，首先勾选需要折扣的项目，然后单击【添加折扣】，进入"折扣信息录入"界面，选择折扣方式、折扣录入方式，最终输入折扣金额。完成折扣发票的开具，如图 2－26 至图 2－28 所示。

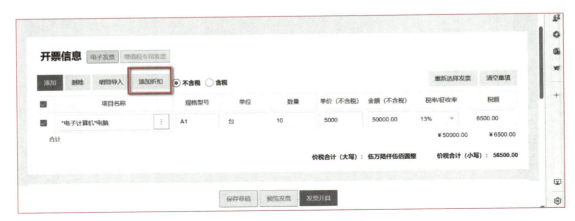

图 2－26　选择添加折扣信息

2

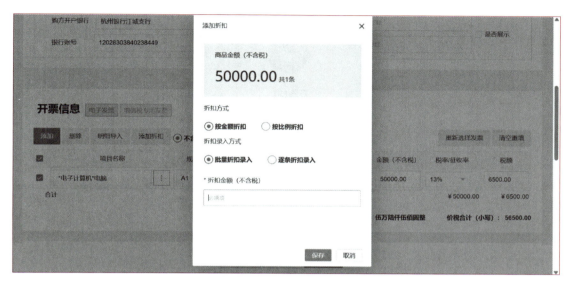

图 2 – 27　添加折扣信息

图 2 – 28　确认折扣信息

单击【发票开具】，提示开票成功，如图 2 - 29 所示。

图 2 - 29 开票成功提示

(七) 开具清单发票

重复图 2 - 18 至图 2 - 22 操作，录入完成购销方信息，单击【明细导入】按钮，单击下载《发票开具-项目信息批量导入模板》，填写完成后通过上传的方式完成清单发票的开票信息导入，通过添加的方式录入多条项目信息也可完成清单发票的开具，如图 2 - 30 至图 2 - 32 所示。

图 2 - 30 选择【明细导入】

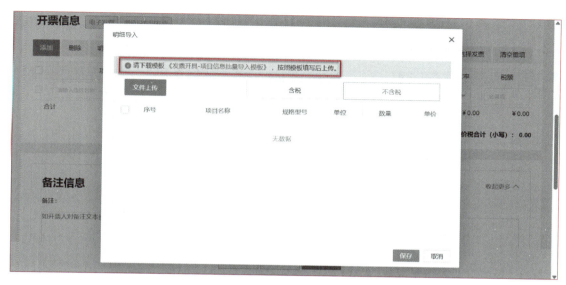

图 2 - 31 进入【明细导入】

图 2 - 32 开票成功

（八）开具差额发票

重复图 2-18 至图 2-22 操作,在单击【立即开票】后,根据需要在【差额】栏目里选择发票种类,录入完成购销方信息,在开票信息中通过单击【添加】按钮添加条数,同时在填写数据前确认发票含税或不含税,并在项目名称中通过输入或选择的方式录入项目信息维护数据。在项目名称及税率数据填写完成后,将自动弹出差额信息录入,在其中输入含税销售额、录入方式(仅支持手工录入)、凭证类型、凭证合计金额、本次扣除金额、备注信息并保存,完成开票信息录入。

2

图 2-33 选取差额开票

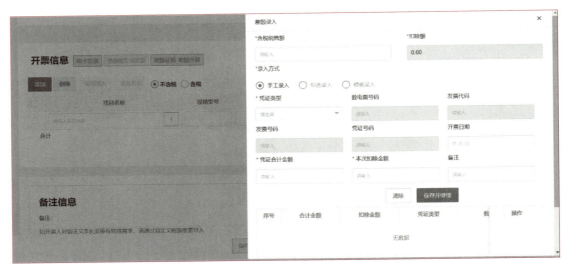

图 2-34 录入差额信息

图 2 - 35　确认差额信息

图 2 - 36　开票成功提示

（九）开具红字发票

在"开票业务"界面，单击【红字发票开具】栏目的【在线办理】按钮，进入"红字发票开具"界面，如图 2 - 37 和图 2 - 38 所示。

图 2-37 开票业务选择界面

图 2-38 录入开具红字发票信息

选择需要开具的数电票,如图 2-39 所示。

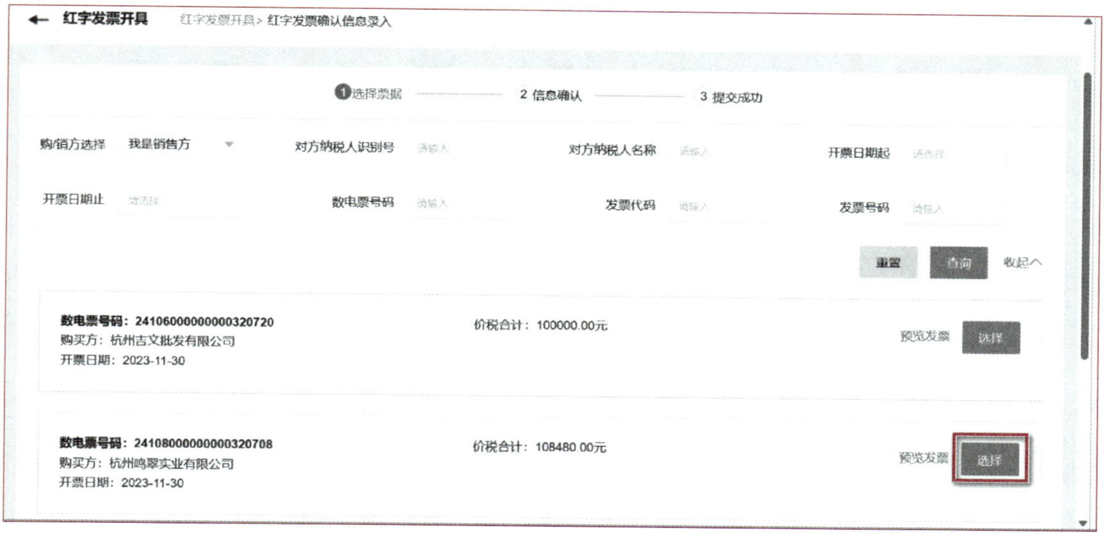

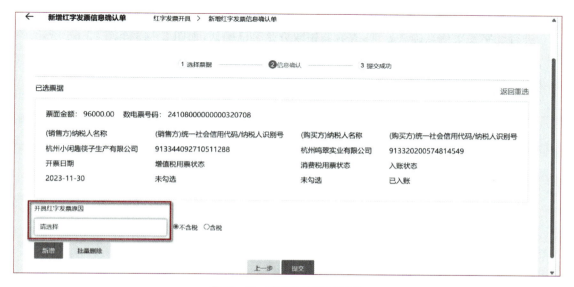

图 2-39 选择需开具的红字发票

选择开具红字发票的原因,如图 2-40 至图 2-42 所示。

图 2-40 确认红字发票信息

2

图 2-41　提交开具红字发票原因

图 2-42　开具红字发票信息提交成功提示

进行红字发票信息确认处理,查看购销双方是否已确认,如图 2-43 至图 2-46 所示。

图 2-43　红字发票功能选择

图 2 – 44　处理红字发票信息

图 2 – 45　确认开具红字发票

图 2 – 46　红字发票开具成功提示

（十）全量发票查询

在【我要办税】，单击【税务数字账户】按钮，进入对应界面，如图 2-47 所示。

图 2-47 进入税务数字账户

已开具的蓝字发票和红字发票需通过税务数字账户的【发票查询统计】查询，选择【全量发票查询】查询已开具完成的票据，如图 2-48 至图 2-52 所示。

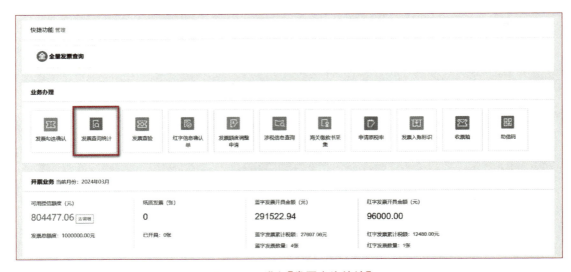

图 2-48 进入【发票查询统计】

2

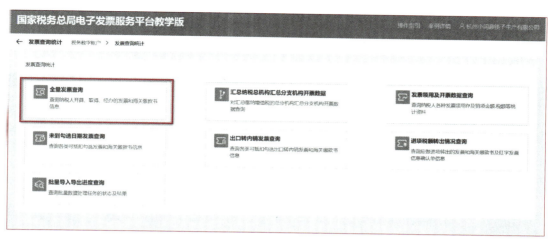

图 2-49 发票查询功能选择

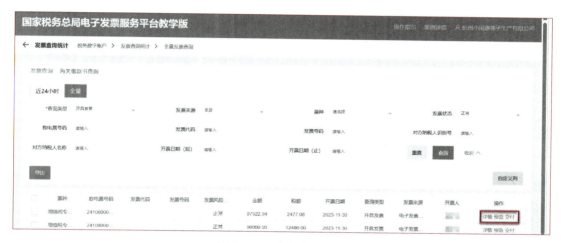

图 2-50 查询全量发票

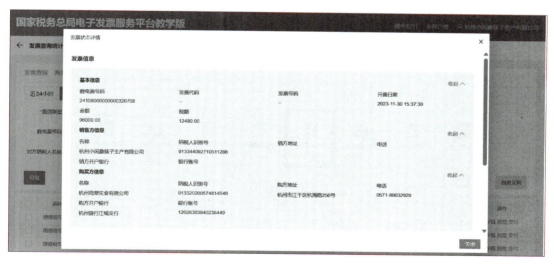

图 2-51 查看发票状态详情

2

图 2-52　预览发票

（十一）授信额度调整

在蓝字发票开具过程中,遇到蓝字发票因授信额度不足无法开具成功时,须通过【调额】按钮或【税务数字账号】按钮进入税务数字账户,在此选择【授信额度调整申请】按钮进入下一步,具体操作如图 2-53 至图 2-56 所示。

图 2-53　授信额度调整

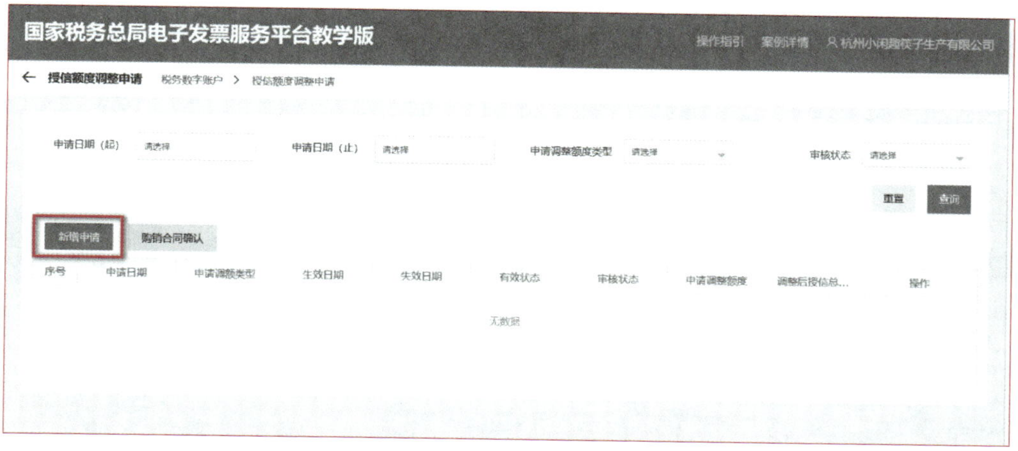

图 2 - 54 进入授信额度调整申请

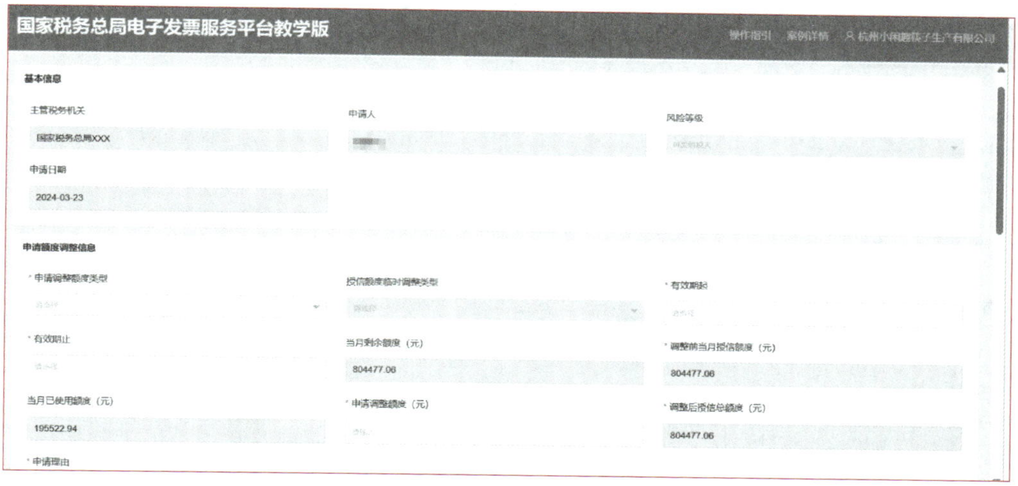

图 2 - 55 填写授信额度调整信息

图 2 - 56 上传授信额度调整附件

（十二）实训系统评分

案例作答完成可通过电子税务局首页的【评分】或系统选择的【提交评分】按钮完成系统评分，如图 2-57 所示。

图 2-57 选择评分

查看成绩，如图 2-58 所示。

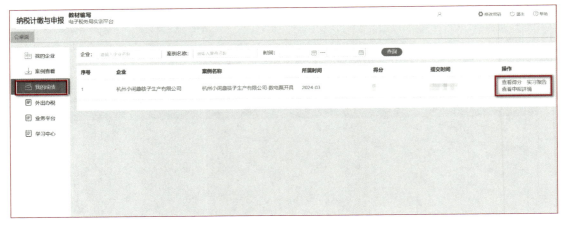

图 2-58 查看成绩

二、税务数字账户（发票认证）

（一）进入税务数字账户业务办理实训平台

登录成功后选择菜单【我的企业】—【发票业务】—【税务数字账户（发票认证）教学平台】，如图 2-59 所示。

2

图 2 – 59　登录税务数字账户(发票认证)教学平台

在进入【税务数字账户(发票认证)教学平台】菜单后,选择教师所发布的案例单击【实训】,进入实训系统,如图 2 – 60 所示。

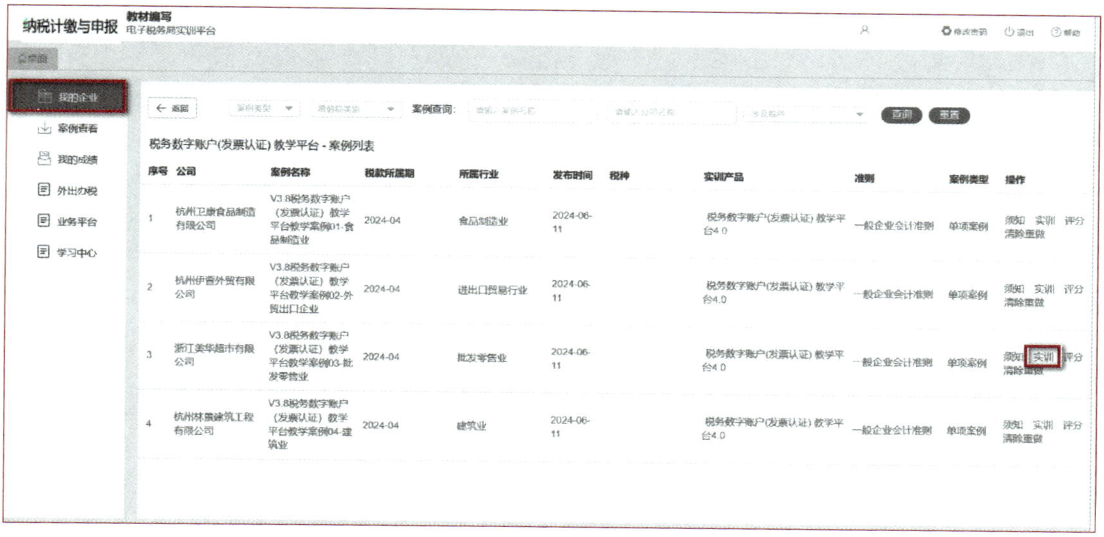

图 2 – 60　实训系统选择

选择案例后,在"系统选择"界面,单击【进入系统】,跳转至"税务数字账户(发票认证)教学平台"的实训界面,如图2-61和图2-62所示。

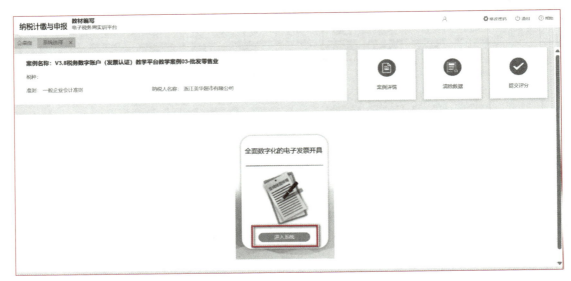

图 2-61 进入案例实训平台

图 2-62 登录

登录成功后，在【我要办税】中，单击【税务数字账户】进入相应界面，如图 2 - 63 所示。

图 2 - 63　选择办税业务

（二）发票勾选确认

在"税务数字账户"界面，单击【发票勾选确认】按钮进入相应界面，如图 2 - 64 所示。

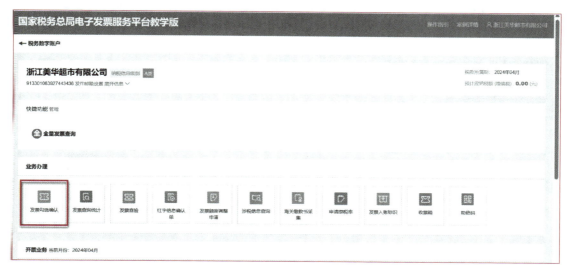

图 2 - 64　办理税务数字账户业务

发票勾选确认中有【抵扣类勾选】【出口退税类勾选】【代办退税类勾选】【不抵扣类勾选】【逾期抵扣勾选】【注销勾选】六大板块,如图 2-65 所示。

图 2-65 发票勾选确认

1. 抵扣类勾选

【抵扣类勾选】部分,对发票、海关缴款书、代扣代缴完税凭证、代开农产品发票录入与抵扣进行操作,通过勾选后单击提交,如图 2-66 和图 2-67 所示。

图 2-66 抵扣勾选

2

图 2-67 提交勾选

【待处理农产品发票】部分,主要包含自产农产品销售发票类型与勾选操作、从小规模处购进的3%农产品专票,如图 2-68 和图 2-69 所示。

图 2-68 待处理农产品销售发票

图 2-69 提交勾选

【统计确认】部分，是当抵扣勾选完成后须通过的申请、确认完成发票抵扣勾选的操作，如图 2-70 至图 2-72 所示。

图 2-70 申请统计

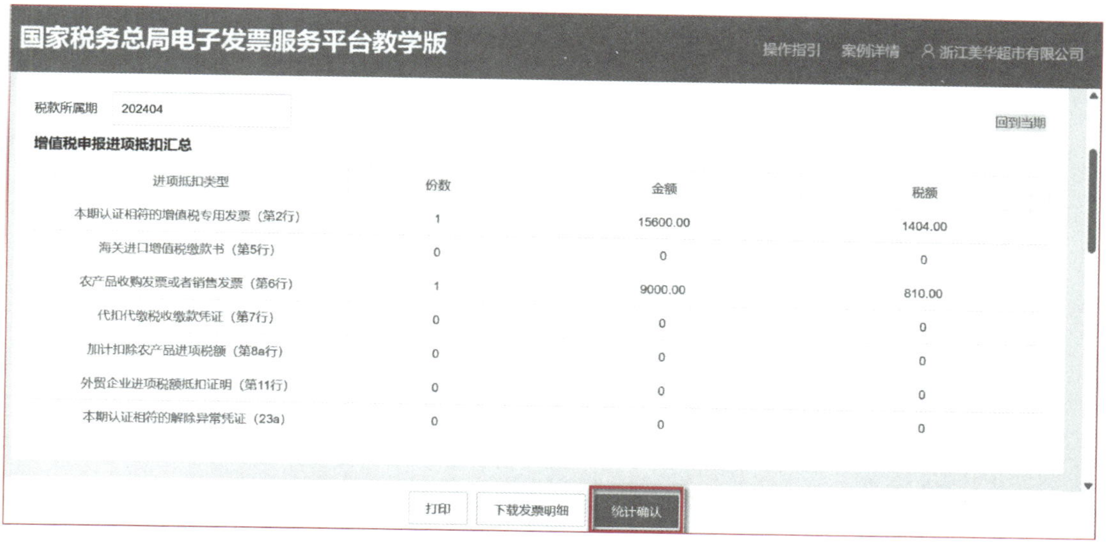

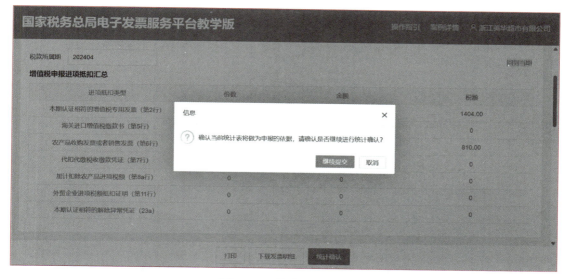

图 2 - 71 统计确认

图 2 - 72 统计提交提示

2. 不抵扣类勾选

在"发票勾选确认"界面,单击【不抵扣类勾选】,进入【不抵扣类勾选】。

【不抵扣类勾选】部分,对发票、海关缴款书、代扣代缴完税凭证票据进行不抵扣勾选操作,其中在不抵扣勾选前需添加不抵扣原因。系统可以提供不抵扣勾选的发票、海关缴款书、代扣代缴完税凭证数据的查询,如图 2 - 73 至图 2 - 77 所示。

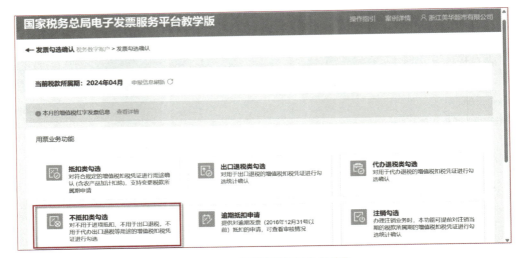

图 2－73 选择【不抵扣类勾选】

图 2－74 添加不抵扣的原因

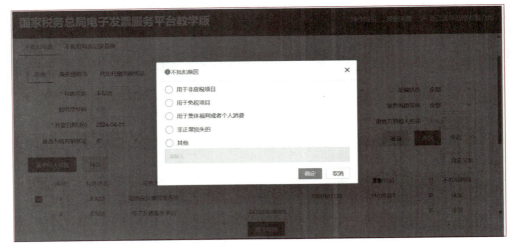

图 2－75 选择不抵扣原因

图 2－76 提交勾选

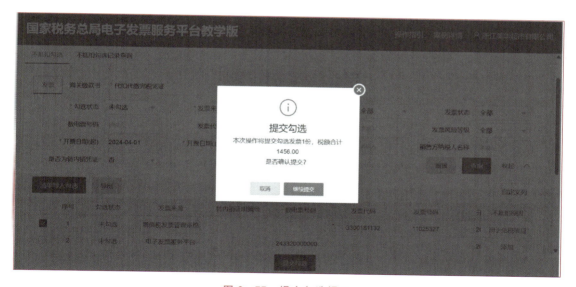

图 2－77 提交勾选提示

3. 出口退税类勾选

在"发票勾选确认"界面，单击【出口退税类勾选】进行发票及海关缴款书的出口退税勾选。

在【出口退税类勾选】中，选择发票或海关缴款书数据，单击【提交勾选】按钮完成出口退税勾选。

勾选完成后，在"用途确认"界面，单击【用途确认】按钮完成操作，确认后出口退税勾选不可进行操作，如图 2－78 至图 2－81 所示。

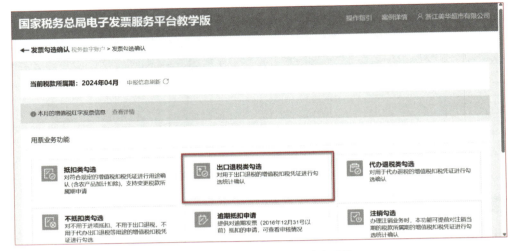

图 2-78 选择【出口退税类勾选】

图 2-79 勾选出口退税信息

图 2-80 确认出口退税信息

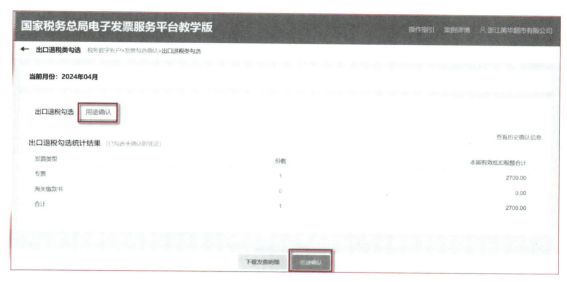

图 2 - 81　确认出口退税用途

4. 代办退税类勾选

在"发票勾选确认"界面,单击【代办退税类勾选】进行票据的代办退税勾选。通过选择票据数据,单击【提交勾选】按钮完成代办退税类勾选操作。代办退税统计表则用于查询代办退税勾选情况数据统计,具体操作如图 2 - 82 至图 2 - 84 所示。

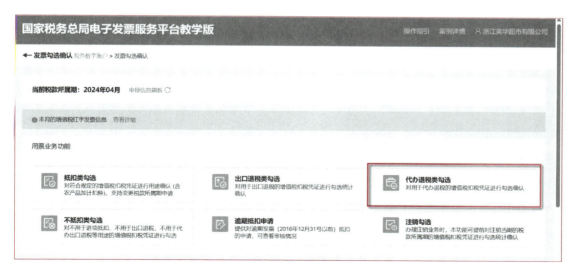

图 2 - 82　选择【代办退税类勾选】

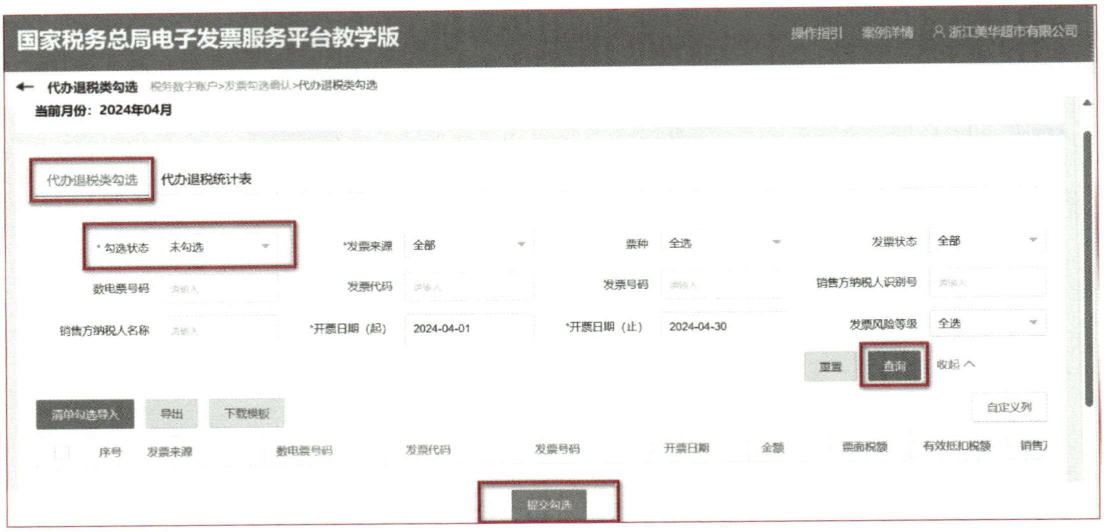

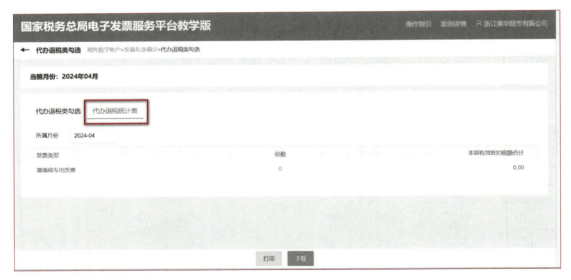

图 2-83　勾选代办退税类信息

图 2-84　代办退税统计表

5. 逾期抵扣申请

在"发票勾选确认"界面，单击【逾期抵扣申请】进行逾期抵扣申请。通过录入发票数据或海关缴款书数据，对录入完成的数据进行勾选提交。

进行发票或海关缴款书的逾期抵扣申请，如图 2-85 至图 2-88 所示。

图 2-85 选择【逾期抵扣申请】

图 2-86 勾选逾期抵扣信息

图 2-87 勾选发票逾期抵扣信息

2

图 2 - 88　勾选海关缴款书逾期抵扣信息

6. 注销勾选

在"发票勾选确认"界面,单击【注销勾选】进行注销勾选,如图 2 - 89 和图 2 - 90 所示。

图 2 - 89　选择【注销勾选】

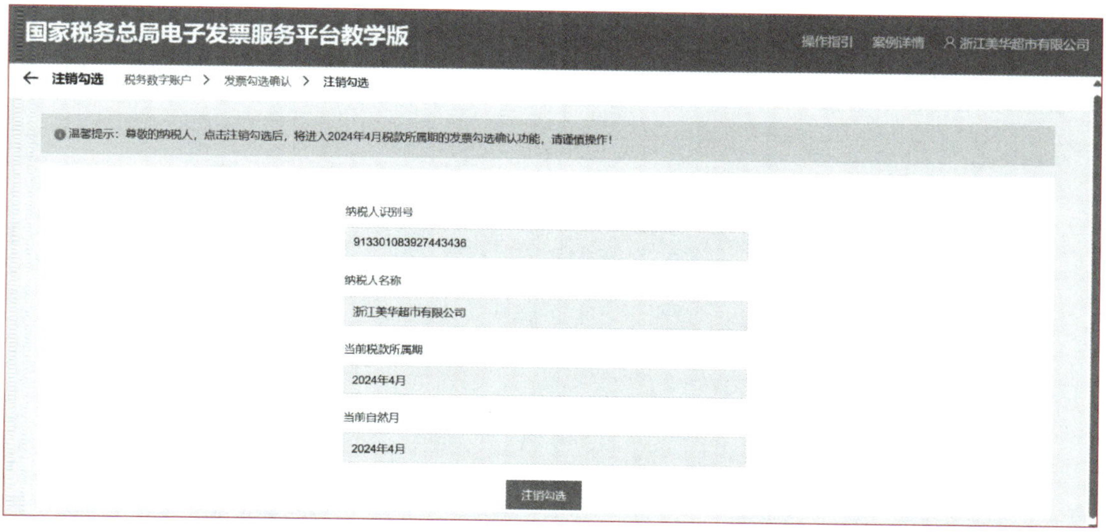

国家税务总局电子发票服务平台教学版 操作指引 案例详情 ☆浙江美华超市有限公司

← 注销勾选 税务数字账户 > 发票勾选确认 > 注销勾选

ⓘ 温馨提示：尊敬的纳税人，点击注销勾选后，将进入2024年4月税款所属期的发票勾选确认功能，请谨慎操作！

纳税人识别号

913301083927443436

纳税人名称

浙江美华超市有限公司

当前税款所属期

2024年4月

当前自然月

2024年4月

注销勾选

图 2-90 注销勾选

（三）发票查询统计

在"税务数字账户"界面，单击【发票查询统计】按钮，在该界面中可通过【全量发票查询】功能查询发票信息，如图 2-91 和图 2-92 所示。

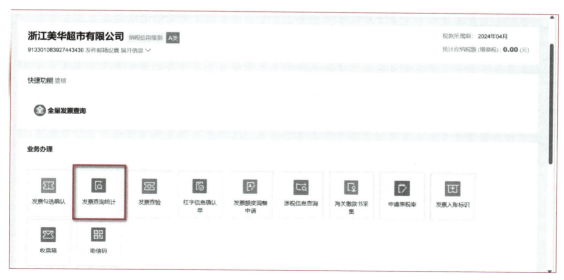

图 2-91 选择【发票查询统计】

2

图 2-92　进入对应界面

（四）发票查验

在"税务数字账户"界面，单击【发票查验】按钮，进入对应界面，如图 2-93 和图 2-94 所示。

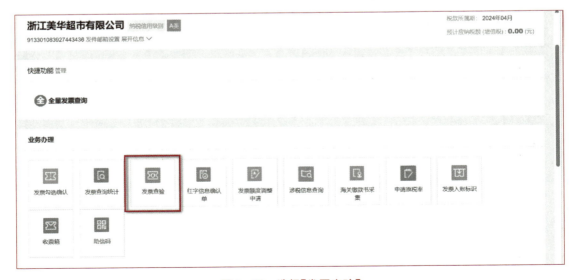

图 2-93　选择【发票查验】

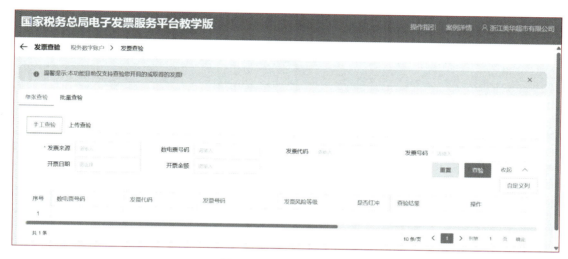

图 2 - 94 进入对应界面

（五）授信额度调整

在"税务数字账户"界面，单击【发票额度调整申请】按钮，进入对应界面，如图 2 - 95 和图 2 - 96 所示。

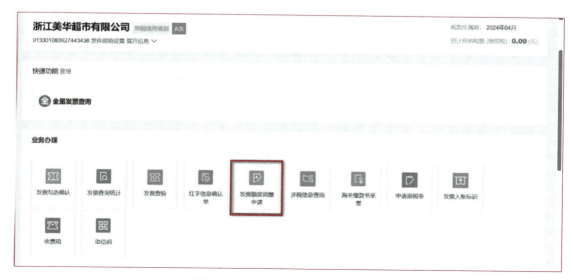

图 2 - 95 选择【发票额度调整申请】

2

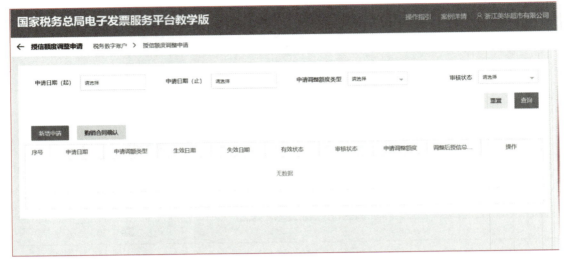

图 2－96　授信额度调整

(六)涉税信息查询

在"税务数字账户"界面,单击【涉税信息查询】按钮,进入对应界面,如图 2－97 和图 2－98 所示。

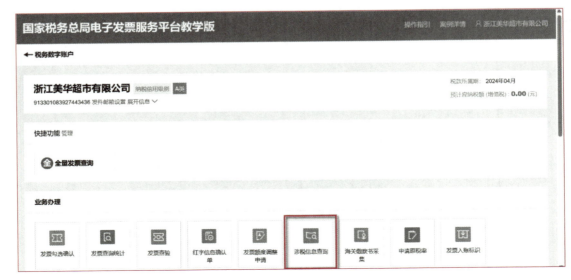

图 2－97　选择【涉税信息查询】

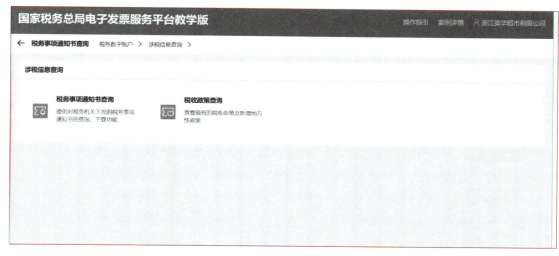

图 2-98 涉税信息查询

（七）海关缴款书采集

在"税务数字账户"界面，单击【海关缴款书采集】按钮，进入对应界面。

通过【手动录入】按钮录入海关缴款书信息，稽核结果为"相符"的海关缴款书才可在发票勾选确认中进行后续操作。当海关缴款书勾选后不可修改，需取消勾选后才可修改海关缴款书信息，如图 2-99 至图 2-101 所示。

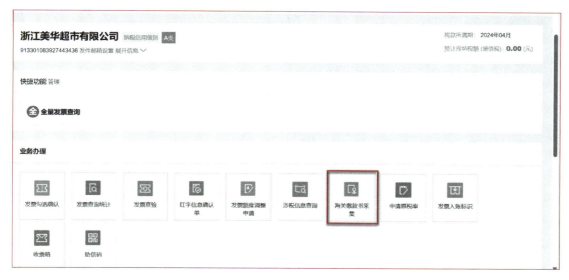

图 2-99 选择【海关缴款书采集】

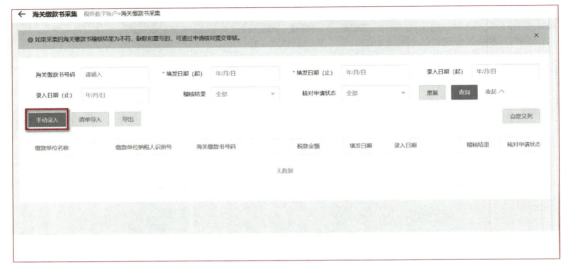

图 2 – 100 进入对应界面

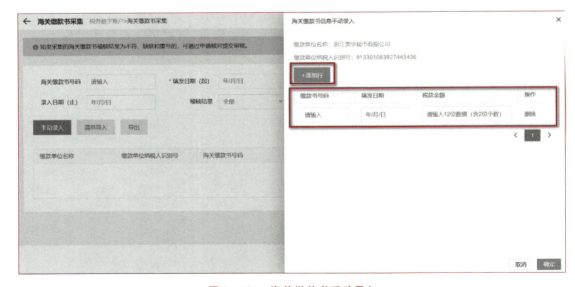

图 2 – 101 海关缴款书手动录入

（八）申请原税率

在"税务数字账户"界面，单击【申请原税率】按钮，进入对应界面，如图 2 – 102 和图 2 – 103 所示。

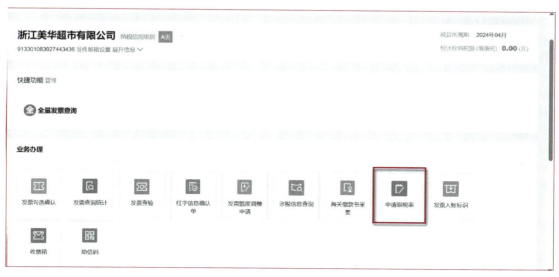

图 2 – 102 选择【申请原税率】

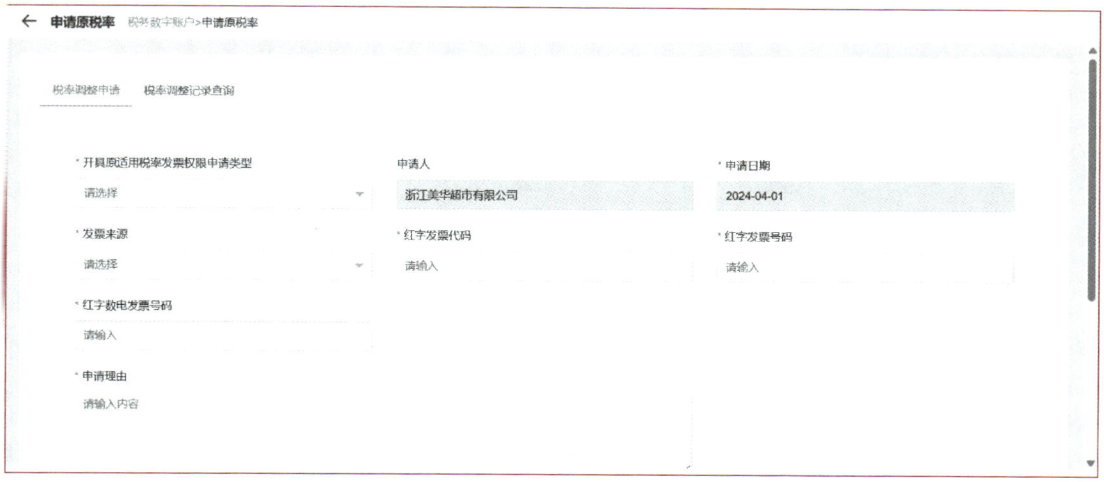

图 2 – 103 进入对应界面

(九) 发票入账标识

在"税务数字账户"界面,单击【发票入账标识】按钮,进入对应界面,如图 2 – 104 和图 2 – 105 所示。

2

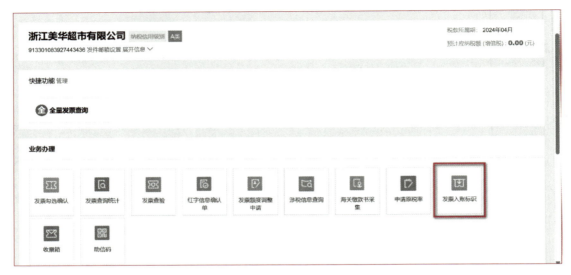

图 2－104　选择【发票入账标识】

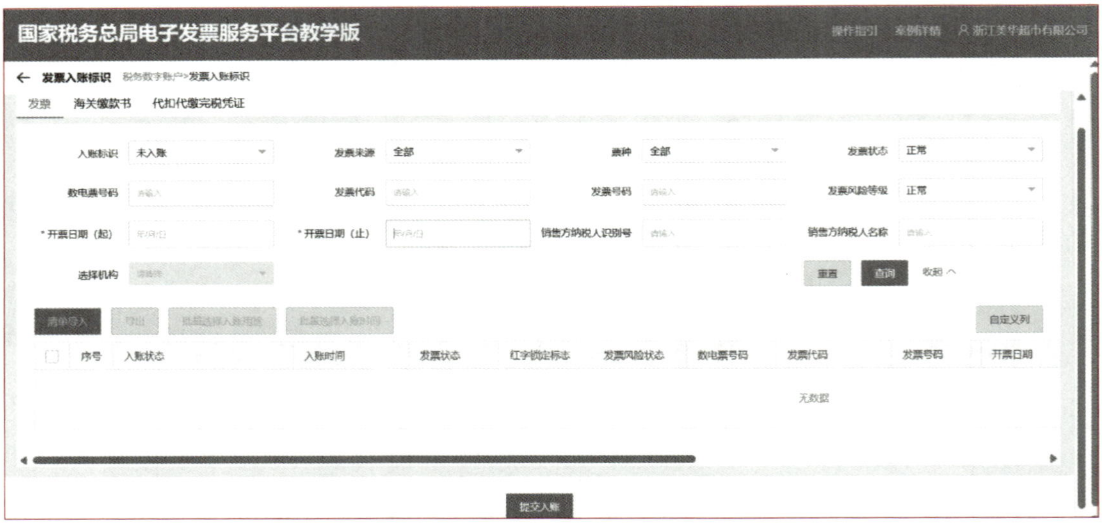

图 2－105　进入对应界面

（十）收票箱

在"税务数字账户"界面，单击【收票箱】按钮，进入对应界面，如图 2－106 和图 2－107 所示。

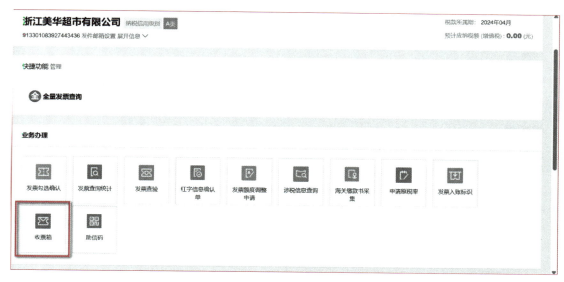

图 2 - 106 选择【收票箱】

图 2 - 107 进入对应界面

（十一）实训系统评分

案例作答完成可通过电子税务局首页的评分或系统选择的提交评分按钮完成系统评分，如图 2 - 108 所示。

图 2 - 108   评分界面

单击【我的成绩】,选择对应的案例查看得分及所开具的发票,并下载实训报告封面,如图 2 - 109 所示。

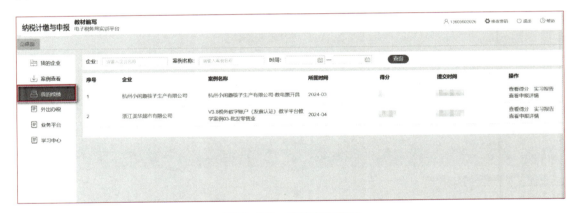

图 2 - 109   成绩查询界面

项目小结

通过完成本项目的工作任务,学习者可以熟练掌握全面数字化的电子发票的相关规定及开具流程,能够独立开具不同种类的数电发票,并进行税务数字账户发票勾选确认。在操作过程中,提高风险识别能力,增强责任感,培养严谨细致的工作作风,进一步提升职业素养。

技能训练

一、单项选择题

1. 下列不属于全面数字化电子发票(以下简称"数电票")基本内容的是(   )。

A. 发票号码   B. 开票日期   C. 会计科目   D. 价税合计金额

2. 根据相关政策法规，数电票报销入账归档必须保存的电子文件格式是（　　　）。

A. PDF 文件
B. OFD 文件
C. XML 文件
D. HTML 文件

3. 开具数电票的信息会在电子发票服务平台（　　　）。

A. 保留 1 年
B. 保留 5 年
C. 保留 10 年
D. 永久保留

4. 纳税人可以在【发票查询统计】中的（　　　）发票的退税状态。

A. 全量发票查询
B. 未到勾选日期发票查询
C. 进项税额转出情况查询
D. 出口转内销发票查询

5. 纳税人开具数电票后（　　　）导出发票明细。

A. 通过"我要办税—税务数字账户—发票查询统计—全量发票查询"模块
B. 通过"我要办税—开票业务—蓝字发票开具"模块
C. 通过"我要办税—税务数字账户—抵扣类勾选"模块
D. 通过"我要办税—开票业务—发票查询统计"模块

二、多项选择题

1. 有关数电票，下列说法正确的有（　　　）。

A. 数电票的法律效力、基本用途等与现有纸质发票相同
B. 数电票分为四个联次
C. 税务机关对试点纳税人开具数电票实行发票总额度管理
D. 数电票只能通过电子发票服务平台交付

2. 数电票的优势包括（　　　）。

A. 领票流程更简化
B. 开票用票更便捷
C. 入账归档一体化
D. 安全隐私性更强

3. 税务数字账户发票查验方式包括（　　　）。

A. 单张发票查验
B. 批量发票查验
C. 人工发票查验
D. 自动发票查验

4. 以下属于税务数字账户中功能的有（　　　）。

A. 发票勾选确认
B. 涉税信息查询
C. 海关缴款书采集
D. 申请原税率

5. 试点纳税人在电子发票服务平台可以维护（　　　）。

A. 商品和服务税收分类编码
B. 税率和征收率
C. 单价
D. 项目名称

三、判断题

1. 数电票可以通过国家税务总局全国增值税发票查验平台验真。（　　　）

2. 数电票是与纸质发票具有同等法律效力的全新发票，不以纸质形式存在、不用介质支撑、无须申请领用、发票验旧及申请增版增量。（　　　）

3. 试点纳税人销售商品开具数电票时，如果商品种类较多，则需要开具销货清单。（　　　）

4. 试点纳税人通过电子发票服务平台开具发票时，每次都需要手动录入发票的全部票面信息。（　　　）

5. 试点纳税人满足相关使用条件后,可以通过电子发票服务平台开具纸质专票、纸质普票。   （   ）

四、拓展训练

请登录电子税务局实训平台,完成数电票开具及税务数字账户(发票认证)相应案例实训。

2

项目三 增值税及附加税费计缴与申报

知识目标

1. 了解增值税及附加税费的基本法律制度。
2. 掌握增值税及附加税费的计算方法。
3. 熟悉增值税及附加税费申报的步骤和要求。

技能目标

1. 能正确填写《增值税及附加税费申报表(一般纳税人适用)》及其附列资料。
2. 能核对数据并确认申报结果。
3. 能按时进行纳税申报并完成税款缴纳。

素养目标

1. 培养纳税申报的责任意识,确保申报准确、及时。
2. 提高与税务机关有效沟通的能力,解决申报过程中的问题。
3. 提升纳税申报的实践能力,强化职业岗位适应性。

知识导图 (图 3-1)

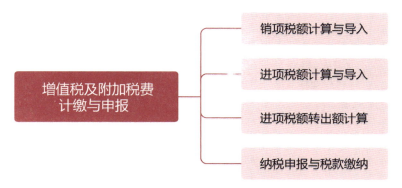

图 3-1 知识导图

引导案例

　　2024 年 2 月至 5 月,国家税务总局淮安市税务局第一稽查局对淮安新概念汽车服务有限公司(纳税人识别号:91320891MA1XRDYB85;地址:淮安经济技术开发区深圳东路 105 号 1 幢)进行税务检查。检查发现,该单位 2022 年 9 月至 2023 年 12 月通过财务负责人杨某私人银行卡收取客户的修理费,未按规定确认不含税销售收入 123 959.70 元,少计增值税销项税额 16 114.76 元。

　　针对上述违法事实,税务局依据有关税收法律制度规定,对该单位作出如下处罚决定:补缴增值税合计 16 114.76 元,补缴城市维护建设税合计 564.02 元。另外罚款 16 678.78 元。

　　因此,以上应缴款项共计 33 357.56 元。

　　案例思考:

　　在上述案例中,该单位因将客户的修理费存入私人银行卡受到了处罚,企业应如何进行增值税及附加税费的计缴与申报,来防范偷逃税款的风险?

任务一　认知增值税

知识准备

一、增值税三大基本要素

　　本项目重点阐述增值税纳税人与扣缴义务人、征税范围、税率及征收率三大要素,具体如图 3-2 所示。

图 3-2　增值税三大基本要素

（一）增值税纳税义务人与扣缴义务人

1. 增值税纳税义务人

增值税纳税义务人是在中华人民共和国境内销售货物、劳务、服务、无形资产、不动产的单位和个人。

对此判定，存在两种特殊情况：

（1）单位以承包、承租、挂靠方式经营的，且以发包人名义对外经营，并由发包人承担相关法律责任的，则发包人为纳税人。不符合上述情况的，承包人为纳税人。

（2）资管产品运营过程中发生的增值税应税行为，以资管产品管理人为增值税纳税人。

2. 增值税扣缴义务人

境外单位或者个人在境内发生应税行为，在境内未设有经营机构的，以购买方为增值税扣缴义务人。

（二）征税范围

1. 销售或进口的货物

销售，是指有偿转移所有权的行为，让渡使用权（租赁）不在此范围。货物指有形动产，包括电力、热力、气体在内。

2. 销售劳务

劳务，包括加工修理修配劳务，必须满足两个条件：❶ 委托方提供原料主料、受损和丧失功能的货物；❷ 受托方根据委托方要求进行加工、修复并收取加工费、修理费。

上述劳务限于对有形动产的加工修理，如果对有形不动产的加工修缮，属于建筑业。

单位或者个体工商户聘用的员工为本单位或者雇主提供加工、修理修配劳务属于非经营活动，不征收增值税。

3. 销售服务

服务，包括交通运输服务、邮政服务、电信服务、建筑服务、金融服务、现代服务、生活服务七项。

4. 销售无形资产

（1）销售范围包括无形资产所有权转让、使用权转让。

（2）无形资产范围包括技术、商标、著作权、自然资源使用权和其他权益性无形资产（如公共事业特许权、特许经营权、配额、代理权、会员权、肖像权等）。

5. 销售不动产

（1）销售范围包括转让不动产所有权的业务活动。

（2）以下项目按照"销售不动产"缴纳增值税：

❶ 转让建筑物有限产权或者永久使用权；

❷ 转让在建的建筑物或者构筑物所有权；

❸ 转让建筑物或者构筑物时一并转让其所占土地的使用权。

（三）税率与征收率

1. 一般纳税人适用增值税税率（表 3-1）

表 3-1　一般纳税人适用增值税税率表

税　　率	适　用　范　围
13%	销售或进口货物；提供应税劳务；提供有形动产租赁服务
9%	提供交通运输服务、邮政服务、基础电信服务、建筑服务；不动产租赁服务、销售不动产、转让土地使用权；销售或进口指定货物
6%	增值电信服务、金融服务、提供现代服务（租赁除外）、生活服务、销售无形资产（转让土地使用权除外）
0	纳税人出口货物；列举的跨境销售服务、无形资产

需要注意以下两点：

（1）销售或进口指定货物适用 9% 税率：

❶ 粮食等农产品、食用植物油、食用盐；

❷ 暖气、冷气、热水、煤气、石油液化气、天然气、二甲醚、沼气、居民用煤炭制品；

❸ 图书、报纸、杂志、音像制品、电子出版物；

❹ 饲料、化肥、农药、农机（不含农机零部件）、农膜；

❺ 国务院规定的其他货物。

（2）租赁业务税率及征收率（表 3-2）。

表 3-2　租赁业务税率及征收率

租　　　赁	一般计税（税率）	简易计税（征收率）
不动产租赁	9%	5%
动产租赁（经营租赁和融资租赁）	13%	3%

2. 增值税的征收率

小规模纳税人适用征收率计税，一般纳税人在简易计税办法下适用征收率计税。现行增值税的征收率为 3% 和 5%。

（1）征收率适用特定范围（表 3-3）。

表 3-3　征收率适用特定范围

适　用　范　围	征收率	
小规模纳税人缴纳增值税（不动产业务除外）	3%	特殊：减按 2% 或 1%
一般纳税人采用简易办法缴纳增值税的货物、应税服务		

续 表

适 用 范 围	征 收 率	
一般纳税人销售、出租其 2016 年 4 月 30 日前取得的不动产、土地使用权,房企销售的老项目,选择适用简易计税方法的不动产经营租赁	5%	特殊:减按 1.5%(出租住房)
小规模纳税人销售、出租取得的不动产		

(2)增值税纳税人销售使用过的物品,其税务处理如表 3-4 所示。

表 3-4 增值税纳税人销售使用过的物品的税务处理

纳税人	销 售 情 形	税 务 处 理	计 税 公 式
一般纳税人	2008 年 12 月 31 日以前购进或者自制的固定资产(未抵扣进项税额)	3%征收率减按 2%征收增值税	增值税 = 售价 ÷ (1+3%)×2%
	销售自己使用过的 2009 年 1 月 1 日以后购进或者自制的固定资产	按正常销售货物适用税率征收增值税【提示】该固定资产的进项税额在购进当期已抵扣	增值税 = 售价 ÷ (1+13%)×13%
	销售自己使用过的除固定资产以外的物品		
小规模纳税人(除其他个人外)	销售自己使用过的固定资产	3%征收率减按 2%征收增值税	增值税 = 售价 ÷ (1+3%)×2%
	销售自己使用过的除固定资产以外的物品	按 3% 的征收率征收增值税	增值税 = 售价 ÷ (1+3%)×3%

二、销售额和销项税额

与销售额和销项税额有关的重点知识如图 3-3 所示。

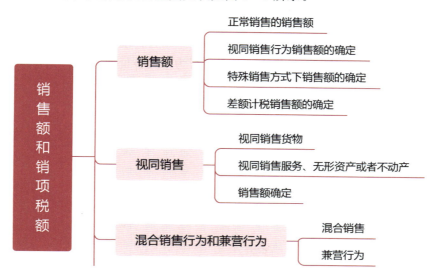

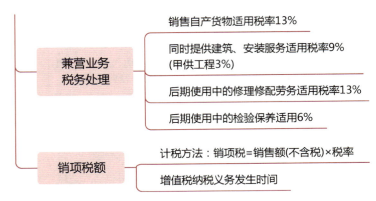

图 3 - 3　销售额和销项税额

（一）销售额

1. 正常销售的销售额

销售额,是指纳税人发生应税销售行为向购买方收取的全部价款和价外费用,但是不包括收取的销项税额。销售额中不包括:

(1) 受托加工应征消费税的消费品所代收代缴的消费税。

(2) 同时符合以下条件的代垫运输费用:❶ 承运部门的运输费用发票开具给购买方的;❷ 纳税人将该项发票转交给购买方的。

(3) 同时符合条件的代收政府性基金或者行政事业性收费。

(4) 以委托方名义开具发票代委托方收取的款项。

(5) 销售货物的同时代办保险等而向购买方收取的保险费,以及向购买方收取的代购买方缴纳的车辆购置税、车辆牌照费。

不含税销售额的计算方式为:

$$不含税销售额 = 含税销售额 \div (1 + 税率)$$

2. 视同销售行为销售额的确定

视同销售行为销售额按下顺序确定:

(1) 按纳税人最近时期同类货物或者应税行为的平均售价确定。

(2) 按其他纳税人最近时期同类货物或者应税行为平均售价确定。

(3) 无同类价格,按组成计税价格确定,其公式为:

非应税消费品:

$$组成计税价格 = 成本 \times (1 + 成本利润率)$$

应税消费品:

$$组成计税价格 = 成本(1 + 成本利润率) + 消费税$$

3. 特殊销售方式下销售额的确定

特殊销售销售额的确定如表 3 - 5 所示。

表 3 - 5　特殊销售销售额的确定

销　售　情　况	税　务　处　理
折扣折让销售	折扣额可以从销售额中扣减
以旧换新销售	一般货物：不得扣减旧货收购价格
	金银首饰：扣减旧货收购价格
以物易物销售	双方均作购销处理
包装物押金处理	一般规定：收取时不征，逾期时征
	特殊规定：除啤酒、黄酒以外的其他酒类产品，收取时征，逾期时不再征
贷款服务	全额计税
直接收费金融服务	全额计税

4.差额计税销售额的确定

差额计税销售额的确定方式如表 3 - 6 所示。

表 3 - 6　差额计税销售额的确定

销　售　服　务	计　税　销　售　额
金融商品转让	卖出价－买入价
融资租赁服务	取得的全部价款和价外费用（含本金）－利息－车辆购置税
融资性售后回租	取得的全部价款和价外费用（不含本金）－利息
客运场站服务	取得的全部价款和价外费用－支付给承运方运费
旅游服务	取得的全部价款和价外费用－向旅游服务购买方收取并支付给其他单位或者个人的住餐行费用、签证费、门票费－支付给其他接团旅游企业的旅游费用
劳务派遣	取得的全部价款和价外费用－支付给劳务派遣员工的工资、福利和为其办理社会保险及住房公积金
建筑业 【适用】简易计税方法	扣除分包额
转让不动产 【适用】简易计税方法	扣除不动产购置原价或取得不动产时的作价
房企销售自行开发不动产 【适用】一般计税方法	扣除受让土地时向政府部门支付的土地价款

(二) 视同销售

视同销售的税务处理如表3-7所示。

表3-7 视同销售的税务处理

来　　源	用　　途	税　务　处　理
自产、委托加工的货物	非增值税应税项目	视同销售,计算销项税额
	集体福利和个人消费(含交际应酬消费)	
	投资、分配、赠送他人	
外购货物	用于投资、分配、赠送他人	视同销售,计算销项税额;外购货物所涉及的进项税额,符合规定可以抵扣
	用于集体福利和个人消费	不再流转,不视同销售,不计算销项税额;进项税额不得抵扣,已抵扣的,作进项税转出处理
无偿销售服务、无形资产、不动产	用于公益事业或以社会公众为对象	不缴纳增值税
无偿销售的货物	用于公益事业或以社会公众为对象	应缴纳增值税
公益性捐赠的货物	用于目标脱贫地区	免征增值税

(三) 混合销售和兼营行为

混合销售与兼营行为的辨析与税务处理如表3-8所示。

表3-8 混合销售与兼营行为的辨析与税务处理

类别	定　义	相　同　点	区　别	税务处理
混合销售	一项销售行为如果既涉及货物又涉及服务	同时涉及销售货物和服务	同一项销售行为中存在着两类经营项目的混合,且针对同一个购买方	依据纳税人的主营业务征收增值税
兼营行为	纳税人同时兼有销售货物、劳务、服务、无形资产、不动产等应税销售行为	同时涉及销售货物、提供加工修理修配劳务和销售服务、无形资产或者不动产这两类经营项目	同一纳税人的经营活动中存在着两类经营项目,不一定针对同一个购买方	应当分别核算分别征税;未分别核算,从高计征

(四) 兼营业务税务处理

例如,纳税人销售自产活动板房、机器设备、钢结构件等货物,同时提供建筑、安装服务,应按兼营业务缴纳增值税(不属于混合销售),如表3-9所示。

表 3 - 9　兼营业务税务处理

行　为	税率	范　围
销售的自产货物	13%	一般货物
同时提供建筑、安装服务	9%	建筑业［也可对安装服务选择按甲供工程(3%)］
后期使用中的修理修配	13%	劳务
后期使用中的检验保养	6%	现代服务

三、销项税额

（一）计税方法

销项税额的计税方法为：

$$销项税额 = 不含税销售额 \times 税率$$

$$不含税销售额 = \frac{含税销售额}{1 + 税率}$$

（二）增值税纳税义务发生时间

纳税人发生应税销售行为，其纳税义务发生时间为收讫销售款项或者取得索取销售款项凭据的当天；先开具发票的，为开具发票的当天。根据发生应税销售行为的价款结算方式所采取的不同规定如表 3 - 10 所示。

表 3 - 10　增值税纳税义务发生时间判定

货款结算方式	增值税纳税义务发生时间	备　注
直接收款方式销售货物	收到销售额或取得索取销售额的凭据	不论货物是否发出
托收承付和委托银行收款方式销售货物	发出货物并办妥托收手续的当天	不论货款是否收到
赊销和分期收款方式销售货物	书面合同约定的收款日期的当天；无书面合同的或者书面合同没有约定收款日期的，为货物发出的当天	不论款项是否收到
预收货款方式销售货物	货物发出的当天 【特殊】生产销售生产工期超过 12 个月的大型机械设备、船舶、飞机等货物，为收到预收款或者书面合同约定的收款日期的当天	不是收到预收款时
委托其他纳税人代销货物	收到代销单位销售的代销清单或收到全部（部分）货款，二者中的较早者 【关注】对于发出代销商品超过 180 天仍未收到代销清单及货款的，视同销售实现，一律征收增值税，其纳税义务发生时间为发出代销商品满 180 天的当天	不是发出代销商品时，也不是只有收到代销款时

续　表

货款结算方式	增值税纳税义务发生时间	备　注
视同销售货物	货物移送的当天	
视同销售服务、无形资产、不动产	服务、无形资产转让完成的当天,或者不动产权属变更的当天	
提供租赁服务	采用预收款,为收到预收款的当天	不同于货物的预收款
金融商品转让	金融商品所有权转移的当天	

四、进项税额

与购进有关的相关重点知识点如图 3-4 所示。

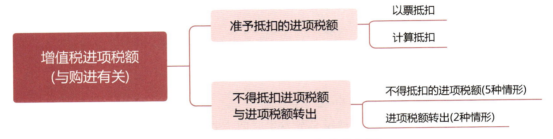

图 3-4　增值税进项税额(与购进有关)

(一)准予抵扣的进项税额

准予抵扣的进项税额如表 3-11 所示。

表 3-11　准予抵扣的进项税额

抵扣方法	具 体 内 容	税 务 处 理
以票抵扣	增值税专用发票(含机动车销售统一发票、税务局代开增值税专用发票、增值税电子专用发票)	法定扣税凭证上的增值税税额
	进口增值税专用缴款书	
	代扣代缴税款的完税凭证	
计算抵扣	外购农产品: 用于直接销售扣除率为 9%; 用于连续加工为 13%; 货物销售扣除率为 9%(或 10%) 【提示】纳税人购进流通环节全免税的农产品取得的增值税普通发票,不得作为计算抵扣进项税额的凭证。	购进已税农产品并销售:进项税额 = 发票上销售额 × 扣除率
		购进免税农产品并销售:进项税额 = 农产品买价 × 扣除率
	道路通行费	按照公路通行费增值税电子普通发票上注明的增值税额抵扣进项税额

续　表

抵扣方法	具　体　内　容	税　务　处　理
计算抵扣	桥、闸通行费	进项税额＝发票上注明的不含税金额×5%
	购进旅客运输服务（注明旅客身份信息）	以取得增值税电子普通发票上注明的税额抵扣
		航空运输电子客票行程单：进项税额＝（票价＋燃油附加费）÷（1＋9%）×9%
		铁路车票：进项税额＝票面金额÷（1＋9%）×9%
		公路、水路等其他客票：进项税额＝票面金额÷（1＋3%）×3%

3

（二）不得抵扣的进项税额与进项税额转出

1. 不得抵扣的进项税额（表3-12）

表3-12　不得抵扣的进项税额

不得抵扣项目	说　　　明
用于简易计税方法计税项目，免征增值税项目，用于集体福利或者个人消费购进的货物、劳务、服务、无形资产和不动产 【提示】区分外购存货、固定资产、不动产的兼用和专用行为	（1）个人消费包括纳税人的交际应酬消费 （2）涉及的固定资产、无形资产(不包括其他权益性无形资产)、不动产，仅指专用于上述项目；发生兼用于上述项目的可以抵扣 （3）纳税人租入固定资产、不动产，兼用于上述项目，其进项税额准予从销项税额中全额抵扣
非正常损失的购进货物，以及相关劳务和交通运输服务 非正常损失的在产品、产成品所耗用的购进货物、相关劳务和交通运输服务	（1）非正常损失货物，指因：❶ 管理不善造成货物被盗、丢失、霉烂变质；❷ 因违反法律法规造成货物被依法没收、销毁、拆除的情形(均具有主观性) （2）非正常损失货物在增值税中不得扣除，因购进时已抵扣，需作进项税额转出处理 （3）进项税额转出需整体考虑（货物、劳务、运输服务）
非正常损失的不动产，以及该不动产所耗用的购进货物、设计服务和建筑服务 非正常损失的不动产在建工程所耗用的购进货物、设计服务和建筑服务	（1）非正常损失指因违反法律法规造成不动产被依法没收、销毁、拆除的情形 （2）纳税人新建、改建、扩建、修缮、装饰不动产，均属于不动产在建工程
购进的贷款服务、餐饮服务、居民日常服务、娱乐服务	（1）主要接受对象是个人，属于最终消费 （2）贷款服务中向贷款方支付的与该笔贷款直接相关的投融资顾问费、手续费、咨询费等费用，其进项税额不得从销项税额中抵扣 （3）住宿服务和旅游服务未列入，可抵扣

2. 进项税额转出

进项税额转出的类型、用途与转出方法如表 3 - 13 所示。

表 3 - 13　进项税额转出

类　型	用　途	进项税额转出方法
购进货物或服务改变生产经营用途的进项税额转出	发生非正常损失,或者改变用途,用于简易计税方法、免征增值税项目、集体福利或者个人消费	按原抵扣的进项税额转出
		进项税额转出额 = 当期实际成本 × 税率 【提示】当期实际成本(即买价 + 运费 + 保险费 + 其他有关费用)
		不得抵扣的进项税额 = 无法划分的全部进项税额 ×(当期简易计税方法计税项目销售额 + 免征增值税项目销售额) ÷ 当期全部销售额
不动产的进项税额转出	发生非正常损失,或者改变用途,专用于简易计税方法、免征增值税项目、集体福利或者个人消费	不得抵扣的进项税额 = 已抵扣进项税额 × 不动产净值率 不动产净值率 =(不动产净值 ÷ 不动产原值)×100%

五、应纳税额计算

应纳税额计算思路如图 3 - 5 所示。

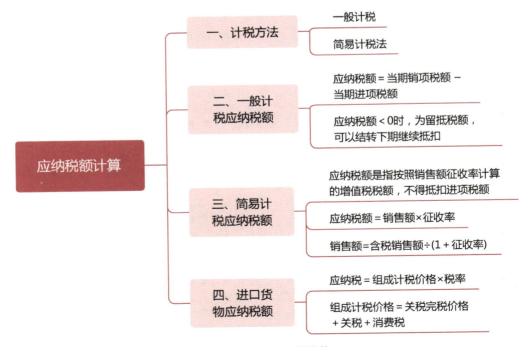

图 3 - 5　应纳税额计算

六、增值税纳税申报表

增值税纳税申报表构成如图 3-6 所示。

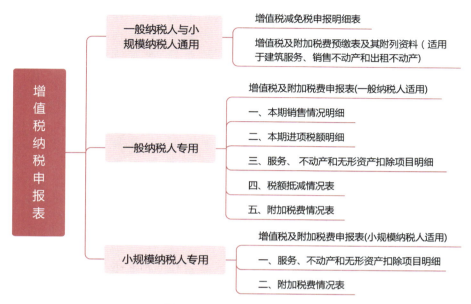

图 3-6 增值税纳税申报表

岗位说明

税务专员岗，主要负责以下事务：

（1）销项税额计算与导入。

（2）进项税额计算与导入。

（3）进项税转出额计算。

（4）增值税及附加税费纳税申报及税款缴纳。

实训资料

一、企业资料

纳税人名称：杭州小闲趣筷子生产有限公司

统一社会信用代码：913344092710511288

公司成立时间：2011 年 10 月 05 日

法人代表名称：蒋子凡

企业性质：有限责任公司

注册资本：500 万元

资产总额：1 757.55 万元

从业人数：318 人

股东信息：蒋子凡(中国国籍,身份证 500112197805192136)投资比例 70%;周昕伟(中国国籍,身份证 330604198108125077)投资比例 30%。

  注册地址及电话号码:杭州市余杭区余杭街道通济路 105 号　0571－80162918

  开户银行及账号:中国农业银行杭州闻堰支行　19172101790311739

  营业地址:杭州市余杭区余杭街道通济路 105 号

  所属行业:2041 竹制品制造

  注册类型:有限责任公司

  会计主管:戚秦心

  适用的会计准则:企业会计准则

  会计档案存放地:公司档案室

  会计核算软件:用友

  记账本位币:人民币

  会计政策和估计是否发生变化:否

  固定资产折旧方法:年限平均法

  存货发出成本计价方法:先进先出法

  坏账损失核算方法:备抵法

  企业所得税计算方法:资产负债表债务法(企业会计准则要求对企业所得税采用资产负债表债务法进行核算)

  企业主要经营范围:筷子加工销售;厨房用品销售等(依法须经批准的项目,经相关部门批准后方可开展经营活动)。

  公司属于增值税一般纳税人。所购买的固定资产均在当月投入使用。

  木制一次性筷子消费税税率为 5%;城市维护建设税税率为 7%;教育费附加征收率为 3%;地方教育附加征收率为 2%。

  企业商品批发价格如表 3－14 所示。

表 3－14　企业商品批发价格一览表

金额单位:元

类　别	商品名称	单位	批发价(不含税)
竹木筷	描金工艺木筷子	双	1 620.00
	描花工艺竹筷子	双	1 050.00
	木制一次性筷子	箱	260.00
	竹制一次性筷子	箱	220.00
金属筷	不锈钢筷子	箱	205.00
化学筷	塑料筷子	箱	180.00

二、业务资料

  杭州小闲趣筷子生产有限公司各税种均按时足额申报纳税,2024 年 12 月月初有上期留抵进项税额 56 672.50 元。2024 年 12 月份发生的经济业务如下[①]。

---

 ①　注:本项目中,2024 年 12 月的时间为案例所用,并非真实时间。

【经济业务 1】

01 日,公司向杭州永辉超市销售商品一批(如表 3-15 所示),货款已通过银行转账收取,开具数电增值税专用发票一份。取得相关凭证如图 3-7 至图 3-9 所示。

表 3-15　销售商品清单　　　　　　　　　　金额单位:元

货物名称	规格型号	单位	数量	不含税单价
木制一次性筷子		箱	100	260.00
竹制一次性筷子		箱	100	220.00
不锈钢筷子		箱	50	205.00
塑料筷子		箱	80	180.00

电子发票（增值税专用发票）　　发票号码:24332000000000125469
开票日期:2024 年 12 月 01 日

购买方信息	名称: 杭州永辉超市 统一社会信用代码/纳税人识别号: 913340283MA5013119	销售方信息	名称: 杭州小闲趣筷子生产有限公司 统一社会信用代码/纳税人识别号: 913344092710511288

项目名称	规格型号	单位	数量	单价	金额	税率	税额
*木制品*木质一次性筷子		箱	100	260.00	26000.00	13%	3380.00
*竹制品*竹制一次性筷子		箱	100	220.00	22000.00	13%	2860.00
*金属制品*不锈钢筷子		箱	50	205.00	10250.00	13%	1332.50
*塑料制品*塑料筷子		箱	80	180.00	14400.00	13%	1872.00
合　计					¥72650.00		¥9444.50

价税合计（大写）	⊗捌万贰仟零玖拾肆圆伍角整	（小写）¥82094.50
备注		

图 3-7　经济业务 1 原始凭证(1)

会计部门编号 001　　　　**出库单**　　　NO 21101811

仓库部门编号 001　　　　2024 年 12 月 01 日

编号	名称	规格	单位	出库数量	单价	金额	备注
1	木制一次性筷子		箱	100			
2	竹制一次性筷子		箱	100			
3	不锈钢筷子		箱	50			
4	塑料筷子		箱	80			
	合计			330			

第二联交财务

生产车间或部门：生产一车间　　　　　　　**仓库管理员：宋希文**

图 3-8　经济业务 1 原始凭证(2)

中国农业银行　进账单（回单）　　1

2024 年 12 月 01 日

出票人	全　　称	杭州永辉超市	收款人	全　　称	杭州小闲趣筷子生产有限公司
	账　　号	3301041600119435		账　　号	19172101790311739
	开户银行	杭州银行余杭支行		开户银行	中国农业银行杭州闻堰支行

金额	人民币　（大写）捌万贰仟零玖拾肆元伍角整	千	百	十	万	千	百	十	元	角	分
			￥	8	2	0	9	4	5	0

票据种类	转账支票	票据张数	1
票据号码	30192851		

复核　　　　记账

收款人开户银行盖章

此联是收款人开户银行交给收款人的收账通知

图 3-9　经济业务 1 原始凭证(3)

【经济业务 2】

　　02 日，公司从杭州吉文批发有限公司购进包装物一批，包装物已入库，取得数电增值税专用发票一份，款项已通过银行转账支付。取得相关凭证如图 3-10 和图 3-11 所示。

电子发票（增值税专用发票）　　

发票号码：24332000000000110817
开票日期：2024 年 12 月 02 日

购买方信息	名称：杭州小闲趣筷子生产有限公司 统一社会信用代码/纳税人识别号：913344092710511288	销售方信息	名称：杭州吉文批发有限公司 统一社会信用代码/纳税人识别号：913347082976151123

项目名称	规格型号	单位	数量	单价	金额	税率	税额
*塑料制品*塑料盒		个	8000	6.25	50000.00	13%	6500.00
合　　计					￥50000.00		￥6500.00
价税合计（大写）	⊗伍万陆仟伍佰圆整					（小写）￥56500.00	
备注							

图 3-10　经济业务 2 原始凭证(1)

入库单　　　No 74640851

送货厂商：杭州吉文批发有限公司

物料类别：□原材料　□成品　☑其他　　　2024 年 12 月 02 日

品名/品牌	订单号	规格	数量	单位	单价	金额
塑料盒			8000	个	6.25	50000.00

主管：　　　　　品管：　　　　　　仓库：　　　　　送货人：王浩伟

图 3−11　经济业务 2 原始凭证(2)

【经济业务 3】

02 日，公司向浙江飞鸣科技有限公司销售商品一批（如表 3−16 所示），货款暂未收取。开具数电增值税专用发票一份。取得相关凭证如图 3−12 和图 3−13 所示。

表 3−16　销售商品清单　　　　　金额单位：元

货物名称	规格型号	单位	数量	不含税单价
描金工艺木筷子		双	18	1 620.00
描花工艺竹筷子		双	16	1 050.00

电 子 发 票（增值税专用发票）

发票号码：24332000000000087163
开票日期：2024 年 12 月 02 日

购买方信息	名称：浙江飞鸣科技有限公司 统一社会信用代码/纳税人识别号：913308734225604395	销售方信息	名称：杭州小闲趣筷子生产有限公司 统一社会信用代码/纳税人识别号：913344092710511288

项目名称	规格型号	单位	数量	单价	金额	税率	税额
*木制品*描金工艺木筷子		双	18	1620.00	29160.00	13%	3790.80
*竹制品*描花工艺竹筷子		双	16	1050.00	16800.00	13%	2184.00
合　　计					￥45960.00		￥5974.80
价税合计（大写）	⊗伍万壹仟玖佰叁拾肆圆捌角整				（小写）￥51934.80		
备注							

图 3−12　经济业务 3 原始凭证(1)

出库单   NO 21101812

会计部门编号 001

仓库部门编号 001   2024 年 12 月 02 日

编号	名称	规格	单位	出库数量	单价	金额	备注
1	描金工艺木筷子		双	18			
2	描花工艺竹筷子		双	16			
	合计			34			

生产车间或部门: 生产一车间   仓库管理员: 宋希文

（第二联交财务）

图 3-13　经济业务 3 原始凭证(2)

【经济业务 4】

03 日,公司从安吉恒艺园林绿化有限公司采购毛竹一批,共支付价款 48 000.00 元,取得数电增值税专用发票一份,款项已通过银行转账支付。取得相关凭证如图 3-14 至图 3-16 所示。

电子发票（增值税专用发票）   发票号码: 24332000000000664513
开票日期: 2024 年 12 月 03 日

（国家税务总局 浙江省税务局）

购买方信息	名称: 杭州小闲趣筷子生产有限公司 统一社会信用代码/纳税人识别号:913344092710511288			销售方信息	名称: 安吉恒艺园林绿化有限公司 统一社会信用代码/纳税人识别号:913311059017263302		

项目名称	规格型号	单位	数量	单价	金额	税率	税额
*林业产品*毛竹		棵	20000	2.201835	44036.70	9%	3963.30
合　　计					￥44036.70		￥3963.30
价税合计（大写）		Ⓧ肆万捌仟圆整				（小写）￥48000.00	
备注							

图 3-14　经济业务 4 原始凭证(1)

入库单　No 74640852

送货厂商: 安吉恒艺园林绿化有限公司

物料类别: □原材料　□成品　☑其他　　2024 年 12 月 03 日

品名/品牌	订单号	规格	数量	单位	单价	金额
毛竹			20000	棵	2.201835	44036.70

主管:　　　　　品管:　　　　　仓库:　　　　　送货人: 王浩伟

图 3-15　经济业务 4 原始凭证(2)

图 3-16 经济业务 4 原始凭证(3)

【经济业务 5】

05 日,公司从杭州文化办公用品有限公司购进标签纸 10 000 张,行政管理部门直接领用,取得数电增值税普通发票一份,款项已通过现金支付。取得相关凭证如图 3-17 所示。

发票号码：2411200000000025461
开票日期：2024 年 12 月 05 日

购买方信息	名称：杭州小闲趣筷子生产有限公司 统一社会信用代码/纳税人识别号：913344092710511288							销售方信息	名称：杭州文化办公用品有限公司 统一社会信用代码/纳税人识别号：913301090084127521	

项目名称	规格型号	单位	数量	单价	金额	税率	税额
*纸制品*标签纸		张	10000	0.05	500.00	1%	5.00
合计					￥500.00		￥5.00
价税合计（大写）	⊗伍佰零伍圆整					（小写）￥505.00	
备注							

图 3-17 经济业务 5 原始凭证

【经济业务 6】

05 日,公司向浙江好客餐饮管理有限公司销售竹制一次性筷子 200 箱,不含税单价220.00 元/箱,货款暂未收取。开具数电增值税专用发票一份。取得相关凭证如图 3-18 和图 3-19 所示。

出库单　　　NO 21101813

会计部门编号 001

仓库部门编号 001　　2024 年 12 月 05 日

编号	名称	规格	单位	出库数量	单价	金额	备注
1	竹制一次性筷子		箱	200			
	合　计			200			

生产车间或部门：生产一车间　　　　　仓库管理员：宋希文

第二联交财务

图 3-18　经济业务 6 原始凭证(1)

电子发票（增值税专用发票）

发票号码：24332000000000130146

开票日期：2024 年 12 月 05 日

购买方信息	名称：浙江好客餐饮管理有限公司 统一社会信用代码/纳税人识别号：91330106MA27YKY899		销售方信息	名称：杭州小闲趣筷子生产有限公司 统一社会信用代码/纳税人识别号：913344092710511288			
项目名称	规格型号	单位	数量	单价	金额	税率	税额
*竹制品*竹制一次性筷子		箱	200	220.00	44000.00	13%	5720.00
合　计					¥44000.00		¥5720.00
价税合计（大写）	⊗肆万玖仟柒佰贰拾圆整				（小写）¥49720.00		
备注							

图 3-19　经济业务 6 原始凭证(2)

【经济业务 7】

06 日,公司从浙江绿材装饰材料有限公司采购乳胶漆一批,取得数电增值税专用发票一份,货款暂未支付,货物已验收入库。取得相关凭证如图 3-20 和图 3-21 所示。

入库单　　No 74640853

送货厂商：浙江绿材装饰材料有限公司

物料类别：□原材料　　□成品　　☑其他　　　2024 年 12 月 06 日

品名/品牌	订单号	规格	数量	单位	单价	金额
乳胶漆			3	Kg	2420.00	7260.00

主管：　　　　品管：　　　　仓库：　　　　送货人：周青

图 3-20　经济业务 7 原始凭证(1)

电子发票（增值税专用发票）

发票号码：24332000000000100219
开票日期：2024 年 12 月 06 日

购买方信息	名称：杭州小闲趣筷子生产有限公司				销售方信息	名称：浙江绿材装饰材料有限公司		
	统一社会信用代码/纳税人识别号：913344092710511288					统一社会信用代码/纳税人识别号：913308250034262378		

项目名称	规格型号	单位	数量	单价	金额	税率	税额
*涂料*乳胶漆		Kg	3	2420.00	7260.00	13%	943.80
合计					¥7260.00		¥943.80
价税合计（大写）	⊗捌仟贰佰零叁圆捌角整					（小写）¥8203.80		
备注								

图 3-21 经济业务 7 原始凭证(2)

【经济业务 8】

07 日,向浙江康威食品制造厂销售自建的仓库,该仓库为 2012 年建造,企业选择按照简易方法计税。房屋款共计 450 000.00 元,已通过银行转账收取。开具数电增值税普通发票一份（房屋坐落地址：浙江省宁波市奉化区岳林街道天峰路 26 号。面积单位：平方米）【注：公司已按照此计税方法向不动产所在地主管税务机关预缴税款】。取得相关凭证如图 3-22 和图 3-23 所示。

中国农业银行进账单（回单）　　1

2024 年 12 月 07 日

出票人	全称	浙江康威食品制造厂	收款人	全称	杭州小闲趣筷子生产有限公司									
	账号	65531201658453		账号	19172101790311739									
	开户银行	农行杭州市下城区支行		开户银行	中国农业银行杭州闻堰支行									
金额	人民币（大写）肆拾伍万元整					千	百	十	万	千	百	十	元	角	分
					¥	4	5	0	0	0	0	0	0
票据种类	转账支票		票据张数	1										
票据号码	00193702													
复核　　　记账				收款人开户银行盖章										

此联是收款人开户银行交给收款人的收账通知

图 3-22 经济业务 8 原始凭证(1)

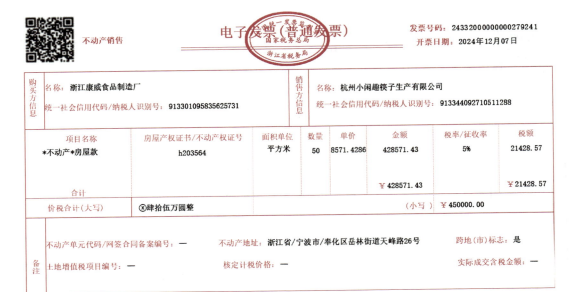

图 3-23 经济业务 8 原始凭证（2）

【经济业务 9】

08 日，公司向温州万合大酒店销售 100 箱不锈钢筷子及 50 箱塑料筷子（如表 3-17 所示），因在促销活动期间购买，故给予其 5% 的销售折扣，货款暂未收取。开具数电增值税专用发票一份。取得相关凭证如图 3-24 和图 3-25 所示。

表 3-17 销售商品清单　　　　　　　　　　　金额单位：元

货物名称	规格型号	单 位	数 量	不含税单价
不锈钢筷子		箱	100	205.00
塑料筷子		箱	50	180.00

会计部门编号 001　　　　　　**出库单**　　　　NO 21101814

仓库部门编号 001　　　　　　2024 年 12 月 08 日

编号	名称	规格	单位	出库数量	单价	金额	备注
1	不锈钢筷子		箱	100			
2	塑料筷子		箱	50			
	合计			150			

第二联交财务

生产车间或部门：生产一车间　　　　　　仓库管理员：宋希文

图 3-24 经济业务 9 原始凭证（1）

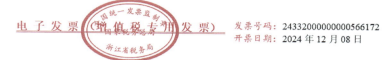

电子发票（增值税专用发票）

发票号码：24332000000000566172
开票日期：2024 年 12 月 08 日

购买方信息	名称：温州万合大酒店 统一社会信用代码/纳税人识别号：91330334222520786E			销售方信息	名称：杭州小闲趣筷子生产有限公司 统一社会信用代码/纳税人识别号：913344092710511288		
项目名称	规格型号	单位	数量	单价	金额	税率	税额
*金属制品*不锈钢筷子		箱	100	205.00	20500.00	13%	2665.00
*塑料制品*塑料筷子		箱	50	180.00	9000.00	13%	1170.00
2 行折扣（5%）					-1475.00	13%	-191.75
合计					￥28025.00		￥3643.25
价税合计（大写）	ⓧ叁万壹仟陆佰陆拾捌圆贰角伍分				（小写）￥31668.25		
备注							

图 3-25 经济业务 9 原始凭证(2)

【经济业务 10】

09 日，公司在《南方都市报》刊登了 1 个月的广告，收到数电增值税专用发票一份。广告费已通过银行转账支付。取得相关凭证如图 3-26 和图 3-27 所示。

中国农业银行
转账支票存根

10302101
09145613

浙江莱织华印刷有限公司●2024 年印刷

附加信息

出票日期 2024 年 12 月 09 日

收款人：杭州南方传媒有限公司	
金额：￥8000.00	
用途：宣传广告费	

单位主管 会计

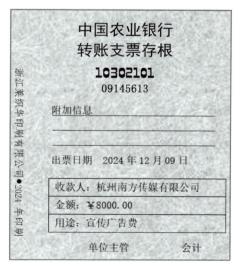

图 3-26 经济业务 10 原始凭证(1)

电子发票（增值税专用发票）

发票号码：24332000000000832102
开票日期：2024 年 12 月 09 日

| 购买方信息 | 名称：杭州小闲趣筷子生产有限公司
统一社会信用代码/纳税人识别号：913344092710511288 | | | | 销售方信息 | 名称：杭州南方传媒有限公司
统一社会信用代码/纳税人识别号：913301654098060459 | | |

项目名称	规格型号	单位	数量	单价	金额	税率	税额
*广告服务*宣传广告费		月	1	7547.17	7547.17	6%	452.83
合　计					¥7547.17		¥452.83
价税合计（大写）		Ⓧ捌仟圆整				（小写）¥8000.00	
备注							

图 3-27　经济业务 10 原始凭证（2）

【经济业务 11】

10 日，申报缴纳印花税 347.50 元，取得银行缴税凭证，如图 3-28 所示。

电子缴税付款凭证

转账日期：2024 年 12 月 10 日　　　　　　凭证字号：202010102032930
纳税人全称及纳税人识别号：杭州小闲趣筷子生产有限公司　913344092710511288

付款人全称：杭州小闲趣筷子生产有限公司
付款人账号：19172101790311739
付款人开户银行：中国农业银行杭州闸堰支行
小写（合计金额）：¥347.50
大写（合计金额）：人民币叁佰肆拾柒元伍角整
税、费 税号：
税款属期：2024 年 11 月

征收机关名称：国家税务总局杭州市余杭区税务分局
收款国库（银行）名称：余杭区支库
缴款书交易流水号：2020...01657000...
税票号码：85413251

税（费）种名称	实缴金额
印花税	347.50

第　1　次打印　　　　　　　　　　　　　　打印日期：2024 年 12 月 10 日
第二联作付款回单（无银行收讫章无效）　　复核 010　　　记账

图 3-28　经济业务 11 原始凭证

【经济业务 12】

10 日,财务部会计完成增值税纳税申报,取得银行缴税凭证,如图 3 - 29 所示。

电子缴税付款凭证

转账日期:2024 年 12 月 10 日   凭证字号:202010112032901

纳税人全称及纳税人识别号:杭州小闲趣筷子生产有限公司 913344092710511288

付款人全称:杭州小闲趣筷子生产有限公司

付款人账号:19172101790311739

付款人开户银行:中国农业银行杭州闻堰支行   征收机关名称:国家税务总局杭州市余杭区税务分局

小写(合计金额):¥4916.57   收款国库(银行)名称:余杭区支库

大写(合计金额):人民币肆仟玖佰壹拾陆元伍角柒分   缴款书交易流水号:2020091016577512

税、费 税号: 税票号码:85413251

税款属期:2024 年 11 月

税(费)种名称   实缴金额

增值税   4916.57

第 1 次打印   打印日期:2024 年 12 月 10 日

第二联作付款回单(无银行收讫章无效)   复核 011   记账

图 3 - 29 经济业务 12 原始凭证

【经济业务 13】

10 日,财务部会计完成 11 月份税费纳税申报,取得银行电子缴税凭证,如图 3 - 30 所示。

电子缴税付款凭证

转账日期:2024 年 12 月 10 日   凭证字号:202010142032321

纳税人全称及纳税人识别号:杭州小闲趣筷子生产有限公司 913344092710511288

付款人全称:杭州小闲趣筷子生产有限公司

付款人账号:19172101790311739

付款人开户银行:中国农业银行杭州闻堰支行   征收机关名称:国家税务总局杭州市余杭区税务分局

小写(合计金额):¥1797.67   收款国库(银行)名称:余杭区支库

大写(合计金额):人民币壹仟柒佰玖拾柒元陆角柒分   缴款书交易流水号:2020091016577511

税、费 税号: 税票号码:64201261

税款属期:2024 年 11 月

税(费)种名称	实缴金额
城市维护建设税	344.16
教育费附加	147.50
地方教育附加	98.33
个人所得税	1207.68

第 1 次打印   打印日期:2024 年 12 月 10 日

第二联作付款回单(无银行收讫章无效)   复核 012   记账

图 3 - 30 经济业务 13 原始凭证

【经济业务 14】

10 日,财务部出纳从银行取得社会保险费扣款凭证如图 3 - 31 所示。

电子缴税付款凭证

转账日期:2024 年 12 月 10 日　　　　　　　　　　凭证字号:202010142016451

纳税人全称及纳税人识别号:杭州小闲趣筷子生产有限公司　913344092710511288

付款人全称: 杭州小闲趣筷子生产有限公司	
付款人账号: 19172101790311739	征收机关名称: 国家税务总局杭州市余杭区税务分局
付款人开户银行: 中国农业银行杭州闸堰支行	收款国库(银行)名称: 余杭区支库
小写(合计金额): ¥47690.50	缴款书交易流水号: 2020091026501651
大写(合计金额): 人民币肆万柒仟陆佰玖拾伍圆伍角整	税票号码: 0231214

税、费　税号:

税款属期:2024 年 11 月	
税(费)种名称	实缴金额
基本养老保险(企业承担)	17710.00
基本养老保险(个人承担)	10120.00
基本医疗保险(企业承担)	14547.50
基本医疗保险(个人承担)	2530.00
失业保险(企业承担)	632.50
失业保险(个人承担)	632.50
工伤保险	1518.00

第　1　次打印　　　　　　　　　　　　　　打印日期:2024 年 12 月 10 日

第二联作付款回单(无银行收讫章无效)　　　　复核 013　　　　记账

图 3 - 31　经济业务 14 原始凭证

【经济业务 15】

11 日,公司向杭州鸣翠实业有限公司销售 50 双描花工艺竹筷子,不含税单价 1 050.00 元/双,款项暂未收取。开具数电增值税专用发票一份。取得相关凭证如图 3 - 32 和图 3 - 33 所示。

会计部门编号　001　　　　**出库单**　　　　NO 21101815

仓库部门编号　001　　　　2024 年 12 月 11 日

编号	名称	规格	单位	出库数量	单价	金额	备注
1	描花工艺竹筷子		双	50			
合计				50			

生产车间或部门:生产一车间　　　　　　　　　仓库管理员:宋希文

第二联交财务

图 3 - 32　经济业务 15 原始凭证(1)

电子发票（增值税专用发票）　发票号码：24332000000000272295
　　　　　　　　　　　　　　　　开票日期：2024 年 12 月 11 日

购买方信息	名称：杭州鸣翠实业有限公司					销售方信息	名称：杭州小闲趣筷子生产有限公司		
	统一社会信用代码/纳税人识别号：913320200574814549						统一社会信用代码/纳税人识别号：913344092710511288		

项目名称	规格型号	单位	数量	单价	金额	税率	税额
*竹制品*描花工艺竹筷子		双	50	1050.00	52500.00	13%	6825.00
合　计					￥52500.00		￥6825.00

价税合计（大写）	⊗伍万玖仟叁佰贰拾伍圆整	（小写）￥59325.00

备注	

图 3-33　经济业务 15 原始凭证(2)

【经济业务 16】

11 日，公司向杭州鸣翠实业有限公司销售描花工艺竹筷子，同时收取包装物押金 3 000.00 元（单独记账）、包装费 4 200.00 元，款项均已通过银行转账收取。取得相关凭证如图 3-34 至图 3-36 所示。

收款收据　　No 10050701

2024 年 12 月 11 日

今收到 杭州鸣翠实业有限公司支付的包装物押金

金额大写　⊗佰⊗拾⊗万叁仟零佰零拾零元 　　　　　￥：3000.00

核准：　　　会计：　　　记账：　　　出纳：苏青　　　经手人：

图 3-34　经济业务 16 原始凭证(1)

发票号码：2411200000000921230
开票日期：2024 年 12 月 11 日

购买方信息	名称：杭州鸣翠实业有限公司					销售方信息	名称：杭州小闲趣筷子生产有限公司		
	统一社会信用代码/纳税人识别号：913320200574814549						统一社会信用代码/纳税人识别号：913344092710511288		

项目名称	规格型号	单位	数量	单价	金额	税率	税额
*竹制品*包装费			1	3716.81	3716.81	13%	483.19
合　　计					¥ 3716.81		¥ 483.19
价税合计（大写）	⊗肆仟贰佰圆整					（小写）¥ 4200.00	
备注							

图 3-35　经济业务 16 原始凭证（2）

中国农业银行进账单（回单）　　　　1

2024 年 12 月 11 日

出票人	全　称	杭州鸣翠实业有限公司	收款人	全　称	杭州小闲趣筷子生产有限公司
	账　号	12028303840238449		账　号	19172101790311739
	开户银行	杭州银行江城支行		开户银行	中国农业银行杭州闻堰支行

金额	人民币 （大写）柒仟贰佰元整	千	百	十	万	千	百	十	元	角	分
					¥	7	2	0	0	0	0

票据种类	转账支票	票据张数	1
票据号码	00102843		

复核　　　　　记账

收款人开户银行盖章

此联是收款人开户银行交给收款人的收账通知

图 3-36　经济业务 16 原始凭证（3）

【经济业务 17】

13 日，公司转让 2017 年购入的一台设备，原价 107 360.00 元，已计提折旧 67 416.00 元。转让取得含税价款 65 835.00 元，款项已通过银行转账收取。取得相关凭证如图 3-37 所示。

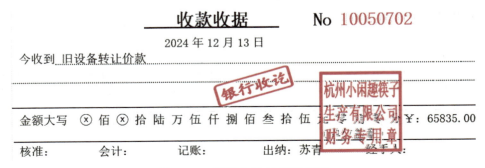

图 3-37　经济业务 17 原始凭证

【经济业务 18】

13 日,公司领用上月从浙江绿材装饰材料有限公司购进的乳胶漆(其进项税额已在上月抵扣),用于装修职工食堂。取得相关凭证如图 3-38 所示。

领料单

仓库:　　　　　　　　　　　　　　　　　　　　　　　　　　2024 年 12 月 13 日

编号	类别	材料名称	规格	单位	数量		实际价格	
					请领	实发	单价	金额
1		乳胶漆		千克	0.45	0.45	2420.00	1089.00
合计					0.45	0.45		￥1089.00
用途	用于装修职工食堂		领料部门		发料部门		财务部门	
			负责人	领料人	核准人	发料人	审核	会计
			沈睿	陈琦	王伟	周琦	李毅	汪瑞

图 3-38　经济业务 18 原始凭证

【经济业务 19】

14 日,公司从联想科技(杭州分公司)购入电脑 10 台,取得数电增值税专用发票一分,货款已通过银行转账支付。同时支付杭州长安运输有限公司运费 700.00 元,取得数电增值税专用发票,运费已通过现金支付。取得相关凭证如图 3-39 至图 3-41 所示。

电子发票（增值税专用发票）　发票号码:24332000000000193002
开票日期:2024 年 12 月 14 日

购买方信息	名称: 杭州小闲趣筷子生产有限公司 统一社会信用代码/纳税人识别号:913344092710511288					销售方信息	名称: 联想科技（杭州分公司） 统一社会信用代码/纳税人识别号:913301044112651019	

项目名称	规格型号	单位	数量	单价	金额	税率	税额
*电子计算机*电脑		台	10	5298.00	52980.00	13%	6887.40
合计					￥52980.00		￥6887.40
价税合计（大写）	⊗伍万玖仟捌佰陆拾柒圆肆角整					（小写）￥59867.40	
备注							

图 3-39　经济业务 19 原始凭证(1)

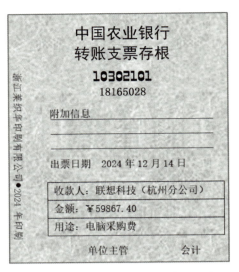

图 3-40　经济业务 19 原始凭证(2)

图 3-41　经济业务 19 原始凭证(3)

【经济业务 20】

15 日,允许杭州博旭广告有限公司在本公司 2017 年 4 月建成的厂房(地址:杭州市余杭区南苑街道迎宾路 280 号,不动产权证号:HZ2024562203,面积单位:平方米)围墙上喷涂家电、服装广告,为期 1 个月。通过银行转账共收取 40 000.00 元。开具数电增值税普通发票一份。取得相关凭证如图 3-42 和图 3-43 所示。

图 3-42 经济业务 20 原始凭证(1)

中国农业银行进账单（回单）　　　　1

2024 年 12 月 15 日

出票人	全　称	杭州博旭广告有限公司	收款人	全　称	杭州小闲趣筷子生产有限公司
	账　号	571904793610709		账　号	19172101790311739
	开户银行	招商银行杭州高新支行		开户银行	中国农业银行杭州闸堰支行

金额	人民币 （大写）肆万元整		千	百	十	万	千	百	十	元	角	分
					￥	4	0	0	0	0	0	0

票据种类	转账支票	票据张数	1
票据号码	00002454		

复核　　　　记账

收款人开户银行盖章

此联是收款人开户银行交给收款人的收账通知

图 3-43 经济业务 20 原始凭证(2)

【经济业务 21】

15 日,因受低温影响,杭州突降冰雹,公司购进的原材料受此影响,损失了 10%,金额共计 2 607.00 元。取得相关凭证如图 3-44 所示。

存货盘亏处理通知单

损失的材料折价贰仟陆佰零柒元(￥2607.00) ,经查属于因受低温影响, 杭州突下冰雹导致,报经审批后计入营业外支出。

财务经理：周桐

会计主管：戚秦心

2024 年 12 月 15 日

图 3-44 经济业务 21 原始凭证

【经济业务 22】

15 日,公司销售部职员徐涛向财务部预借 1 500.00 元差旅费,出纳使用现金支付。取得相关凭证如图 3-45 所示。

图 3-45　经济业务 22 原始凭证

【经济业务 23】

17 日,公司将现有的一台设备(2019 年购入)由于性能等原因决定提前报废,原价 83 000.00 元,相关增值税税额 10 790.00 元,已计提折旧 81 050.00 元,未计提减值准备。报废时的残值变价含税收入 3 320.00 元,已通过银行转账收取。取得相关凭证如图 3-46 所示。

图 3-46　经济业务 23 原始凭证

【经济业务 24】

17 日,收到杭州市电力有限公司开具的数电增值税专用发票一份,本月用电共计 9 728 度,其中生产车间用电 6 912 度,行政管理部用电 1 723 度,销售部用电 1 093 度,电费已通过银行转账支付。取得相关凭证如图 3-47 和图 3-48 所示。

电子发票（增值税专用发票）

发票号码：24332000000000360623
开票日期：2024 年 12 月 17 日

购买方信息	名称：杭州小闲趣筷子生产有限公司 统一社会信用代码/纳税人识别号：913344092710511288					销售方信息	名称：杭州市电力有限公司 统一社会信用代码/纳税人识别号：913309865434565654		

项目名称	规格型号	单位	数量	单价	金额	税率	税额
*供电*电费		度	9728	1.25	12160.00	13%	1580.80
合计					￥12160.00		￥1580.80

价税合计（大写）	⊗壹万叁仟柒佰肆拾圆捌角整	（小写）￥13740.80

备注	

图 3-47 经济业务 24 原始凭证（1）

中国农业银行
转账支票存根
10302101
09144215

附加信息

出票日期 2024 年 12 月 17 日

收款人：杭州市电力有限公司
金额：￥13740.80
用途：电费

单位主管　　　　会计

图 3-48 经济业务 24 原始凭证（2）

【经济业务 25】

18 日,公司收到银行存款利息收入 588.32 元。取得相关凭证如图 3-49 所示。

中国农业银行业务回单

入账日期:20241218   回单编号:37660455130906302172   第 1 次打印

付款方账号:0825   付款方多级账簿号:

付款方多级账簿名:

付款方户名:

付款方开户行:

收款方账号:19172101790311739   收款方多级账簿号:

收款方户名:杭州小闲趣筷子生产有限公司

收款方多级账簿名:

收款方开户行:中国农业银行杭州闻堰支行

币种:人民币   金额:¥588.32

金额(大写):伍佰捌拾捌元叁角贰分

交易时间:2024-12-18 10:28:45   日志号:094380925   状态:正常

附言:利息收入

会计日期:20241218   渠道:国库信息处理系统   摘要:公共缴费

打印时间:2024-12-18

图 3-49   经济业务 25 原始凭证

【经济业务 26】

18 日,公司直接向杭州逸夫中学捐赠款项 80 000.00 元,用于助学补助金。取得相关凭证如图 3-50 所示。

图 3-50   经济业务 26 原始凭证

【经济业务 27】

19 日,公司向杭州云凯酒店销售货物一批(如表 3-18 所示),货款已通过银行转账收取。开具数电增值税专用发票一份。取得相关凭证如图 3-51 至图 3-53 所示。

表 3 – 18　销售商品清单

金额单位：元

货物名称	规格型号	单　位	数　量	不含税单价
描金工艺木筷子		双	50	1 620.00
描花工艺竹筷子		双	50	1 050.00
木制一次性筷子		箱	100	260.00
竹制一次性筷子		箱	120	220.00

电子发票（增值税专用发票）

发票号码：24332000000000272296
开票日期：2024 年 12 月 19 日

购买方信息	名称：杭州云凯酒店　　统一社会信用代码/纳税人识别号：913305203984564717
销售方信息	名称：杭州小闲趣筷子生产有限公司　　统一社会信用代码/纳税人识别号：913344092710511288

项目名称	规格型号	单位	数量	单价	金额	税率	税额
*木制品*描金工艺木筷子		双	50	1620.00	81000.00	13%	10530.00
*竹制品*描花工艺竹筷子		双	50	1050.00	52500.00	13%	6825.00
*木制品*木制一次性筷子		箱	100	260.00	26000.00	13%	3380.00
*竹制品*竹制一次性筷子		箱	120	220.00	26400.00	13%	3432.00
合　　计					¥185900.00		¥24167.00
价税合计（大写）	Ⓧ 贰拾壹万零陆拾柒圆整					（小写）¥210067.00	
备注							

图 3 – 51　经济业务 27 原始凭证(1)

会计部门编号　001

出库单

NO 21101816

仓库部门编号　001

2024 年 12 月 19 日

编号	名称	规格	单位	出库数量	单价	金额	备注
1	描金工艺木筷子		双	50			
2	描花工艺竹筷子		双	50			
3	木制一次性筷子		箱	100			
4	竹制一次性筷子		箱	120			
	合计			320			

第二联交财务

生产车间或部门：生产一车间　　　　　　　　　　仓库管理员：宋希文

图 3 – 52　经济业务 27 原始凭证(2)

中国农业银行进账单（回单）　　　　1

2024 年 12 月 19 日

出票人	全　称	杭州云凯酒店	收款人	全　称	杭州小闲趣筷子生产有限公司
	账　号	12029301083848		账　号	19172101790311739
	开户银行	中国农业银行滨江支行		开户银行	中国农业银行杭州闻堰支行

金额	人民币　（大写）贰拾壹万零陆拾柒元整	千 百 十 万 千 百 十 元 角 分
		￥ 2 1 0 0 6 7 0 0

票据种类	转账支票	票据张数	1
票据号码	00246785		

复核　　　　记账　　　　　　　　　　收款人开户银行盖章

此联是收款人开户银行交给收款人的收账通知

图 3-53　经济业务 27 原始凭证（3）

【经济业务 28】

20 日，公司接受杭州中明税务师事务所的税务咨询服务，支付服务费共计 9 360.00 元，取得数电增值税专用发票一份。相关凭证如图 3-54 和图 3-55 所示。

电子发票（增值税专用发票）

发票号码：24332000000000501267
开票日期：2024 年 12 月 20 日

购买方信息	名称：杭州小闲趣筷子生产有限公司 统一社会信用代码/纳税人识别号：913344092710511288	销售方信息	名称：杭州中明税务师事务所 统一社会信用代码/纳税人识别号：913301093217568502

项目名称	规格型号	单位	数量	单价	金额	税率	税额
*鉴证咨询服务*税务咨询服务费		次	1	8830.19	8830.19	6%	529.81
合　　计					￥8830.19		￥529.81
价 税 合 计（大写）	⊗玖仟叁佰陆拾圆整					（小写）￥9360.00	
备注							

图 3-54　经济业务 28 原始凭证（1）

图 3-55　经济业务 28 原始凭证(2)

【经济业务 29】

21 日,因公司举行周年庆活动,为职员发放职工福利,每位职员(共 80 人)发放礼品套盒一个,内有本公司生产的描金工艺木筷子一双和描花工艺竹筷子两双。其中描金工艺木筷子的市场含税售价为 1 428.00 元/双,描花工艺竹筷子的市场含税售价为 816.00 元/双。取得相关凭证如图 3-56 所示。

会计部门编号 001			出库单		NO 21101817			
仓库部门编号 001			2024 年 12 月 21 日					
编号	名称	规格	单位	出库数量	单价	金额	备注	
1	描金工艺木筷子		双	80				
2	描花工艺竹筷子		双	160				
	合计			240				

生产车间或部门:生产一车间　　　　　　　　仓库管理员:宋希文

图 3-56　经济业务 29 原始凭证

【经济业务 30】

23 日,公司受杭州博贺原料有限公司(统一社会信用代码:913301627695802660,地址、电话:杭州市文三路 300 号 1 幢 501 室 0571-82270165,开户行及账号:中国工商银行杭州市文三路支行 23459800450898798)委托加工竹制筷子一批,原辅材料均由委托方提供,收取含税加工费 26 300.00 元,款项已通过银行转账收取。开具数电增值税普通发票一份。取得相关凭证如图 3-57 和图 3-58 所示。

电子发票（普通发票）

发票号码：2411200000000921230
开票日期：2024 年 12 月 23 日

购买方信息	名称：杭州博贺原料有限公司				销售方信息	名称：杭州小闲趣筷子生产有限公司		
	统一社会信用代码/纳税人识别号：913301627695802660					统一社会信用代码/纳税人识别号：913344092710511288		

项目名称	规格型号	单位	数量	单价	金额	税率	税 额
*劳务*加工费		次	1	23274.34	23274.34	13%	3025.66
合　计					￥23274.34		￥3025.66
价税合计（大写）	⊗贰万陆仟叁佰圆整						（小写）￥26300.00
备注							

图 3-57　经济业务 30 原始凭证(1)

中国农业银行进账单（回单）　　　1

2024 年 12 月 23 日

出票人	全　称	杭州博贺原料有限公司		收款人	全　称	杭州小闲趣筷子生产有限公司											此联是收款人开户银行交给收款人的收账通知
	账　号	23459800450898798			账　号	19172101790311739											
	开户银行	工行杭州市文三路支行			开户银行	中国农业银行杭州闻堰支行	千	百	十	万	千	百	十	元	角	分	
金额	人民币　（大写）贰万陆仟叁佰元整							￥	2	6	3	0	0	0	0	0	
票据种类	转账支票		票据张数	1													
票据号码	00092856																
		复核　　　　记账				收款人开户银行盖章											

图 3-58　经济业务 30 原始凭证(2)

【经济业务 31】

　　23 日，收到杭州市绿城水务有限公司开具的数电增值税专用发票一份，本月用水共计 4 935 吨，其中生产车间用水 2 724 吨，行政管理部用水 1 264 吨，销售部用水 947 吨，水费已通过银行转账支付。取得相关凭证如图 3-59 和图 3-60 所示。

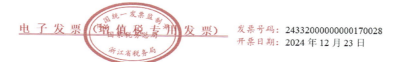

电子发票（增值税专用发票）

发票号码：24332000000000170028
开票日期：2024 年 12 月 23 日

购买方信息	名称：杭州小闲趣筷子生产有限公司 统一社会信用代码/纳税人识别号：913344092710511288	销售方信息	名称：杭州市绿城水务有限公司 统一社会信用代码/纳税人识别号：913301574192816168

项目名称	规格型号	单 位	数 量	单 价	金 额	税率	税 额
*水冰雪*水费		吨	4935	3.80	18753.00	9%	1687.77
合 计					¥18753.00		¥1687.77
价税合计（大写）	ⓧ贰万零肆佰肆拾圆柒角柒分				（小写）¥20440.77		
备注							

图 3-59 经济业务 31 原始凭证(1)

中国农业银行
转账支票存根

10302101
09144215

附加信息

出票日期 2024 年 12 月 23 日

收款人：杭州市绿城水务有限公司
金额：¥20440.77
用途：水费

单位主管 会计

浙江某织华印制有限公司●2024 年印制

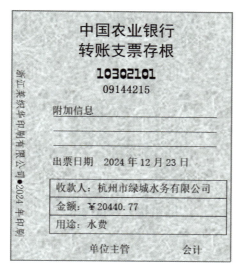

图 3-60 经济业务 31 原始凭证(2)

【经济业务 32】

24 日，公司向杭州佳鑫商场（统一社会信用代码：913308100540145256，地址、电话：杭州市江干区中山路 5 号 0571－84638003，开户行及账号：中国农业银行中山路支行 83640050382874）销售货物一批（如表 3－19 所示），款项暂未收取。开具数电增值税普通发票一份。取得相关凭证如图 3－61 和图 3－62 所示。

3

表 3-19 销售商品清单

金额单位：元

货物名称	规格型号	单 位	数 量	不含税单价
木制一次性筷子		箱	50	260.00
竹制一次性筷子		箱	50	220.00
不锈钢筷子		箱	50	205.00
塑料筷子		箱	50	180.00

3

发票号码：2411200000000401971
开票日期：2024 年 12 月 24 日

购买方信息	名称：杭州佳鑫商场 统一社会信用代码/纳税人识别号：913308100540145256
销售方信息	名称：杭州小闲趣筷子生产有限公司 统一社会信用代码/纳税人识别号：913344092710511288

项目名称	规格型号	单位	数量	单价	金额	税率	税额
*木制品*木制一次性筷子		箱	50	260.00	13000.00	13%	1690.00
*竹制品*竹制一次性筷子		箱	50	220.00	11000.00	13%	1430.00
*金属制品*不锈钢筷子		箱	50	205.00	10250.00	13%	1332.50
*塑料制品*塑料筷子		箱	50	180.00	9000.00	13%	1170.00
合　计					￥43250.00		￥5622.50
价税合计（大写）	⊗肆万捌仟捌佰柒拾贰圆伍角整					（小写）￥48872.50	
备注							

图 3-61 经济业务 32 原始凭证（1）

出库单　　NO 21101818

会计部门编号 001

仓库部门编号 001　　2024 年 12 月 24 日

编号	名称	规格	单位	出库数量	单价	金额	备注
1	木制一次性筷子		箱	50			
2	竹制一次性筷子		箱	50			
3	不锈钢筷子		箱	50			
4	塑料筷子		箱	50			
5							
合计				200			

生产车间或部门：生产一车间　　　　仓库管理员：宋希文

第二联交财务

图 3-62 经济业务 32 原始凭证（2）

【经济业务 33】

25 日,销售部职员徐涛出差归来,报销差旅费,同类型的票按合计数再算税额。取得相关凭证如图 3-63 至图 3-66 所示。

差旅费报销单

附件 3 张　　　　　　　　　　　　　　2024 年 12 月 25 日

单位名称	杭州小闲趣筷子生产有限公司			姓名	徐涛		
出差事由	洽谈业务			出差日期	自	12-18	共 3 天
到达地点	武汉				至	12-20	

项目金额	交通工具				其他	住宿费	伙食补助
	火车	汽车	轮船	飞机		共 2 天	共 3 天
	648.00					436.00	240.00

总计金额人民币(大写)	壹仟叁佰贰拾肆元整	¥1324.00
部门主管	江庆	领款人 徐涛　预支:1500.00　退/补:176.00

总经理:蒋子凡　　　　　　　　　　　　　　　出纳:苏青

（现金收讫）

图 3-63　经济业务 33 原始凭证(1)

电子发票(普通发票)

发票号码:24112000000000900104
开票日期:2024 年 12 月 20 日

统一发票监制章 国家税务总局 湖北省税务局

购买方信息	名称:杭州小闲趣筷子生产有限公司　统一社会信用代码/纳税人识别号:913344092710511288		销售方信息	名称:武汉九乡酒店有限公司　统一社会信用代码/纳税人识别号:914265106598203379

项目名称	规格型号	单位	数量	单价	金额	税率	税额
*生活服务*餐饮住宿服务					411.32	6%	24.68
合　计					¥411.32		¥24.68

价税合计(大写)	⊗肆佰叁拾陆圆整	(小写) ¥436.00
备注		

图 3-64　经济业务 33 原始凭证(2)

图 3-65　经济业务 33 原始凭证(3)

图 3-66　经济业务 33 原始凭证(4)

【经济业务 34】

25 日,公司支付银行手续费 101.05 元。取得相关凭证如图 3-67 所示。

中国农业银行业务回单

入账日期:20241225　　　　回单编号:37718581086542080426　　第 1 次打印

付款方账号:19172101790311739　　付款方多级账簿号:

付款方多级账簿名:

付款方户名: 杭州小闲趣筷子生产有限公司

付款方开户行: 中国农业银行杭州闻堰支行

收款方账号:　　　　　　　　收款方多级账簿号:

收款方户名:

收款方多级账簿名:

收款方开户行:

币种: 人民币　　　　　　　　金额: 101.05 元

金额(大写): 壹佰零壹元零伍分

交易时间: 2024-12-25 09:26:36　　日志号: 901321264　　　　状态: 正常

附言: 付手续费

会计日期:20241225　　　　渠道: 网上银行　　　　　　摘要: 费用外收

打印时间:2024-12-25

图 3-67　经济业务 34 原始凭证

【经济业务 35】

26 日,公司向杭州郎腾翻译服务有限公司销售描金工艺木筷子及描花工艺竹筷子一批 (如表 3-20 所示)。为及早收回货款,公司与杭州郎腾约定的现金折扣条件为: 2/10,1/20, n/30,商品已发出,假定计算现金折扣时不考虑增值税。开具数电增值税专用发票一份。取 得相关凭证如图 3-68 和图 3-69 所示。

表 3-20　销售商品清单　　　　　　　　金额单位:元

货物名称	规格型号	单 位	数 量	不含税单价
描金工艺木筷子		双	30	1 620.00
描花工艺竹筷子		双	50	1 050.00

会计部门编号　001

仓库部门编号　001

出库单　　NO 21101819

2024 年 12 月 26 日

编号	名称	规格	单位	出库数量	单价	金额	备注
1	描金工艺木筷子		双	30			
2	描花工艺竹筷子		双	50			
	合计			80			

生产车间或部门: 生产一车间　　　　　　　　仓库管理员: 宋希文

第二联交财务

图 3-68　经济业务 35 原始凭证(1)

电子发票（增值税专用发票）

发票号码：24332000000000051128
开票日期：2024 年 12 月 26 日

购买方信息	名称：杭州郎腾翻译服务有限公司				销售方信息	名称：杭州小闲趣筷子生产有限公司		
	统一社会信用代码/纳税人识别号：913344092710511288					统一社会信用代码/纳税人识别号：913320073964355939		

项目名称	规格型号	单 位	数 量	单 价	金 额	税率	税 额
*木制品*描金工艺木筷子		双	30	1620.00	48600.00	13%	6318.00
*竹制品*描花工艺竹筷子		双	50	1050.00	52500.00	13%	6825.00
合　计					￥101100.00		￥13143.00
价税合计（大写）	Ⓧ壹拾壹万肆仟贰佰肆拾叁圆整					（小写）￥114243.00	
备注							

图 3-69　经济业务 35 原始凭证（2）

【经济业务 36】

26 日，编制 11 月份工资计算发放表，上月未计提，通过银行存款支付实发工资金额。取得相关凭证如图 3-70 和图 3-71 所示。

2024 年 11 月份工资计算发放表

单位：杭州小闲趣筷子生产有限公司　　　　　　　　2024 年 12 月 26 日　　　　　　　　单位：元

序号	岗位	应发合计	社会保险（个人承担部分）				代扣个人所得税	实发工资
			养老	医疗	失业	小计		
1	总经理	17 426.80	440.00	110.00	27.50	577.50	116.48	16 732.82
2	财务部	15 772.07	880.00	220.00	55.00	1 155.00	88.03	14 529.04
3	行政部	15 546.40	880.00	220.00	55.00	1 155.00	83.26	14 308.14
4	销售部	106 885.49	2 200.00	550.00	137.50	2 887.50	312.47	103 685.52
5	基本生产车间	133 018.25	5 720.00	1 430.00	357.50	7 507.50	336.25	125 174.50
合计		288 649.01	10 120.00	2 530.00	632.50	13 282.50	936.49	274 430.02

图 3-70　经济业务 36 原始凭证（1）

中国农业银行
转账支票存根
10302101
46172809

浙江莱织华印制有限公司●2024年印制

附加信息

出票日期 2024年12月26日

收款人：杭州小闲趣筷子生产有限公司	
金额：￥274430.02	
用途：工资	

单位主管 会计

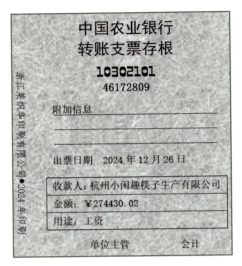

图 3－71 经济业务 36 原始凭证(2)

【经济业务 37】

27 日，公司通过银行转账支付顺丰物流运输有限公司本月行政管理部门发生的快递费，共计 476.00 元，取得数电增值税专用发票一份。取得相关凭证如图 3－72 和图 3－73 所示。

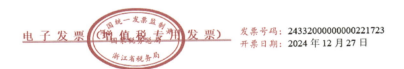

电子发票（增值税专用发票）

全国统一发票监制章 国家税务总局 浙江省税务局

发票号码：24332000000000221723
开票日期：2024年12月27日

购买方信息	名称：杭州小闲趣筷子生产有限公司 统一社会信用代码/纳税人识别号：913320073964355939	销售方信息	名称：顺丰物流运输有限公司 统一社会信用代码/纳税人识别号：913301152356841016

项目名称	规格型号	单 位	数 量	单 价	金 额	税率	税 额
*物流辅助服务*快递费		次	1	449.06	449.06	6%	26.94
合 计					￥449.06		￥26.94
价 税 合 计（大写）	ⓧ肆佰柒拾陆圆整					（小写）	￥476.00
备 注							

图 3－72 经济业务 37 原始凭证(1)

图 3-73 经济业务 37 原始凭证(2)

【经济业务 38】

28 日,因仓库保管不善,导致上月从一般纳税人企业购进的一批原材料(适用 13%增值税税率)霉烂变质,该批原材料账面成本 12 万元,其中运费成本 1 万元(当地一般纳税人运输企业提供运输服务),进项税额均已于上月抵扣。取得相关凭证如图 3-74 所示。

存货盘亏处理通知单

盘亏的材料,经查因仓库保管不善导致。报经审批后计入管理费用。

财务经理:周桐

会计主管:戚秦心   2024 年 12 月 28 日

图 3-74 经济业务 38 原始凭证

【经济业务 39】

28 日,公司没收逾期未收回的竹制一次性筷子包装物押金 3 700.00 元。取得相关凭证如图 3-75 所示。

收款收据   No 10050704

2024 年 12 月 28 日

今收到 逾期未收回的竹制一次性筷子包装物押金

金额大写 ⊗ 佰 ⊗ 拾 ⊗ 万 叁 仟 柒 佰 零 拾 零 元 零 角 零 分   ¥:3700.00

核准: 会计: 记账: 出纳:苏青   经手人:

图 3-75 经济业务 39 原始凭证

【经济业务 40】

30 日,公司收到杭州郎腾翻译服务有限公司本月 26 日的货款,共计 112 221.00 元。取得相关凭证如图 3-76 所示。

中国农业银行进账单(回单)   1

2024 年 12 月 30 日

出票人	全 称	杭州郎腾翻译服务有限公司	收款人	全 称	杭州小闲趣筷子生产有限公司
	账 号	95222827475039401		账 号	19172101790311739
	开户银行	上海浦东发展银行杭州和睦支行		开户银行	中国农业银行杭州闻堰支行

金额	人民币 (大写)壹拾壹万贰仟贰佰贰拾壹元整	千 百 十 万 千 百 十 元 角 分
		¥ 1 1 2 2 2 1 0 0

票据种类	转账支票	票据张数	1
票据号码	00203007		

复核   记账

收款人开户银行盖章

此联是收款人开户银行交给收款人的收账通知

图 3-76   经济业务 40 原始凭证

【经济业务 41】

31 日,公司计提本月固定资产折旧。取得相关凭证如图 3-77 所示。

固定资产折旧计提表

单位:杭州小闲趣筷子生产有限公司   2024 年 12 月 31 日   单位:元

项目	经理室	行政部	财务部	销售部	基本生产车间	合计
自用资产折旧	2116.07	2503.88	1773.26	9015.30	83315.42	98753.63

图 3-77   经济业务 41 原始凭证

三、业务操作流程

一般纳税人增值税及附加税费计缴与申报实训流程如图 3-78 所示。

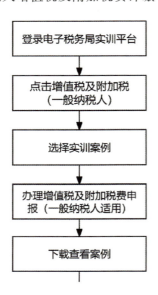

登录电子税务局实训平台

↓

点击增值税及附加税
(一般纳税人)

↓

选择实训案例

↓

办理增值税及附加税费申
报(一般纳税人适用)

↓

下载查看案例

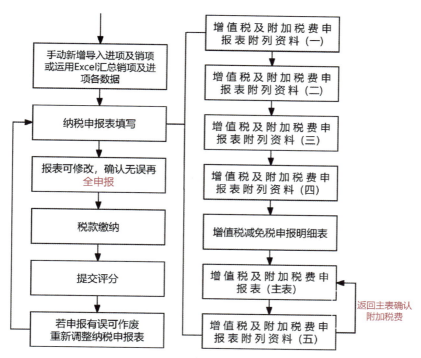

图 3-78　一般纳税人增值税及附加税费计缴与申报实训流程图

任务二　销项税额计算与导入

业务操作

销项税额计算与导入可以采用下列两种方法。

方法一：运用 EXCEL 汇总计算销售额和销项税额，并填入《增值税及附加税费申报表附列资料（一）》相应项目及栏次。本期与销售有关经济业务 16 笔，销项税额计算明细情况如表 3-21 所示。

表 3-21　本期销项税额计算明细

金额单位：元

经济业务序号	不含税销售额	税率	税　　额	征税项目	发 票 类 型
1	72 650.00	13%	9 444.50	应税货物	增值税专用发票
3	45 960.00	13%	5 974.80	应税货物	增值税专用发票
6	44 000.00	13%	5 720.00	应税货物	增值税专用发票

续　表

经济业务序号	不含税销售额	税率	税　额	征税项目	发 票 类 型
8	428 571.43	5%	21 428.57	应税不动产	普通发票
9	28 025.00	13%	3 643.25	应税货物	增值税专用发票
15	52 500.00	13%	6 825.00	应税货物	增值税专用发票
16	3 716.81	13%	483.19	应税货物	普通发票
17	58 261.06	13%	7 573.94	应税货物	无票
20	36 697.25	9%	3 302.75	应税服务	普通发票
23	2 938.05	13%	381.95	应税货物	无票
27	185 900.00	13%	24 167.00	应税货物	增值税专用发票
29	216 637.17	13%	28 162.83	应税货物	无票
30	23 274.34	13%	3 025.66	应税劳务	普通发票
32	43 250.00	13%	5 622.50	应税货物	普通发票
35	101 100.00	13%	13 143.00	应税货物	增值税专用发票
39	3 274.34	13%	425.66	应税货物	无票

方法二：根据上述案例，分析与销售有关的经济业务，逐日逐笔手动增加录入销项有关数据。本项目重点介绍此种方法。

1. 登录电子税务局实训平台并完成前置操作

第一步：登录电子税务局实训平台，单击【增值税及附加税（一般纳税人）】，如图 3-79 所示。

图 3-79　进入【增值税申报】

第二步：选择案例，进入【全国电子税务局网厅申报平台】，如图3-80所示。

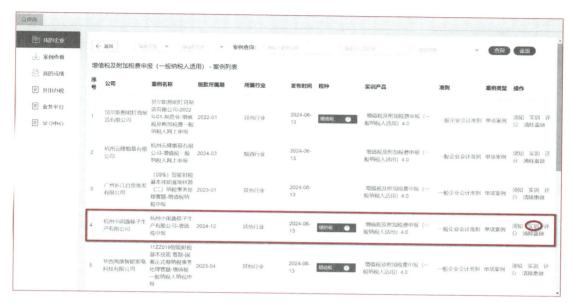

图3-80　选择案例实训

第三步：登录国家税务总局电子税务局教学版，如图3-81所示。

图3-81　登录电子税务局实训平台

第四步：办理【增值税及附加税费申报（一般纳税人适用）】，如图 3-82 所示。

图 3-82　办理增值税及附加税费申报

第五步：下载并查看案例，如图 3-83 所示。

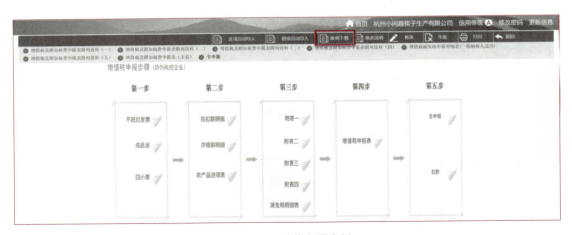

图 3-83　下载查看案例

2. 销项税额计算与导入

第一步：手动新增销项数据，如图 3-84 至图 3-86 所示。

图 3-84 销项数据自动导入

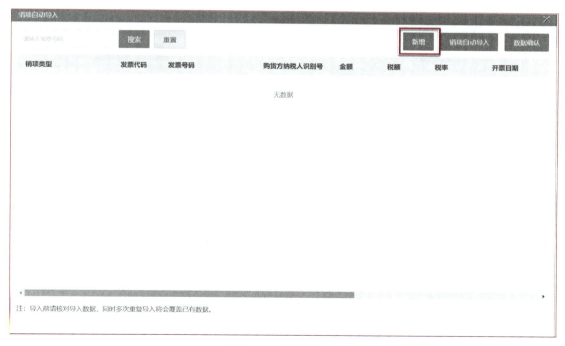

图 3-85 新增销项

图 3 - 86　销项自动导入数据

第二步：所有销项数据手动新增完成后，进行【数据确认】。

图 3 - 87　销项新增完成后数据确认

3

任务三　进项税额计算与导入

操作步骤

进项税额计算与导入可以采用下列两种方法：

方法一：运用 EXCEL 汇总计算进项税额，填入《增值税及附加税费申报表附列资料（二）》相应项目及栏次即可。本期与购进有关经济业务 13 笔，进项税额计算明细情况如表 3-22 所示。

表 3-22　本期购进业务计算分析明细表　　　　金额单位：元

经济业务序号	不含税金额	税　率	税　　额	进项税额转出
2	50 000.00	13%	6 500.00	
4	44 036.70	9%	3 963.30	
5	普票			
7	7 260.00	13%	943.80	
10	7 547.17	6%	452.83	
18				141.57
19	52 980.00	13%	6 887.40	
	642.20	9%	57.80	
24	12 160.00	13%	1 580.80	
28	8 830.19	6%	529.81	
31	18 753.00	9%	1 687.77	
33	594.50	9%	53.50	
37	449.06	6%	26.94	
38				15 200.00

方法二：根据上述案例，分析与购进有关的经济业务，逐日逐笔手动增加录入。本项目重点介绍此种方法。

第一步：手动新增进项数据，如图 3 - 88 至图 3 - 90 所示。

图 3 - 88 进项自动导入

图 3 - 89 进项自动新增

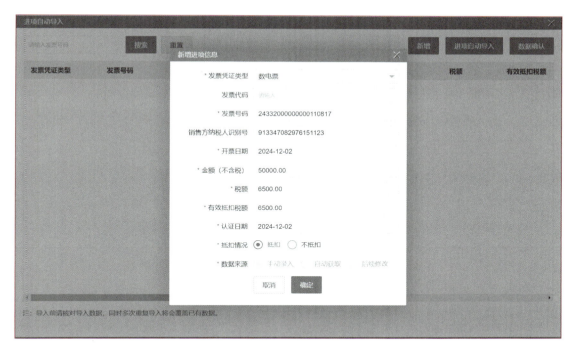

图 3 - 90 进项自动导入数据

第二步：所有进项数据手动新增完成后，进行【数据确认】，如图 3 - 91 所示。

图 3 - 91 进项自动导入数据确认

任务四　进项税转出额计算

操作步骤

第一步：根据上述案例，分析计算进项税转出额，如表 3-23 所示。

表 3-23　进项税额转出计算一览表

经济业务序号	经济业务内容	进项税转出额	
		项目名称	计算过程及结果
18	领用已抵扣进项税的乳胶漆用于装修职工食堂	集体福利、个人消费	进项税转出额=1 089×13％=141.57（元）
38	仓库保管不善导致上月购入原材料发生霉烂变质	非正常损失	进项税转出额=（120 000-10 000）×13％+10 000×9％=15 200（元）

第二步：根据表 3-23 数据，填入《增值税及附加税费申报表附列资料（二）》进项税转出对应项目和栏次。

任务五　纳税申报及税款缴纳

操作步骤

第一步：填写《增值税及附加税费申报表附列资料（一）》并单击【提交】，如图 3-92 所示。

第二步：填写《增值税及附加税费申报表附列资料（二）》并单击【提交】，如图 3-93 所示。

第三步：填写《增值税及附加税费申报表附列资料（三）》并单击【提交】，如图 3-94 所示。

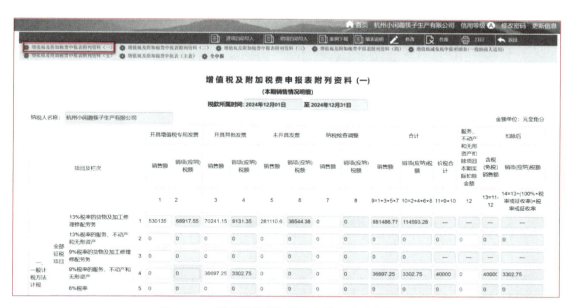

图 3-92 增值税及附加税费申报表附列资料(1)

图 3-93 增值税及附加税费申报表附列资料(2)

图 3-94 增值税及附加税费申报表附列资料(3)

第四步：填写《增值税及附加税费申报表附列资料（四）》并单击【提交】，如图 3-95 所示。

图 3-95 增值税及附加税费申报表附列资料(4)

第五步：填写《增值税减免税申报明细表》并单击【提交】，如图 3-96 所示。

第六步：填写《增值税及附加税费申报表（主表）》并单击【提交】，如图 3-97 所示。

第七步：填写《增值税及附加税费申报表附列资料（五）》并单击【提交】，如图 3-98 所示。

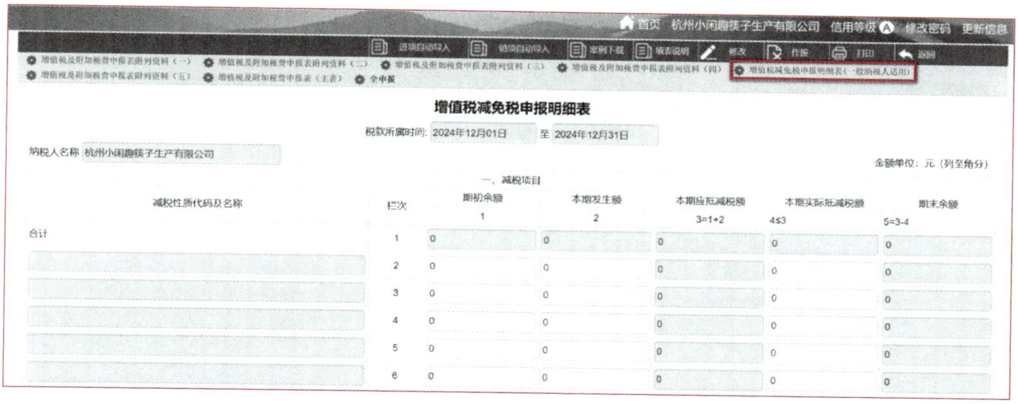

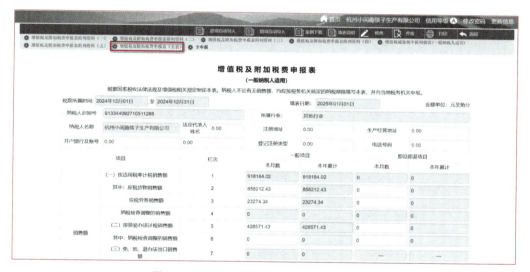

增值税减免税申报明细表

税款所属时间：2024年12月01日 至 2024年12月31日

纳税人名称：杭州小闲趣筷子生产有限公司

金额单位：元（列至角分）

一、减税项目

减税性质代码及名称	栏次	期初余额	本期发生额	本期应抵减税额	本期实际抵减税额	期末余额
		1	2	3=1+2	4≤3	5=3-4
合计	1	0	0	0	0	0
	2	0	0	0	0	0
	3	0	0	0	0	0
	4	0	0	0	0	0
	5	0	0	0	0	0
	6	0	0	0	0	0

图 3－96　增值税减免申报

增值税及附加税费申报表

（一般纳税人适用）

根据国家税收法律法规及增值税相关规定制定本表。纳税人不论有无销售额，均应按税务机关核定的纳税期限填写本表，并向当地税务机关申报。

税款所属时间：2024年12月01日 至 2024年12月31日　填表日期：2025年01月01日　金额单位：元至角分

纳税人识别号	913344092710511288		所属行业：	其他行业	
纳税人名称	杭州小闲趣筷子生产有限公司	法定代表人姓名 0.00	注册地址	0.00	生产经营地址 0.00
开户银行及账号	0.00	0.00	登记注册类型	0.00	电话号码 0.00

	项目	栏次	一般项目 本月数	一般项目 本年累计	即征即退项目 本月数	即征即退项目 本年累计
销售额	（一）按适用税率计税销售额	1	918184.02	918184.02	0	0
	其中：应税货物销售额	2	858212.43	858212.43	0	0
	应税劳务销售额	3	23274.34	23274.34	0	0
	纳税检查调整的销售额	4	0	0	0	0
	（二）按简易办法计税销售额	5	428571.43	428571.43	0	0
	其中：纳税检查调整的销售额	6	0	0	0	0
	（三）免、抵、退办法出口销售额	7	0	0	—	—

图 3－97　增值税及附加税费申报表(主表)

增值税及附加税费申报表附列资料（五）

（本期附加税费情况明细）

税款所属时间：2024年12月01日 至 2024年12月31日

纳税人名称(公章)：杭州小闲趣筷子生产有限公司　金额单位：元至角分

税（费）种		计税（费）依据 增值税税额	增值税免抵税额	留抵退税本期扣除额	税（费）率（征收率）（%）	本期应纳税（费）额	本期减免税（费）额 减免性质代码	减免税（费）额	试点建设培育产教融合型企业 减免性质代码	本期抵免金额	本期已缴税（费）额	本期应补（退）税（费）额
		1	2	3	4	5=（1-3+2）×4	6	7	8	9	10	11=5-7-9-10
城市维护建设税	1	53881.15	0	0	7%	3771.68		0	—	0	0	3771.68
教育费附加	2	53881.15	0	0	3%	1616.43		0	—	0	0	1616.43
地方教育附加	3	53881.15	0	0	2%	1077.62		0	—	0	0	1077.62
合计	4	—	—	—	—	6465.73	—	0	—	0	0	6465.73

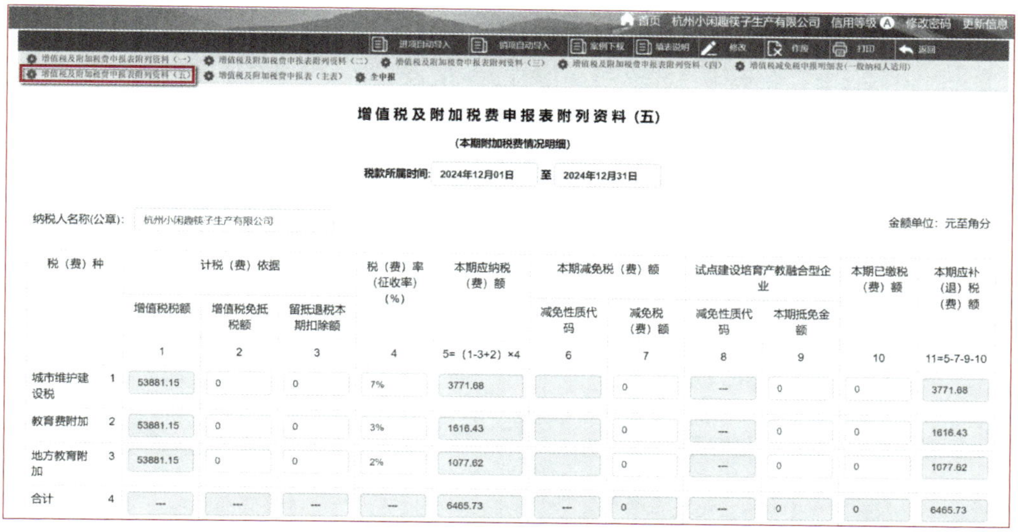

图 3－98　增值税及附加税费申报表附列资料(5)

3

第八步：打开增值税及附加税费申报表（主表）确认附加税费，如图 3-99 所示。

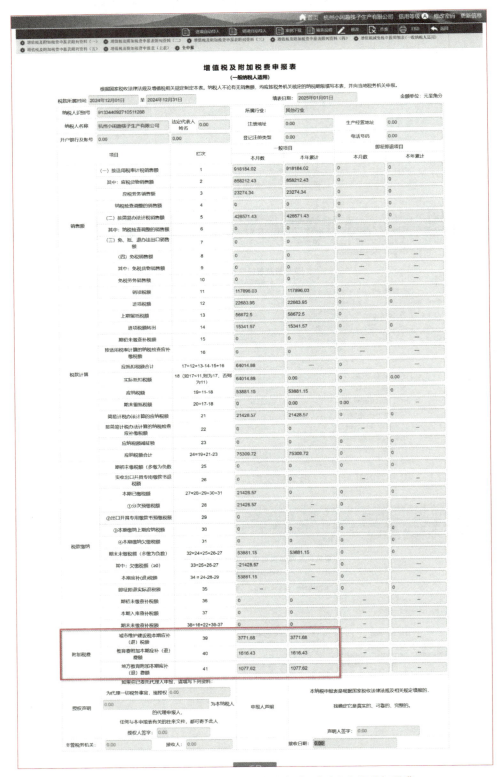

图 3-99　打开增值税及附加税费申报表（主表）确认附加税费

第九步：若发现申报表填写有误，可选择修改；若确认无误，进行全申报，如图 3 - 100 和图 3 - 101 所示。

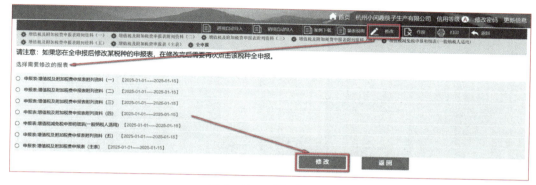

图 3 - 100 申报表修改

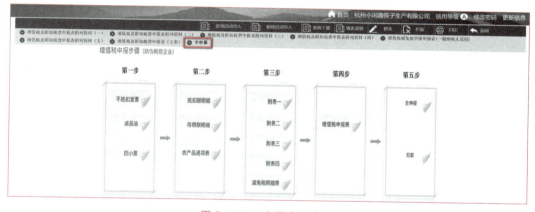

图 3 - 101 申报表全申报

第十步：实训案例全申报后，回到电子税务局实训平台的主界面，提交评分后并显示成绩，如图 3 - 102 和图 3 - 103 所示。

图 3 - 102 提交评分

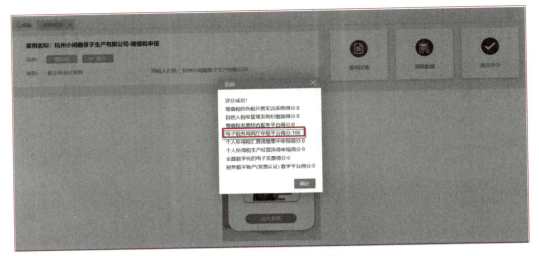

图 3 - 103　显示评分成绩

第十一步：在电子税务局实训平台的主界面找到【我的成绩】，可查看实训案例得分详细情况，如图 3 - 104 和图 3 - 105 所示。

图 3 - 104　显示评分成绩

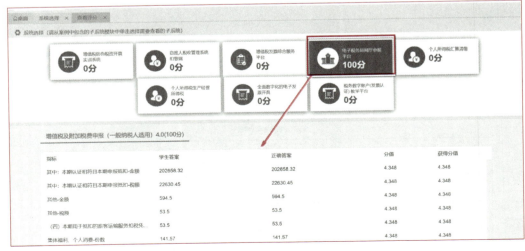

图 3 - 105　显示得分详细情况

第十二步：若未得满分，根据得分情况，选择【作废】对应纳税申报表。修改完成后，再按照纳税申报流程操作，如图3-106所示。

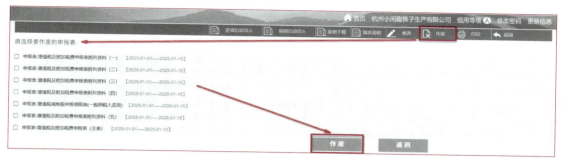

图3-106　申报作废

项目小结

增值税是以销售货物、劳务、服务和无形资产以及不动产的增值额和货物进口金额为计税依据而课征的一种流转税。纳税人按月或季度申报增值税，具体申报周期根据纳税人的纳税特征而定。申报方式包括确认式、补录式和填表式。

本项目以一般纳税人增值税及附加税费计缴与申报为例，以电子税务局实训平台为载体，结合具体案例，基于办税岗位工作实际，采用任务驱动法，分别从认知增值税销项税额计算与导入、进项税税额计算与导入、进项税额计算与填报、增值税纳税申报与税款缴纳五项任务入手，系统讲述了填表模式下一般纳税人工作流程及需要填写的申报表单内容。

纳税人应同时进行城市维护建设税、教育费附加和地方教育附加的申报。城市维护建设税按照销售额的一定比例征收，用于城市基础设施建设和维护。教育费附加按照销售额的一定比例征收，用于教育事业的发展。地方教育附加同样按照销售额的一定比例征收，用于地方教育的支持。

总之，增值税及附加税费的申报是企业财务管理中至关重要的环节，需要纳税人仔细核对数据，选择合适的申报模式，并按时缴纳税款。

技能训练

一、单项选择题

1. 下列经营行为中，属于增值税混合销售行为的是（　　　）。

A. 汽车店销售汽车及内饰用品

B. 商场销售空调并提供安装服务

C. 家具城销售家具，同时又为其他客户提供家具运输服务

D. 酒店提供住宿及机场接送服务

2. 下列不属于增值税视同销售的是（　　　）。

A. 将购进的货物用于无偿赠送　　　　B. 将购进的货物分配股东

C. 将购进的货物用于投资　　　　　　D. 将购进的货物用于集体福利

3. 下列关于增值税计税方法的说法错误的是（　　　）。

A. 若一般纳税人采用一般计税方法，应纳税额＝销项税额－进项税额－留抵税额

B. 若一般纳税人选择简易计税方法，应纳税额＝含增值税销售额×征收率

C. 小规模纳税人采用简易计税方法，应纳税额＝不含增值税销售额×征收率

D. 小规模纳税人只能采用简易计税方法

4. 按照现行政策，一般纳税人发生的下列应税行为中，不可以选择适用简易计税方法计税的是（　　　）。

A. 销售自产机器设备同时提供的分别核算的安装服务

B. 为甲供工程提供的建筑服务

C. 增值税一般纳税人生产销售罕见病药品

D. 提供的餐饮服务

5. 2024 年 3 月，境外某公司为我国甲企业提供技术咨询服务，取得含税价款 300 万元，境外公司在境内未设立经营机构，则甲企业应当扣缴的增值税税额是（　　　）万元。

A. 0　　　　　　　　B. 16.98　　　　　　C. 43.59　　　　　　D. 8.74

6. 下列各项中，属于兼营行为的是（　　　）。

A. 某建筑企业既提供建筑服务，又同时销售自产的建材

B. 超市销售家电的同时负责送货上门

C. 塑钢门窗商店销售外购门窗并负责为客户提供安装服务

D. 电信公司销售电话机的同时为客户提供电话安装服务

7. 根据增值税的有关规定，下列销售行为免征增值税的是（　　　）。

A. 农业生产者销售外购的农业产品

B. 商业企业进口供残疾人专用的物品

C. 外国政府、国际组织无偿援助的进口物资

D. 商场（一般纳税人）销售的水产品罐头

8. 自 2023 年 1 月 1 日至 2027 年 12 月 31 日，小规模纳税人发生增值税应税销售行为，合计月销售额未超过（　　　）的，免征增值税。

A. 3 万元　　　　　　　　　　　　B. 5 万元

C. 10 万元　　　　　　　　　　　D. 15 万元

9. 对纳税人为销售货物而出租出借包装物收取的押金，其增值税正确的计税方法是（　　　）。

A. 单独记账核算的，一律不并入销售额征税，对逾期收取的包装物押金，均并入销售额征税

B. 酒类包装物押金，一律并入销售额计税，其他货物押金，单独记账核算的，不并入销售额征税

C. 无论会计如何核算，均应并入销售额计算缴纳增值税

D. 对销售除啤酒、黄酒以外的其他酒类产品收取的包装物押金，均应并入当期销售额征税，其他货物押金，单独记账且未逾期、未超过 12 个月的，不计算缴纳增值税

10. 下列选项中，不计入增值税计税销售额的是（　　　）。

A. 消费税税额　　　　　　　　　　B. 增值税税额

C. 销售啤酒时逾期的包装物押金　　　D. 销售白酒时收取的包装物租金

二、多项选择题

1. 下列关于增值税起征点的说法中,正确的有(　　　　　)。

A. 起征点的调整由当地人民政府规定

B. 按期纳税的,起征点为月销售额 5 000 ～ 20 000(含本数)元

C. 按次纳税的,起征点为每次(日)销售额 300 ～ 500(含本数)元

D. 适用范围包括认定为一般纳税人的个体工商户

2. 关于跨县(不在同一地级行政区域内)提供建筑服务增值税征收管理,下列表述中正确的有(　　　　　)。

A. 纳税人应按照工程项目分别计算应预缴税款并分别预缴

B. 跨县提供建筑服务是指纳税人在其机构所在地以外的县提供建筑服务

C. 纳税人以预缴税款抵减应纳税额,应以完税凭证作为合法有效凭证

D. 小规模纳税人以取得的全部价款和价外费用为计税依据计算应预缴税款

3. 下列关于固定资产处理的说法中,不正确的有(　　　　　)。

A. 纳税人购进固定资产时为小规模纳税人,登记为一般纳税人后销售该固定资产的,按照适用税率计算增值税

B. 小规模纳税人(除其他个人外)销售自己使用过的除固定资产以外的物品,按照 3% 征收率减按 2% 征收增值税

C. 小规模纳税人销售自己使用过的固定资产,适用简易办法依照 3% 征收率减按 2% 征收增值税

D. 增值税一般纳税人销售自己使用过的抵扣过进项税的固定资产,按照适用税率计算增值税

4. 下列关于小规模纳税人的说法中,正确的有(　　　　　)。

A. 小规模纳税人,采用简易计税方法征收增值税

B. 年应税销售额超过小规模纳税人标准的其他个人按小规模纳税人纳税

C. 非企业性单位,可选择按照小规模纳税人纳税

D. 年应税销售额超过小规模纳税人标准的个体工商户,也只能按照小规模纳税人纳税

5. 下列关于纳税人提供金融服务开具增值税发票的说法中,正确的有(　　　　　)。

A. 金融商品转让,可以开具增值税专用发票

B. 保险企业不得将个人保险代理人的详细信息作为代开增值税发票的清单

C. 金融商品转让,按照卖出价扣除买入价后的余额为销售额

D. 为自然人提供的保险服务不得开具增值税专用发票,可以开具增值税普通发票

6. 下列货物的出口,适用增值税免税政策的有(　　　　　)。

A. 避孕药品和用具

B. 含黄金、铂金成分的货物

C. 增值税小规模纳税人出口货物

D. 购进时取得增值税专用发票的已使用过的设备

7. 增值税一般纳税人,购进农产品用于生产 9% 税率的货物,下列关于农产品进项税额抵扣说法正确的有(　　　　　)。

A. 取得一般纳税人开具的增值税专用发票,以增值税专用发票上注明的增值税额为进项税额

B. 从按照简易计税方法依照 3% 征收率计算缴纳增值税的小规模纳税人取得增值税专用发票的,以增值税专用发票上注明的金额和 9% 的扣除率计算进项税额

C. 取得农产品销售发票的,以农产品销售发票上注明的农产品买价和 9% 的扣除率计算进项税额

D. 开具农产品收购发票的,以收购发票注明的农产品买价和 10% 的扣除率计算进项税额

8. 下列境外企业发生的应税行为,需要在我国缴纳增值税的有(　　　　)。

A. 境外某工程公司到境内给境内甲单位提供工程勘察勘探服务

B. 境外某咨询公司与境内乙公司签订咨询合同,咨询服务同时在境内和境外发生

C. 境外某公司向境内丙公司转让其在境内的连锁经营权

D. 境外某公司向境内戊公司转让一栋位于境外的办公楼

9. 根据城市维护建设税的现行规定,下列属于城市维护建设税计税依据的有(　　　　)。

A. 中外合资企业在华机构缴纳的企业所得税　　B. 个体工商户拖欠的增值税

C. 个人独资企业偷税被处的增值税罚款　　D. 外资商场偷逃的增值税

10. 根据增值税纳税义务发生时间的相关规定,下列说法正确的有(　　　　)。

A. 视同销售无形资产,为无形资产转让完成的当天

B. 采取赊销方式销售货物,为实际收款的当天

C. 采取托收承付方式销售货物,为发出货物的当天

D. 提供租赁服务采取预收款方式的,为收到预收款的当天

三、判断题

1. 商业企业一般纳税人零售烟、酒、食品、服装、鞋帽(包括劳保用品),可以开具增值税专用发票。　　　　　　　　　　　　　　　　　　　　　　　　　　(　　)

2. 增值税起征点的适用范围限于个人。　　　　　　　　　　　　　　　　(　　)

3. 年应征增值税销售额超过小规模纳税人标准的自然人,应当向主管税务机关申请一般纳税人资格认定。　　　　　　　　　　　　　　　　　　　　　　　　　(　　)

4. 基本建设单位和从事建筑安装业务的企业附设工厂、车间生产的水泥预制构件、其他构件或建筑材料,凡用于本单位或本企业的建筑工程的,不征收增值税。　　(　　)

5. 增值税一般纳税人销售自己使用过的除固定资产以外的物品,应当按照适用税率征收增值税。　　　　　　　　　　　　　　　　　　　　　　　　　　　　　(　　)

6. 增值税一般纳税人兼营不同税率的货物,应当分别核算货物的销售额,未分别核算的,从高适用税率计征增值税。　　　　　　　　　　　　　　　　　　　　(　　)

7. 增值税纳税人按人民币以外的货币结算销售额的,其销售额的人民币折合率可以选择销售额发生的当天或者当月 1 日的人民币汇率中间价。　　　　　　　　　(　　)

8. 增值税一般纳税人采取邮寄方式销售、购买货物所支付的邮寄费,可以按邮寄费金额和 7% 的扣除率计算抵扣增值税进项税额。　　　　　　　　　　　　　　(　　)

9. 除个体经营者以外的其他个人不属于增值税一般纳税人。　　　　　　　(　　)

10. 纳税人销售额未达到起征点的,免征增值税,超过起征点的,就超过部分计算缴纳增值税。　　　　　　　　　　　　　　　　　　　　　　　　　　　　　(　　)

四、拓展训练

登录电子税务局实训平台,申报小规模纳税人增值税及附加税费。

项目四　消费税及附加税费计缴与申报

知识目标

1. 熟悉消费税的征税范围和纳税人。
2. 掌握消费税的计税依据和计税方法。
3. 了解消费税的征收管理规定。

技能目标

1. 能正确判断消费税的征收范围。
2. 能正确处理消费税的涉税业务。
3. 能准确计算消费税的应纳税额。
4. 能规范填写消费税及附加税费申报表。

素养目标

1. 培养如实申报与缴纳税费的职业道德。
2. 树立理解并遵守消费税法律制度的社会责任。
3. 提升爱护环境和环保节能意识的社会价值观。

知识导图

图 4-1　消费税知识导图

引导案例

　　南京 A 公司（纳税人识别号：9133012119690 81812）为增值税一般纳税人，主要生产粮食白酒、啤酒、红酒和葡萄酒。小韩是公司新来的会计。2024 年 6 月 5 日下午，公司会计主管嘱咐小韩申报缴纳本年 5 月的消费税及附加税费。小韩整理了上个月公司发生的各项业务。公司 2024 年 5 月的相关业务具体情况如下：

　　（1）1 日，销售白酒 2 吨，取得不含税收入 20 000 元，另收取包装物押金 2 040 元，品牌使用费 7 000 元。

　　（2）3 日，销售鲜啤酒 10 吨给 B 烟厂批发销售公司，开具的增值税专用发票上注明金额 35 000 元。

　　（3）5 日，销售无醇啤酒 5 吨给 C 商贸公司，开具增值税普通发票注明金额 13 800 元，另开收据收取包装物押金 750 元。

　　（4）6 日，生产一种新的粮食白酒，广告样品使用 0.4 吨，已知该种白酒无同类产品出厂价，生产成本为每吨 42 000 元，成本利润率为 10%。

　　（5）9 日，销售自产红酒，取得含增值税价款 56.8 万元，另收取包装物押金 1.13 万元、手续费 2.26 万元。

　　（6）12 日，将新研制的红酒 3 吨赠送给关联企业，该批红酒生产成本 30 000 元，无同类红酒销售价格。

　　（7）20 日，受托为 D 公司加工甲品牌葡萄酒，收取含增值税加工费 40 680 元；D 公司提供原材料成本 830 000 元，A 公司无同类葡萄酒销售价格。

　　案例思考：

　　作为新手，小韩如何完成会计主管交代的办税业务？在完成消费税及附加税费申报工作前需要做哪些准备工作？在消费税税额的计算过程中需要注意哪些特殊业务？

任务一　从价计征方式的消费税及附加税费计缴与申报

知识准备

　　消费税的税率有比例税率和定额税率（即单位税额）两种形式。一般情况下，一种消费品只选择其中一种税率方式计税，但对某些应税消费品则采用了定额税率和比例税率复合计税的征收方式。在消费税税目中，黄酒、啤酒、成品油实行从量计税，卷烟、白酒实行复合计税，其他绝大部分的消费品，如雪茄烟、烟丝、其他酒（红酒等）、高档化妆品等都实行从价计征消费税。

一、计算直接对外销售应税消费品的应纳税额

　　实行从价计征的应税消费品，计税依据为应税消费品的销售额。消费税从价计征的计

算公式为：

$$应纳税额 = 销售额 \times 比例税率$$

在从价计征的情况下，当税率一定时，应纳税额的计算取决于应税销售额的多少。因此，销售额是应纳税额计算的关键。

（一）销售额的确定

应税消费品销售额，是纳税人销售应税消费品向购买方收取的全部价款和价外费用。由于消费税和增值税实行交叉征收，消费税实行价内税，增值税实行价外税，因此实行从价定率征收消费税的消费品，其消费税税基和增值税税基基本是一致的，即是以含消费税而不含增值税的销售额作为计税基数。

（二）含增值税销售额的换算

应税消费品的销售额不包括应向购货方收取的增值税税款。如果应税消费品的销售额中未扣除增值税税款或因不得开具增值税专用发票，发生价款和增值税税款合并收取的，在计算消费税时，应当换算为不含增值税税款的销售额。其换算公式为：

$$不含税销售额 = 含增值税的销售额 \div （1 + 增值税税率或征收率）$$

（三）包装物及包装物押金

1. 应税消费品连同包装物销售

无论包装物如何计价，由会计上如何核算，均应并入应税消费品的销售额中征收消费税。

2. 包装物只收取押金，不作价随同产品销售

押金不应并入应税消费品的销售额中征税。但对逾期未收回的包装物不再退还的和已收取 1 年以上押金的，应并入应税消费品的销售额，按应税消费品的适用税率征收消费税。

3. 对既作价随同应税消费品销售，又另外收取押金的包装物押金

凡纳税人在规定的期限内不予退还该类押金的，均应将其并入应税销售额，按应税消费品的适用税率征收消费税。

4. 酒类产品

对酒类产品生产企业销售粮食白酒、薯类白酒和其他酒（实行从价定率办法征收）而收取的包装物押金，无论押金是否返还及会计上如何核算，均需并入酒类产品销售额中，依酒类产品的适用税率征收消费税。但以上规定不适用于实行从量定额征收消费税的啤酒和黄酒产品。

关于包装物的税务处理如表 4-1 所示。

表 4-1 包装物押金增值税、消费税处理

所 包 装 产 品	增值税处理	消 费 税 处 理
非酒类产品（成品油除外）	没收押金时并入销售额	没收押金时并入销售额
啤酒、黄酒、成品油		不征收消费税（从量计税）
其他酒类产品（啤酒、黄酒除外）	收取时并入销售额	

【引例分析】　9日,销售自产红酒,取得含增值税价款56.8万元,另收取包装物押金1.13万元、手续费2.26万元。

红酒属于"啤酒、黄酒以外的其他酒",对应的包装物押金在收取时即计入销售额,包装物押金1.13万元为含税价格,应价税分离。手续费属于价外费用,也应价税分离后计入销售额。

本业务应纳消费税=(56.8+1.13+2.26)÷(1+13%)×10%=5.33(万元)

二、计算自产自用应税消费品的应纳税额

纳税人自产自用的应税消费品,用于连续生产应税消费品的,即作为生产最终应税消费品的直接材料,并构成最终应税消费品实体的,不缴纳消费税;用于其他方面的,即用于生产非应税消费品和在建工程、管理部门、非生产机构、提供劳务,以及用于馈赠、赞助、集资、广告、样品、职工福利、奖励等方面的应税消费品应缴纳消费税。

自产自用应税消费品,实行从价计征的,纳税人有同类消费品销售价格的,按照纳税人生产的同类消费品销售价格计算纳税;没有同类消费品销售价格的,按照组成计税价格计算纳税。计算公式为:

$$应纳税额=同类消费品销售价格(或组成计税价格)×比例税率$$

$$组成计税价格=(成本+利润)÷(1-比例税率)$$

$$成本+利润=成本×(1+成本利润率)$$

"同类消费品的销售价格"为纳税人当月销售的同类消费品的销售价格。如果当月同类消费品各期销售价格高低不同的,应按销售数量加权平均计算,但销售的应税消费品如果销售价格明显偏低又无正当理由,或无销售价格的,不得加权平均计算。如果当月无销售或当月未完结,则应按同类消费品上月或最近月份的销售价格作为同类产品的销售价格。

"成本"是指应税消费品的产品生产成本;"利润"是指根据应税消费品的全国平均成本利润率计算的利润。全国平均成本利润率由国家税务总局确定,如表4-2所示。

表4-2　消费税全国平均成本利润率

项　　目	成本利润率(%)	项　　目	成本利润率(%)
甲类卷烟、电子烟	10	贵重首饰及珠宝玉石	6
乙类卷烟	5	乘用车	8
雪茄烟	5	中轻型商用客车	5
烟丝	5	越野车	6
粮食白酒	10	高尔夫球及球具	10

续　表

项　目	成本利润率(%)	项　目	成本利润率(%)
薯类白酒	5	高档手表	20
其他酒	5	游艇	10
高档化妆品	5	木制一次性筷子	5
鞭炮、焰火	5	实木地板	5
电池	4	涂料	7

【引例分析】　12日,将新研制的红酒3吨赠送给关联企业,该批红酒生产成本30 000元,无同类红酒销售价格。

将红酒赠送给关联企业属于自产自用用于其他方面,需要从价计算消费税。赠送的红酒为新研制产品,无同类红酒销售价格,需计算组成计税价格。组成计税价格=30 000×(1+5%)÷(1-10%)=35 000(元)。

本业务应纳消费税=35 000×10%=3 500(元)

这里需要注意的是,纳税人用于换取生产资料和消费资料、投资入股、抵偿债务三种情况的应税消费品,以纳税人同类应税消费品最高销售价格为计税依据。

三、计算委托加工应税消费品的应纳税额

委托加工的应税消费品是指由委托方提供原料和主要材料,受托方只收取加工费和代垫部分辅助材料加工的应税消费品。对于由受托方提供原材料生产的应税消费品,或者受托方先将材料卖给委托方,然后再接受加工的应税消费品,以及由受托方以委托方名义购进原材料生产的应税消费品,不论纳税人在会计上是否作销售处理,都不得作为委托加工应税消费品,而应当按照销售自制应税消费品缴纳消费税。

委托方将收回的应税消费品,以不高于受托方的计税价格出售的,为直接出售,直接出售的委托加工应税消费品,不再缴纳消费税;委托方以高于受托方的计税价格出售的,不属于直接出售,需按照规定申报缴纳消费税,在计税时准予扣除受托方已代收代缴的消费税。

委托加工的应税消费品,按照受托方的同类消费品销售价格计算纳税;没有同类消费品销售价格的,按照组成计税价格计算纳税。

应纳税额=同类消费品销售价格(或组成计税价格)×比例税率

组成计税价格=(材料成本+加工费)÷(1-比例税率)

"材料成本"是指委托方提供加工材料的实际成本。委托加工应税消费品的纳税人,必须在委托加工合同上注明(或以其他方式提供)材料成本;凡未提供材料成本的,受托方所在地主管税务机关有权核定其材料成本。"加工费"是指受托方加工应税消费品向委托方所收取的全部费用(包括代垫辅助材料的实际成本)。

【引例分析】　20 日,受托为 D 公司加工甲品牌葡萄酒,收取含增值税加工费 40 680 元;D 公司提供原材料成本 830 000 元,A 公司无同类葡萄酒销售价格。

受托为 D 公司加工葡萄酒,需要代收代缴消费税。本公司无同类葡萄酒销售价格,需计算组成计税价格。加工费 40 680 元为含税价格,需价税分离。

不含税加工费＝40 680÷(1＋13%)＝36 000 元

组成计税价格＝(830 000＋36 000)÷(1－10%)＝962 222.22(元)

代收代缴消费税＝962 222.22×10%＝96 222.22(元)

四、计算应税消费品已纳消费税的扣除

消费税采取一次课征制,为了避免重复征税,企业用外购或委托加工收回的应税消费品,用于连续生产应税消费品的,对外购应税消费品已缴纳的消费税税款或者委托加工的应税消费品,由受托方代收代缴的消费税税款,准予从应纳消费税税额中抵扣。

(一)外购或委托加工应税消费品已纳消费税的扣除规定

用外购或委托加工收回已税消费品连续生产应税消费品销售时,按当期生产领用数量计算准予扣除外购应税消费品已纳的消费税税款。已纳消费税扣除的范围包括:

(1)外购或委托加工收回的已税烟丝为原料生产的卷烟。

(2)外购或委托加工收回的已税高档化妆品为原料生产的高档化妆品。

(3)外购或委托加工收回的已税珠宝玉石为原料生产的贵重首饰及珠宝玉石。

(4)外购或委托加工收回的已税鞭炮、焰火为原料生产的鞭炮、焰火。

(5)外购或委托加工收回的已税杆头、杆身和握把为原料生产的高尔夫球杆。

(6)外购或委托加工收回的已税木制一次性筷子为原料生产的木制一次性筷子。

(7)外购或委托加工收回的已税实木地板为原料生产的实木地板。

(8)外购或委托加工收回的已税石脑油、润滑油、燃料油为原料连续生产的应税成品油。

(9)外购或委托加工收回的已税汽油、柴油为原料连续生产的应税成品油。

(二)应税消费品已纳消费税扣除额的计算

当期准予扣除外购或委托加工收回的应税消费品的已纳消费税税款,应按当期生产领用数量计算。

1. 当期准予扣除外购应税消费品已纳消费税税款

$$\begin{array}{l}当期准予扣除的外购\\应税消费品已纳税款\end{array}＝\begin{array}{l}当期准予扣除外购的\\应税消费品买价\end{array}×\begin{array}{l}外购应税消费品\\比例税率\end{array}$$

$$\begin{array}{l}当期准予扣除的外购\\应税消费品买价\end{array}＝\begin{array}{l}期初库存外购的\\应税消费品买价\end{array}＋\begin{array}{l}当期购进的外购\\应税消费品买价\end{array}－\begin{array}{l}期末库存的外购\\应税消费品买价\end{array}$$

2. 当期准予扣除委托加工收回的应税消费品已纳消费税税款

$$\begin{array}{l}当期准予扣除的委托加工\\应税消费品已纳税款\end{array}＝\begin{array}{l}期初库存的委托加工\\应税消费品已纳税款\end{array}＋\begin{array}{l}当期收回的委托加工\\应税消费品已纳税款\end{array}$$

$$－\begin{array}{l}期末库存的委托加工\\应税消费品已纳税款\end{array}$$

假设甲企业为增值税一般纳税人,2023年12月月初库存烟丝不含增值税买价5万元,本月外购烟丝不含税买价40万元,月末库存烟丝不含税买价10万元,领用烟丝全部用于连续生产卷烟,计算甲企业本月准予扣除的外购烟丝已缴纳的消费税额。

当期准予扣除外购或委托加工收回的应税消费品的已纳消费税税款,应按当期生产领用数量计算。

当期准予扣除外购应税消费品已纳消费税税款=(5+40-10)×30%=10.5(万元)

🔍 岗位说明

税务专员岗,主要负责以下事务:
(1)从价计征方式下的消费税税额计算。
(2)消费税及附加税费申报表填写。
(3)本期准予扣除税额计算表填写。

📋 实训资料

东风汽车厂(增值税一般纳税人、非小型微利企业)主营小汽车的生产与销售,且落实"零库存"生产销售经营策略,生产数量与销售数量一致。

1.2024年03月东风汽车厂的经营业务

(1)向杭州市人民出租汽车有限公司售出25辆自产乘用车,取得发票如图4-2所示。

图4-2　乘用车销售发票

（2）向南方车业经销有限公司售出 10 辆自产乘用车，取得发票如图 4－3 所示。

图 4－3　小轿车销售发票

（3）向浙江蓝天客运有限公司售出 2 辆自产中轻型商用客车，取得发票如图 4－4 所示。

图 4－4　中轻型商用客车销售发票

（4）将委托万能汽车制造公司加工的 3 辆汽车收回并以委托加工环节的计税销售额直接销售给南方车业经销有限公司，取得发票如图 4－5 所示。

图 4－5　迷你轿车销售发票

2. 2024 年 03 月东风汽车厂的其他涉税信息

将 1 辆自产乘用车移送厂长室给厂长使用，该同类乘用车不含增值税的销售价格为 180 000 元，生产成本为 140 000 元，相关票据如图 4－6 所示。

会计部门编号 001							
出库单　　NO 10675111							
仓库部门编号 001　　　　2024 年 03 月 28 日							
编号	名称	规格	单位	出库数量	单价	金额	备注
1	商务版乘用车	汽缸 3 升	辆	1	140000.00	140000.00	
	合计			1		140000.00	

生产车间或部门：11 号车间　　　　　仓库管理员：顾凌

图 4－6　乘用车出库单

　**业务操作**

第一步：登录电子税务局实训平台。

（1）登录电子税务局实训平台，单击【消费税申报】，如图 4-7 所示。

图 4-7 选择【电子税务局实训平台】

（2）选择对应的实训案例，并单击【实训】进入电子税务局，单击【登录】进入实训系统，单击【办理】，填写消费税申报表，如图 4-8 至图 4-10 所示。

图 4-8 实训案例选择

图 4-9 登录电子税务局实训平台

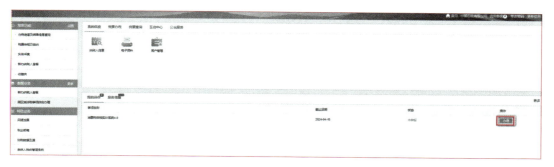

图 4－10　进入消费税申报实训系统

第二步：消费税及附加税费申报表填写。

（1）根据消费税申报表月季度申报步骤（如图 4－11 所示）可知消费税申报表各表单的填写顺序，按步骤单击并进入【本期准予扣除税额计算表】。根据实训案例可知，本企业本月未发生外购或委托加工可抵扣税额的业务，所以无需填写该申报表，只需打开并单击【提交】即可，如图 4－12 所示。

图 4－11　消费税申报表月季度申报步骤

本期准予扣除税额计算表

金额单位：元（列至角分）

准予扣除项目		应税消费品名称					合计
一、本期准予扣除的委托加工应税消费品已纳税款计算		期初库存委托加工应税消费品已纳税款	1	0	0	0	0
		本期收回委托加工应税消费品已纳税款	2	0	0	0	0
		期末库存委托加工应税消费品已纳税款	3	0	0	0	0
		本期领用不准予扣除委托加工应税消费品已纳税款	4	0	0	0	0
		本期准予扣除委托加工应税消费品已纳税款	5=1+2-3-4	0	0	0	0
二、本期准予扣除的外购应税消费品已纳税款计算	（一）从价计税	期初库存外购应税消费品买价	6	0	0	0	0
		本期购进应税消费品买价	7	0	0	0	0
		期末库存外购应税消费品买价	8	0	0	0	0
		本期领用不准予扣除外购应税消费品买价	9	0	0	0	0
		适用税率	10	0	0	0	0
		本期准予扣除外购应税消费品已纳税款	11=(6+7-8-9)×10	0	0	0	0
	（二）从量计税	期初库存外购应税消费品数量	12	0	0	0	0
		本期外购应税消费品数量	13	0	0	0	0
		期末库存外购应税消费品数量	14	0	0	0	0
		本期领用不准予扣除外购应税消费品数量	15	0	0	0	0
		适用税率	16	0	0	0	0
		计量单位	17	0	0	0	0
		本期准予扣除的外购应税消费品已纳税款	18=(12+13-14-15)×16	0	0	0	0
三、本期准予扣除税款合计			19=5+11+18	0	0	0	0

重写　提交　返回

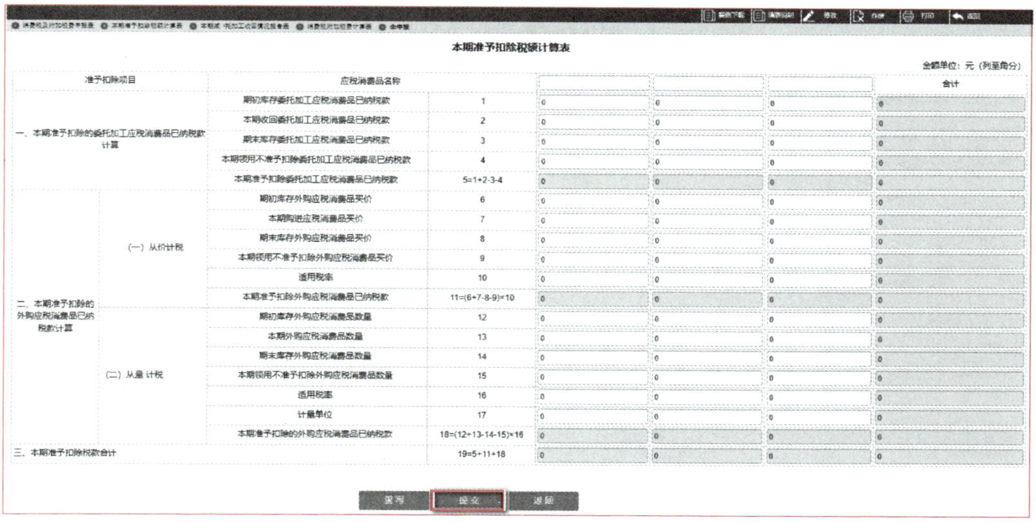

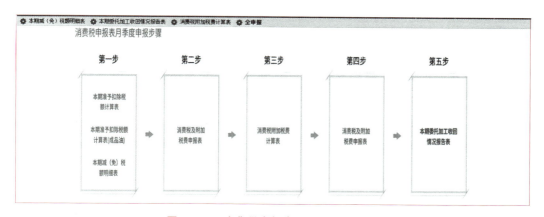

图 4－12　填写【本期准予扣除税额计算表】

　　(2) 根据申报步骤,继续单击【消费税及附加税费申报表】,根据案例分析本月消费税相关业务,填写本月应税消费品申报数据。填写完成后,系统自动计算消费税应纳税额,同时可见附加税费无数据显示,提交后继续单击【消费税附加税费计算表】,如图4-13所示。

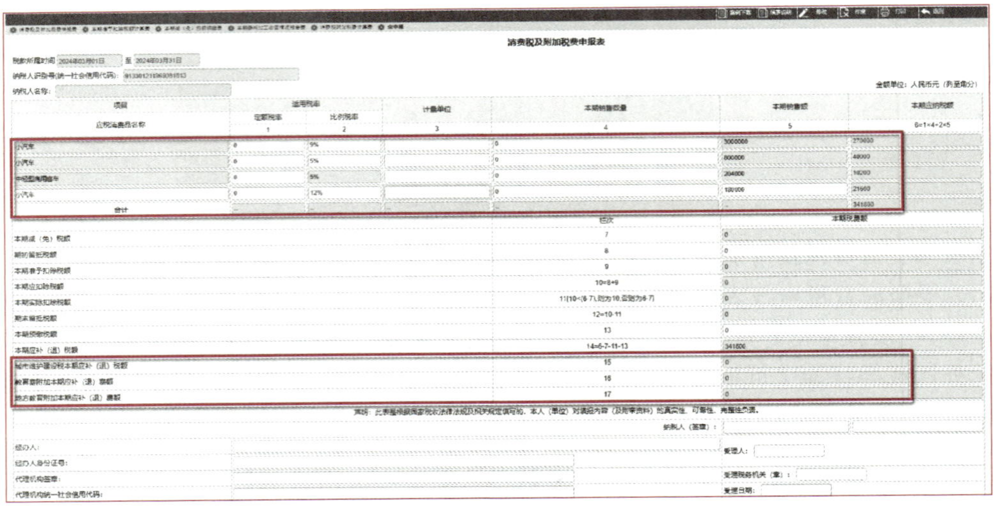

图4-13　填写【消费税及附加税费申报表】

　　(3) 填写【消费税附加税费计算表】中的消费税税额和附加税费适用税率,系统自动计算本期应纳税(费)额,如图4-14所示。再次单击【消费税及附加税费申报表】,可见附加税费部分已经显示数据(如图4-15所示),提交即可。

图4-14　填写【消费税附加税费计算表】

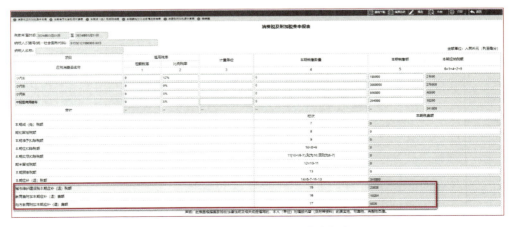

图4-15　消费税及附加税费申报表

（4）再次核对所有已填写的申报表，核对无误后单击【全申报】，消费税及附加税费完成申报工作。

第三步：实训评分。

返回到电子税务局实训平台，找到对应的实训案例，单击【评分】进入评分界面；出现【是否提交评分】信息框，选择【提交】，系统根据实训案例完成情况进行打分，如图 4 – 16 至 4 – 18 所示。

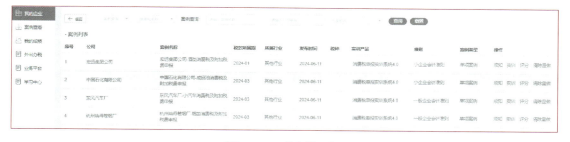

图 4 – 16　单击【评分】

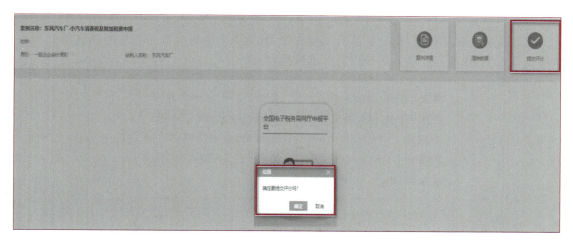

图 4 – 17　选择是否提交评分

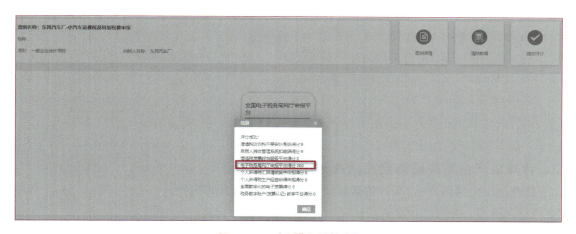

图 4 – 18　查看【实训得分】

任务二 **从量计征方式的消费税及附加税费计缴与申报**

 **知识准备**

在消费税税目中,实行定额税率从量计征消费税的有黄酒、啤酒和成品油三种。

一、计算直接对外销售应税消费品的应纳税额

实行从量计征的应税消费品,计税依据为应税消费品的销售数量,如应税消费品的重量、容积或数量。消费税从量计征的计算公式为:

$$应纳税额 = 销售数量 \times 定额税率$$

定额税率又称单位税额,分别按升或吨核定,若纳税人应税消费品数量的计量单位与消费税税目税率(税额)表不同,需按以下标准换算。

啤酒:1吨=988升　　　　黄酒:1吨=962升

汽油:1吨=1 388升　　　柴油:1吨=1 176升

石脑油:1吨=1 385升　　溶剂油:1吨=1 282升

润滑油:1吨=1 126升　　燃料油:1吨=1 015升

航空煤油:1吨=1 246升

【引例分析】　5日,销售无醇啤酒5吨给C商贸公司,开具增值税普通发票注明金额13 800元,另收取包装物押金开取收据750元。

首先需判断啤酒为甲类啤酒还是乙类啤酒,每吨不含税价格(包括包装物押金)在3 000元/吨(含)以上为甲类啤酒,3 000元/吨以下为乙类啤酒。

$$(13\ 800 + 750) \div (1 + 13\%) = 12\ 876.11(元/吨) > 3\ 000(元/吨)$$

经判断,该无醇啤酒为甲类啤酒。

本业务应纳消费税 = $5 \times 250 = 1\ 250$(元)

二、计算自产自用应税消费品的应纳税额

自产自用应税消费品,实行从量计征消费税的,计算公式为:

$$应纳税额 = 移送使用数量 \times 定额税率$$

假设天天黄酒厂(一般纳税人)3月份将新研制的10吨黄酒用于广告样品,求该批黄酒

的消费税税额(已知该黄酒厂没有同类销售价格)。

黄酒属于从量计税,无需计算组成计税价格,黄酒的消费税税率 240 元/吨。

本业务应纳消费税 $= 10 \times 240 = 2\,400$(元)

三、计算委托加工应税消费品的应纳税额

委托加工应税消费品,实行从量计征消费税的,计算公式为:

$$应纳税额 = 委托加工收回数量 \times 定额税率$$

例如,甲企业委托乙企业(一般纳税人)加工柴油 100 吨并全部收回,向乙企业支付不含增值税的加工费 10 万元,求乙企业代收代缴的消费税税额。

成品油从量计税,其中柴油消费税税率为 1.2 元/升,1 吨 $= 1\,176$ 升,因此乙企业代收代缴消费税 $= 100 \times 1\,176 \times 1.2 = 141\,120$(元)

四、计算应税消费品已纳消费税的扣除

用外购或委托加工收回已税消费品连续生产应税消费品销售时,按当期生产领用数量计算准予扣除外购应税消费品已纳的消费税税款。

(一)当期准予扣除外购应税消费品已纳消费税税款

对应公式为:

$$\begin{matrix} 当期准予扣除的外购 \\ 应税消费品已纳税款 \end{matrix} = \begin{matrix} 当期准予扣除的外购 \\ 应税消费品数量 \end{matrix} \times \begin{matrix} 外购应税消费品 \\ 定额税率 \end{matrix}$$

$$\begin{matrix} 当期准予扣除的外购 \\ 应税消费品数量 \end{matrix} = \begin{matrix} 期初库存外购的 \\ 应税消费品数量 \end{matrix} + \begin{matrix} 当期购进的外购 \\ 应税消费品数量 \end{matrix} - \begin{matrix} 期末库存的外购 \\ 应税消费品数量 \end{matrix}$$

(二)当期准予扣除委托加工收回的应税消费品已纳消费税税款

对应公式为:

$$\begin{matrix} 当期准予扣除的委托加工 \\ 应税消费品已纳税款 \end{matrix} = \begin{matrix} 期初库存的委托加工 \\ 应税消费品已纳税款 \end{matrix} + \begin{matrix} 当期收回的委托加工 \\ 应税消费品已纳税款 \end{matrix} - \begin{matrix} 期末库存的委托加工 \\ 应税消费品已纳税款 \end{matrix}$$

岗位说明

税务专员岗,主要负责:

(1)从量计征方式下的消费税税额计算。

(2)消费税及附加税费申报表填写。

(3)本期准予扣除税额计算表填写。

实训资料

1. 中国石化有限公司(非小型微利企业)2024 年 03 月发生销售业务

取得相关票据如图 4-19 至图 4-21 所示。

图 4-19　汽油销售发票

图 4-20　汽油销售发票

2. 中国石化有限公司的其他涉税业务及信息数据

（1）中国石化公司与桥南柴油经销公司长期合作，2024 年 3 月 28 日完成一笔 1 000 000 升的柴油购入，并于当天全部领出，用于连续生产。

（2）2024 年 02 月期初消费税留抵税额为 986 357.19 元。

3300191130　浙江增值税专用发票　NO 09469503　3300191130　09469503

此联不作报销、扣税凭证使用

开票日期：2024 年 03 月 27 日

购买方　名　　称：奥光印刷器材有限公司
纳税人识别号：913302888616600468
地 址、电 话：杭州市西湖区解放路 18 号 0571-88783702
开户行及账号：农业银行解放路支行 62284889940325711

密码区　03》21*&25*2/26-141\61
21350332132132100.-**6
23/031**212/-0313-03133
23203***/>055—03*2223

货物或应税劳务、服务名称	规格型号	单位	数量	单价	金额	税率	税额
*石油制品*汽油	97#	升	2519418	7.57	19071994.26	13%	2479359.25
合　计					¥19071994.26		¥2479359.25

价税合计（大写）　ⓧ贰仟壹佰伍拾伍万壹仟叁佰伍拾叁圆伍角壹分　（小写）¥21551353.51

销售方　名　　称：中国石化有限公司
纳税人识别号：913301077195759644
地 址、电 话：杭州市滨江区江三村 0571-56689199
开户行及账号：杭州联合银行长河支行 622848564540322688

备注

收款人：　复核：　开票人：肖琳　销售方：（章）

税总函〔2017〕001 号衡信印刷厂

第一联：记账联　销售方记账凭证

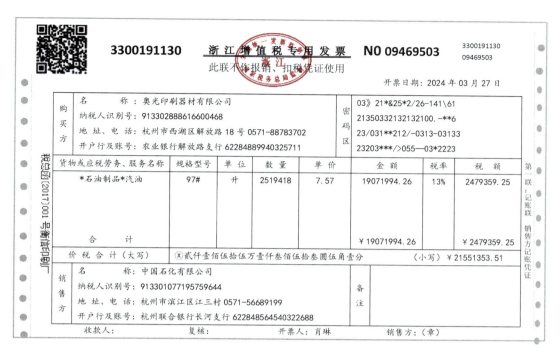

图 4 - 21　汽油销售发票

业务操作

第一步：登录电子税务局实训平台。

登录电子税务局实训平台，单击【消费税申报】，进入平台。选择对应的实训案例，并单击【实训】进入电子税务局，单击【登录】进入实训系统，单击【办理】，进入消费税申报表填写界面，如图 4 - 22 所示。

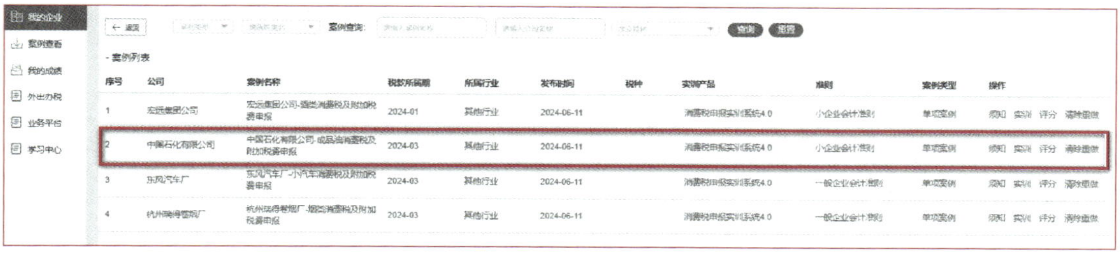

图 4 - 22　选择实训案例

第二步：消费税及附加税费申报表填写。

(1) 根据申报步骤，单击进入【本期准予扣除税额计算表】界面，根据实训案例可知，本月存在外购消费品用于生产的业务，根据业务数据填写本期准予扣除税额，填写完成后单击【提交】，如图 4 - 23 所示。

(2) 单击【本期减(免)税额明细表】，根据实训案例可知，本企业无相关业务，所以无需填写该申报表，只需打开并单击【提交】即可，如图 4 - 24 所示。

图 4 - 23 填写【本期准予扣除税额计算表】

图 4 - 24 填写【本期减(免)税额明细表】

（3）根据申报步骤，继续单击【消费税及附加税费申报表】，根据案例分析本月业务，填写应税消费品的所有业务数据。填写完成后，系统自动计算消费税应纳税额，同时可见附加税费无数据显示，提交后继续单击【消费税附加税费计算表】，如图 4 - 25 所示。

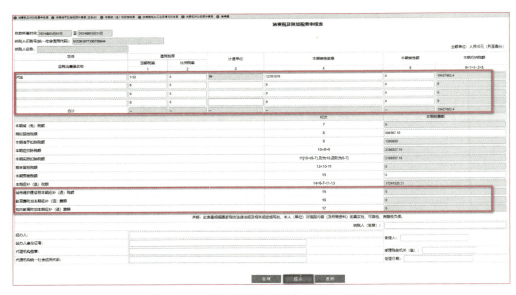

图 4 - 25 填写【消费税及附加税费申报表】

（4）填写【消费税附加税费计算表】中的消费税税额和附加税费适用税率，系统自动计算本期应纳税（费）额，如图 4 - 26 所示。再次单击【消费税及附加税费申报表】，可见附加税费部分已经显示数据（如图 4 - 27 所示），提交即可。

图 4-26 填写【消费税及附加税费申报表】

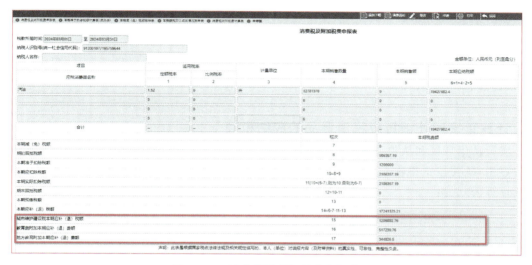

图 4-27 消费税及附加税费申报表

（5）再次核对所有已填写的申报表，核对无误后单击【全申报】，完成消费税及附加税费申报工作。

第三步：实训系统评分。

返回到电子税务局实训平台，找到对应的实训案例，单击【评分】进入评分界面；出现【是否提交评分】信息框，单击【提交】，系统根据实训案例完成情况进行打分，如图 4-28 所示。

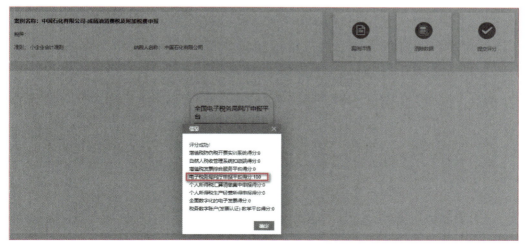

图 4-28 实训得分

4

任务三　复合计征方式的消费税及附加税费计缴与申报

知识准备

在消费税税目中,实行比例税率和定额税率双重征收消费税的应税消费品,目前只有卷烟、粮食白酒和薯类白酒。

一、计算直接对外销售应税消费品的应纳税额

实行从量计征和从价计征双重征收的应税消费品,计税依据为应税消费品的销售额和销售数量,既要按销售收入计税,又要按销售数量计税,两者计税之和为应缴纳的消费税税额。计算公式为:

$$应纳税额 = 销售数量 \times 定额税率 + 销售额 \times 比例税率$$

【引例分析】　1日,销售白酒2吨,取得不含税收入20 000元,另收取包装物押金2 040元,品牌使用费7 000元。

白酒销售过程中的品牌使用费需要计入销售额,包装物押金在收取时需价税分离计入销售额。

本业务应纳消费税 = [20 000 + (2 040 + 7 000) ÷ 1.13] × 20% + 2 × 1 000 × 0.5 × 2 = 7 600(元)

二、计算自产自用应税消费品的应纳税额

自产自用应税消费品,实行复合计税的,计算公式为:

$$应纳税额 = 移送使用数量 \times 定额税率 + 同类消费品销售价格(或组成计税价格) \times 比例税率$$

$$组成计税价格 = \left(成本 + 利润 + 移送使用数量 \times 定额税率\right) \div \left(1 - 比例税率\right)$$

【引例分析】　6日,生产一种新的粮食白酒,广告样品使用0.4吨,已知该种白酒无同类产品出厂价,生产成本为每吨42 000元,成本利润率为10%。

广告样品使用白酒,属于自产自用,需要计算消费税。无同类产品出厂价,需要计算组成计税价格。组成计税价格＝[0.4×42 000×(1＋10%)＋0.4×2 000×0.5]÷(1－20%)＝23 600(元)。

本业务应纳消费税＝23 600×20%＋0.4×2 000×0.5＝5 120(元)

这里需要注意的是,纳税人用于换取生产资料和消费资料、投资入股和抵偿债务三方面的应税消费品,以纳税人同类应税消费品最高销售价格为计税依据。

三、计算委托加工应税消费品的应纳税额

委托加工应税消费品,实行复合计税的,计算公式为:

$$\text{应纳税额}=\text{委托加工收回数量}\times\text{定额税率}+\text{同类消费品销售价格}\left(\text{或}\text{组成计税价格}\right)\times\text{比例税率}$$

$$\text{组成计税价格}=\left(\text{材料成本}+\text{加工费}+\text{委托加工收回数量}\times\text{定额税率}\right)\div\left(1-\text{比例税率}\right)$$

假设甲酒厂委托乙企业(增值税一般纳税人)加工白酒1吨,甲酒厂提供材料成本为15万元,乙企业收取不含税加工费5万元,乙企业没有同类白酒的销售价格,该批白酒适用的消费税税率为20%加0.5元/斤。计算企业该笔业务应缴纳消费税额为:

组成计税价格＝[150 000＋50 000＋1×2 000×0.5]÷(1－20%)＝251 250(元)

应纳消费税＝251 250×20%＋1×2 000×0.5＝51 250(元)

岗位说明

税务专员岗,主要负责以下事务:

(1)从价计征方式下的消费税税额计算。

(2)消费税及附加税费申报表填写。

实训资料

宏远集团公司为增值税一般纳税人,非小型微利企业,主要经营业务是生产粮食白酒、薯类白酒、其他各类酒及酒精品和饮料制造。2024年01月发生如下经济业务:

(1)1日,向苏州瑞德酒业有限公司销售瓶装粮食白酒20 000斤,开具增值税专用发票,款项已通过银行收讫,如图4-29所示。

(2)5日,向杭州市三和粮油开发有限公司销售散装薯类白酒20 000斤,开具增值税专用发票,款项未收,如图4-30所示。

图 4 - 29　粮食白酒销售发票

图 4 - 30　薯类白酒销售发票

（3）将自产的一批 10 000 斤红酒发给职工作为福利，该批同类产品销售价格为 2 万元（不含增值税），实际成本为 1.4 万元。

业务操作

第一步：登录电子税务局实训平台并完成前置操作。

登录电子税务局实训平台，单击【消费税申报】，进入平台。选择对应的实训案例，并单击【实训】进入电子税务局，单击【登录】进入实训系统，单击【办理】，进入消费税申报表填写界面，如图4－31所示。

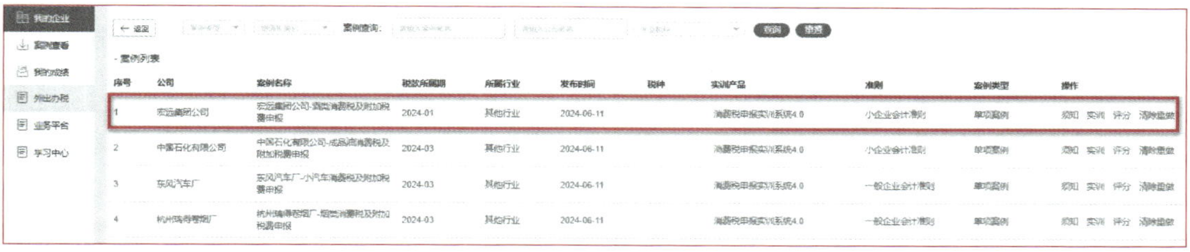

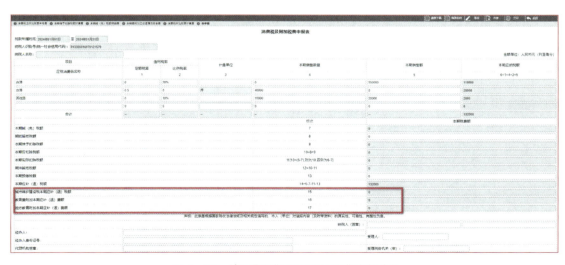

图4－31 选择实训案例

第二步：消费税及附加税费申报表填写。

（1）根据申报步骤单击进入【本期准予扣除税额计算表】和【本期减（免）税额明细表】界面。根据实训案例可知，本企业本月未发生相关业务，所以无需填写，只需打开并单击【提交】即可。

（2）根据申报步骤，继续单击【消费税及附加税费申报表】，根据案例分析本月消费税相关业务，填写本月应税消费品申报数据。填写完成后，系统自动计算消费税应纳税额，同时可见附加税费无数据显示，提交后继续单击【消费税附加税费计算表】，如图4－32所示。

图4－32 填写【消费税及附加税费申报表】

（3）填写【消费税附加税费计算表】中的消费税税额和附加税费适用税率，系统自动计算本期应纳税（费）额，如图4－33所示。再次单击【消费税及附加税费申报表】，可见附加税费部分已经显示数据（如图4－34所示），单击提交。

图 4-33 填写【消费税附加税费计算表】

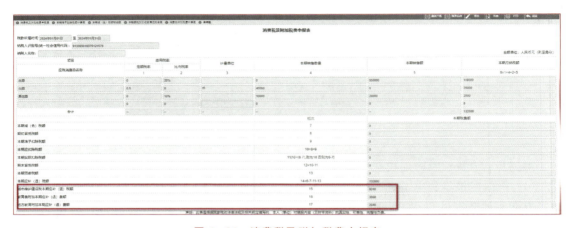

图 4-34 消费税及附加税费申报表

（4）再次核对所有已填写的申报表，核对无误后单击【全申报】，消费税及附加税费完成申报工作。

第三步：实训系统评分。

返回到电子税务局实训平台，找到对应的实训案例，单击【评分】进入评分界面。出现【是否提交评分】信息框，单击【提交】，系统根据实训案例完成情况进行打分，如图 4-35 所示。

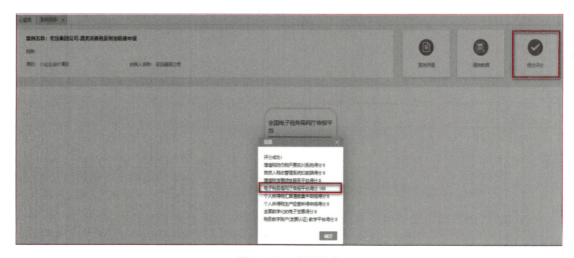

图 4-35 实训得分

项目小结

在实际工作中,应首先确定消费税的征税范围、纳税人以及对应的税率,再根据《中华人民共和国消费税暂行条例》中规定的核算方式,对本月所有业务进行应纳消费税的核算与申报。申报流程一般为,先登录电子税务局实训平台,根据企业发生的业务数据,填入消费税及附加税费申报表,核对申报表并确认无误后,提交给主管税务机关进行纳税申报,经税务机关确认无误后进行税款缴纳工作。纳税人在申报消费税时,应一并申报附征的城市维护建设税、教育费附加和地方教育附加等附加税费。

技能训练

一、单项选择题

1. 根据消费税法律制度的规定,下列各项中,属于消费税征税范围的是( )。

A. 中轻型商用客车　　B. 电动汽车　　　　C. 沙滩车　　　　　D. 高尔夫车

2. 根据消费税法律制度的规定,下列各项中,应征收消费税的是( )。

A. 超市零售啤酒　　　　　　　　　B. 汽车厂销售自产电动汽车

C. 地板厂销售自产实木地板　　　　D. 百货公司零售高档化妆品

3. 根据消费税法律制度的规定,下列应税消费品中,实行从量计征办法计缴消费税的是( )。

A. 黄酒　　　　　　B. 葡萄酒　　　　　C. 药酒　　　　　D. 果木酒

4. 2024 年 3 月,甲药酒厂(增值税一般纳税人)生产 240 吨药酒,销售 140 吨,取得不含增值税销售额 2 000 万元,增值税税额 260 万元。甲药酒厂当月销售药酒的消费税计税依据为( )。

A. 2 000 万元　　　B. 2 260 万元　　　C. 240 吨　　　　D. 140 吨

5. 2024 年 5 月,甲公司(增值税一般纳税人)销售自产的高尔夫球杆 3 000 支,不含增值税单价 1 600 元/支;销售自产的高尔夫球包 500 个,不含增值税单价 1 200 元/个;销售自产的高尔夫球帽 100 顶,不含增值税单价 150 元/顶。已知,高尔夫球及球具消费税税率为10%。计算甲公司当月上述业务应缴纳消费税税额的下列算式中,正确的是( )。

A.（3 000×1 600＋100×150）×10%

B.（3 000×1 600＋500×1 200）×10%

C.（3 000×1 600＋500×1 200＋100×150）×10%

D. 3 000×1 600×10%

6. 2024 年 9 月甲酒厂(增值税一般纳税人)销售自产白酒 20 吨,取得含增值税销售额2 260 000 元。已知,甲酒厂适用的增值税税率为 13%,消费税比例税率为 20%,定额税率为0.5 元/500 克。计算甲酒厂当月销售自产白酒应缴纳消费税税额的下列算式中,正确的是( )。

A. 2 260 000×20%＋20×1 000×2×0.5

B. 2 260 000÷(1＋13%)×20%

C. 2 260 000×20%

4

D. 2 260 000÷(1+13%)×20%+20×1 000×2×0.5

7. 2024 年 2 月甲酒厂将自产的 5 吨药酒用于换取生产资料。该批药酒生产成本为 10 000 元/吨。当月同类药酒不含增值税最高售价 85 000 元/吨,平均售价 80 000 元/吨,最低售价 75 000 元/吨。已知,该批药酒适用的消费税税率为 10%。甲酒厂当月该笔业务应缴纳消费税税额为( )元。

A. 42 500 　　　　B. 40 000 　　　　C. 37 500 　　　　D. 5 000

8. 甲酒厂(增值税一般纳税人)销售自产红酒,取得含增值税价款 52.4 万元,另收取包装物押金 2.26 万元、手续费 1.13 万元。已知,甲酒厂适用的增值税税率为 13%,红酒适用的消费税税率为 10%。甲酒厂该笔业务应缴纳消费税税额的下列计算列式中,正确的是( )。

A. (52.4+1.13)÷(1+13%)×10%　　　B. 52.4÷(1+13%)×10%

C. (52.4+2.26+1.13)÷(1+13%)×10%　　D. (52.4+2.26)÷(1+13%)×10%

9. 甲化妆品公司将新研制的一批高档化妆品用于广告,该批高档化妆品生产成本 12 750 元,无同类高档化妆品销售价格。已知,高档化妆品的消费税税率为 15%,成本利润率为 5%。计算甲化妆品公司该笔业务消费税组成计税价格的下列算式中,正确的是( )。

A. 12 750÷(1+15%)　　　　B. 12 750+12 750×5%

C. (12 750+12 750×5%)÷(1+15%)　　D. (12 750+12 750×5%)÷(1−15%)

10. 甲烟草批发企业向乙卷烟零售店销售卷烟 200 标准条,取得不含增值税销售额 28 000 元;向丙烟草批发企业销售卷烟 300 标准条,取得不含增值税销售额 42 000 元。已知,卷烟批发环节消费税比例税率 11%,定额税率为 0.005 元/支,每标准条 200 支卷烟。计算甲烟草批发企业上述业务应缴纳消费税税额的下列算式中,正确的是( )。

A. 28 000×11%+42 000×11%

B. 28 000×11%+200×200×0.005

C. 42 000×11%+300×200×0.005

D. 28 000×11%+200×200×0.005+42 000×11%+300×200×0.005

二、多项选择题

1. 根据消费税法律制度的规定,下列各项中,属于消费税征税范围的有( )。

A. 私人飞机　　　B. 高档手表　　　C. 金银首饰　　　D. 游艇

2. 根据消费税法律制度的规定,下列应税消费品中,实行从价定率和从量定额复合方法计征消费税的有( )。

A. 电池　　　　B. 卷烟　　　　C. 电子烟　　　　D. 白酒

3. 根据消费税法律制度的规定,下列情形中,应征收消费税的有( )。

A. 金店零售金银首饰　　　　　　B. 连锁超市零售电池

C. 商场零售高档手表　　　　　　D. 汽车经销商零售超豪华小汽车

4. 根据消费税法律制度的规定,下列有关从量计征消费税计税依据的表述中,正确的有( )。

A. 销售应税消费品的,为应税消费品的销售数量

B. 进口应税消费品的,为海关核定的应税消费品进口征税数量

C. 委托加工应税消费品的,为纳税人收回的应税消费品数量

D. 自产自用应税消费品的,为应税消费品的移送使用数量

5. 根据消费税法律制度的规定,白酒生产商销售白酒时收取的下列款项,应当计入白酒销售额缴纳消费税的有(　　　　)。

　A. 逾期付款违约金　　　B. 品牌使用费　　　　C. 包装物租金　　　　D. 包装物押金

6. 根据消费税法律制度的规定,下列有关消费税纳税义务发生时间的表述中,正确的有(　　　　)。

　A. 纳税人采取分期收款方式销售应税消费品的,为购买方收到应税消费品的当天

　B. 纳税人采取委托银行收款方式销售应税消费品的,为银行收到销售款的当天

　C. 纳税人自产自用应税消费品的,为移送使用的当天

　D. 纳税人委托加工应税消费品的,为纳税人提货的当天

7. 根据消费税法律制度的规定,下列各项中,在零售环节征收消费税的有(　　　　)。

　A. 金银首饰　　　　　B. 珍珠首饰　　　　　C. 铂金首饰　　　　　D. 钻石首饰

8. 根据消费税法律制度的规定,下列有关消费税纳税环节的表述中,正确的有(　　　　)。

　A. 纳税人生产应税消费品对外销售的,在销售时纳税

　B. 纳税人自产自用应税消费品,用于连续生产应税消费品以外用途的,在移送使用时纳税

　C. 纳税人委托加工应税消费品,收回后直接销售的,在销售时纳税

　D. 纳税人委托加工应税消费品,由受托方向委托方交货时代收代缴税款,但受托方为其他个人或个体工商户的除外

9. 根据消费税法律制度的规定,下列情形中,应当以纳税人同类应税消费品的最高销售价格作为消费税计税依据的有(　　　　)。

　A. 将自产涂料用于换取生产资料　　　　　　B. 将自产实木地板用于投资入股

　C. 将自产小汽车用于抵偿债务　　　　　　　D. 将自产高档化妆品用于换取消费资料

10. 根据消费税法律制度的规定,下列行为中,应当缴纳消费税的有(　　　　)。

　A. 甲汽车厂将自产的小汽车赠送给重要客户

　B. 乙酒厂将自产的白酒用于广告宣传

　C. 丙卷烟厂将自产的烟丝用于连续生产卷烟

　D. 丁地板厂将自产的实木地板用于办公楼装修

三、判断题

1. 消费税纳税人兼营不同税率的应税消费品,未分别核算销售额、销售数量的,从高适用税率。　　　　　　　　　　　　　　　　　　　　　　　　　　　　(　　)

2. 纳税人将自产的汽油用于本公司运输车辆的,不需要缴纳消费税。　　(　　)

3. 委托加工的应税消费品,按照受托方的同类消费品的销售价格计算纳税;没有同类消费品销售价格的按照组成计税价格计算纳税。　　　　　　　　　　　　(　　)

4. 委托加工应税消费品的纳税义务人一般是受托方。　　　　　　　　(　　)

5. 本月用外购烟丝加工生产卷烟销售,外购烟丝已负担的消费税一律可以扣除。
　　　　　　　　　　　　　　　　　　　　　　　　　　　　　　　(　　)

6. 对于接受投资、赠与、抵债等方式取得的已税消费品,其所含的消费税不能扣除。
　　　　　　　　　　　　　　　　　　　　　　　　　　　　　　　(　　)

7. 我国现行消费税的征收对象大多为最终消费品,因此选择在零售环节征收。(　　)

8. 除啤酒、黄酒以外的其他酒类产品在销售的同时收取的包装物押金,在收取时就并入销售额,征收消费税。 （　　）

9. 企业将自己生产的应税消费品,以福利或奖励等形式发给本厂职工,由于没有对外销售,因此不必计入销售额,无需缴纳消费税。 （　　）

10. 属于消费税征税范围的对象,既要征收消费税,又要征收增值税。 （　　）

四、拓展训练

登录电子税务局实训平台,完成消费税相关申报工作。

4

项目五　企业所得税计缴与申报

知识目标

1. 正确理解和遵守企业所得税法规。
2. 掌握企业所得税的计算方法。
3. 掌握企业所得税纳税风险点。

技能目标

1. 能运用企业所得税的计算方法准确计算应纳税所得额。
2. 能熟练掌握企业所得税季度预缴和年度汇算清缴的申报程序。
3. 能准确把握各申报表之间的勾稽关系。
4. 能准确而完整地填写企业所得税纳税申报表及其附表。
5. 能帮助纳税主体享受国家给予企业的所得税优惠政策。

素养目标

1. 养成及时了解国家政策变化动态、更新自身知识体系的习惯。
2. 具备自我学习、分析问题和解决问题的能力。

引导案例

　　新华社报道,2023年3月24日召开的国务院常务会议,确定国务院2023年重点工作分工,研究优化完善部分阶段性税费优惠政策,审议"三农"重点任务工作方案,听取巩固拓展脱贫攻坚成果情况汇报。会议决定,延续和优化实施部分阶段性税费优惠政策,以进一步稳预期强信心,包括将符合条件行业企业研发费用税前加计扣除比例由75%提高至100%的政策,作为制度性安排长期实施;将减半征收物流企业大宗商品仓储用地城镇土地使用税政策、减征残疾人就业保障金政策,延续实施至2027年年底;将减征小微企业和个体工商户年应纳税所得额不超过100万元部分所得税政策、降低失业和工伤保险费率政策,延续实施至2024年年底。以上政策预计每年减负规模达4 800多亿元。会议要求,要做好政策宣介,积极送政策上门,确保企业应享尽享。

　　脱贫攻坚取得全面胜利,是我们党领导人民进行的伟大实践,是千年德政。作为企业的财务人员应时刻关注行业的相关政策。

　　案例思考:

　　财务人员如何履行申报义务,同时确保企业享受应有的政策优惠?

知识导图 （图 5-1）

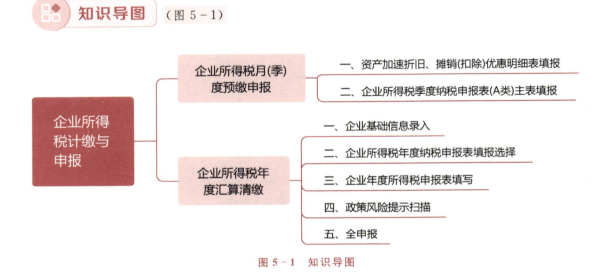

图 5-1　知识导图

5

任务一　企业所得税月（季）度预缴申报

知识准备

　　企业在纳税年度内无论盈利或者亏损,都应当在《企业所得税法》规定的期限内,向税务机关报送预缴企业所得税纳税申报表、年度企业所得税纳税申报表、财务会计报告和税务机关规定应当报送的其他有关资料。

一、企业所得税预缴税率与计算公式

　　企业所得税基本税率为 25%,按年计征,分月或者分季度预缴,年终汇算清缴,多退少补。按月或按季预缴的,应当月份或者季度终了之日起 15 日内,向税务机关报送预缴企业所得税纳税申报表,预缴税款。

相关计算公式如下：

$$\begin{array}{l}本季度应补(退)\\所得税额\end{array}=\begin{array}{l}实际\\利润额\end{array}\times\begin{array}{l}适用\\税率\end{array}-\begin{array}{l}减免所得\\税额\end{array}-\begin{array}{l}本年实际已缴纳\\所得税额\end{array}-\begin{array}{l}特定业务预缴\\(征)所得税额\end{array}$$

$$\begin{array}{l}实际\\利润额\end{array}=\begin{array}{l}利润\\总额\end{array}+\begin{array}{l}特定业务计算的\\应纳税所得额\end{array}-\begin{array}{l}资产加速折旧、\\摊销(扣除)调减额\end{array}$$

$$-\begin{array}{l}不征税\\收入\end{array}-\begin{array}{l}免税收入、减计\\收入、加计扣除\end{array}-\begin{array}{l}所得\\减免\end{array}-\begin{array}{l}弥补以前\\年度亏损\end{array}$$

二、小型微利企业的判定条件

小型微利企业是指从事国家非限制和禁止行业，且同时符合年度应纳税所得额不超过300万元、从业人数不超过300人、资产总额不超过5 000万元三个条件的企业。

从业人数与资产总额的计算公式为：

$$季度平均值=(季初值+季末值)\div2$$

$$全年季度平均值=全年各季度平均值之和\div4$$

$$\begin{array}{l}截至本税款所属\\期末季度平均值\end{array}=\begin{array}{l}截至本税款所属期末\\各季度平均值之和\end{array}\div\begin{array}{l}相应\\季度数\end{array}$$

从业人数，包括与企业建立劳动关系的职工人数和企业接受的劳务派遣用工人数。

三、小型微利企业的优惠政策

《财政部税务总局关于进一步实施小微企业所得税优惠政策的公告》规定："对小型微利企业年应纳税所得额超过100万元但不超过300万元的部分，减按25%计入应纳税所得额，按20%的税率缴纳企业所得税。"公告执行期限为2022年1月1日至2024年12月31日。

岗位说明

税务专员岗，主要负责以下事务：
(1) 资产加速折旧、摊销(扣除)优惠明细表填报。
(2) 企业所得税季度纳税申报表(A类)主表填报。

实训资料

(一) 纳税人基础信息

公司名称：衡信教育科技有限公司
纳税人识别号：91240200057440013A
纳税人资格：一般纳税人
企业所得税申报期限：季

登记日期：2017 年 05 月 20 日

会计准则：企业会计准则

生产经营范围：技术开发、技术服务、销售：教育软件、教学仪器设备等。

（二）业务资料

税务机关核定衡信教育科技有限公司企业所得税征收方式为查账征收，按照实际利润额预缴方式预缴企业所得税。企业非汇总企业，无分支机构。

企业在 2024 年第一季度相关数据如下：从业人数季初 60 人；季末 84 人，资产总额季初 850.00 万元，季末 1 080.00 万元。

现进行公司 2024 年第一季度企业所得税预缴申报，相关资料如下。

2024 年 3 月利润表如表 5-1 所示。

表 5-1 利 润 表

编制单位：诚信教育科技有限公司　　　　　2024 年 03 月　　　　　单位：元

项　目	本 月 数	本 年 累 计
一、营业收入	878 000.00	1 689 000.00
减：营业成本	291 600.00	604 600.00
税金及附加	63 100.00	93 100.00
销售费用	80 300.00	136 800.00
管理费用	70 000.00	127 980.00
研发费用	56 000.00	80 220.00
财务费用	75 500.00	550 300.00
其中：利息费用		
利息收入		
加：其他收益		
投资收益（损失以"-"号填列）		
其中：对联营企业和合营企业的投资收益		
净敞口套期收益（损失以"-"号填列）		
公允价值变动收益（损失以"-"号填列）		
信用减值损失（损失以"-"号填列）		
资产减值损失（损失以"-"号填列）		
资产处置收益（损失以"-"号填列）		
二、营业利润（亏损以"-"号填列）	241 500.00	96 000.00

续　表

项　目	本　月　数	本　年　累　计
加：营业外收入		
减：营业外支出		
三、利润总额(亏损总额以"-"号填列)	241 500.00	96 000.00
减：所得税费用	12 075.00	4 800.00
四、净利润(净亏损以"-"号填列)	229 425.00	91 200.00
（一）持续经营净利润(净亏损以"-"号填列)		
（二）终止经营净利润(净亏损以"-"号填列)		
五、其他综合收益的税后净额		
（一）不能重分类进损益的其他综合收益		
1.重新计量设定受益计划变动额		
2.权益法下不能转损益的其他综合收益		
3.其他权益工具投资公允价值变动		
4.企业自身信用风险公允价值变动		
……		
（二）将重分类进损益的其他综合收益		
1.权益法下可转损益的其他综合收益		
2.其他债权投资公允价值变动		
3.金融资产重分类计入其他综合收益的金额		
4.其他债权投资信用减值准备		
5.现金流量套期储备		
6.外币财务报表折算差额		
六、综合收益总额		

5

备注：❶ 公司 2024 年第 1 季度的管理费用中包括业务招待费 15 000 元。❷ 公司 2024 年第 1 季度的销售费用中包括广告费和业务宣传费 26 800 元。❸ 公司 2024 年第 1 季度共发生研发费用 80 220 元,是公司进行研究与开发过程中发生的费用化支出。

业务操作

第一步：登录电子税务局实训平台并完成前置操作。

登录电子税务局实训平台，录入学校编码，学生账号和账号密码，如图 5－2 所示。单击【登录】按钮。

图 5－2　电子税务局实训平台登录

第二步：进行企业所得税查账月季度申报。

（1）进入电子税务局实训平台，单击【企业所得税查账月季度申报】，如图 5－3 所示。

图 5－3　选择企业所得税查账月季度申报

（2）选择案例名称为"衡信教育科技有限公司－企业所得税查账征收月（季）度预缴申报"，如图 5－4 所示，单击【实训】按钮。在系统选择窗口，如图 5－5 所示，单击【进入系统】按钮。进入国家税务总局全国电子税务局教学版，如图 5－6 所示。

图 5-4 企业所得税查账征收月(季)度预缴申报选择

图 5-5 企业所得税查账征收月(季)度预缴申报进入系统界面

图 5-6 国家税务总局全国电子税务局教学版

第三步：填写企业所得税季报申报表。

(1) 进入国家税务总局全国电子税务局（教学版），如图 5-7 所示，单击【登录】，弹出普通用户窗口，单击【登录】。

图 5-7　国家税务总局全国电子税务局教学版登录

5

(2) 在【我的待办】功能区下，选择事项名称"企税查账征收月季度申报 4.0"，单击【办理】，如图 5-8 所示，进行企业查账月（季）申报办理。

图 5-8　我的待办事项选择

（3）在"企业所得税查账月季度申报办理"界面，根据申报步骤顺序填报，如图5-9所示。

图5-9　企业所得税查账征收月(季)度申报平台登录

第四步：填报资产加速折旧、摊销(扣除)优惠明细表。

单击图5-9中的【A201020资产加速折旧、摊销(扣除)优惠明细表】按钮。进入资产加速折旧、摊销(扣除)优惠明细表，如图5-10所示。本案例没有享受资产加速折旧、摊销(扣除)优惠的事项，空表直接单击【提交】后，单击【返回】。

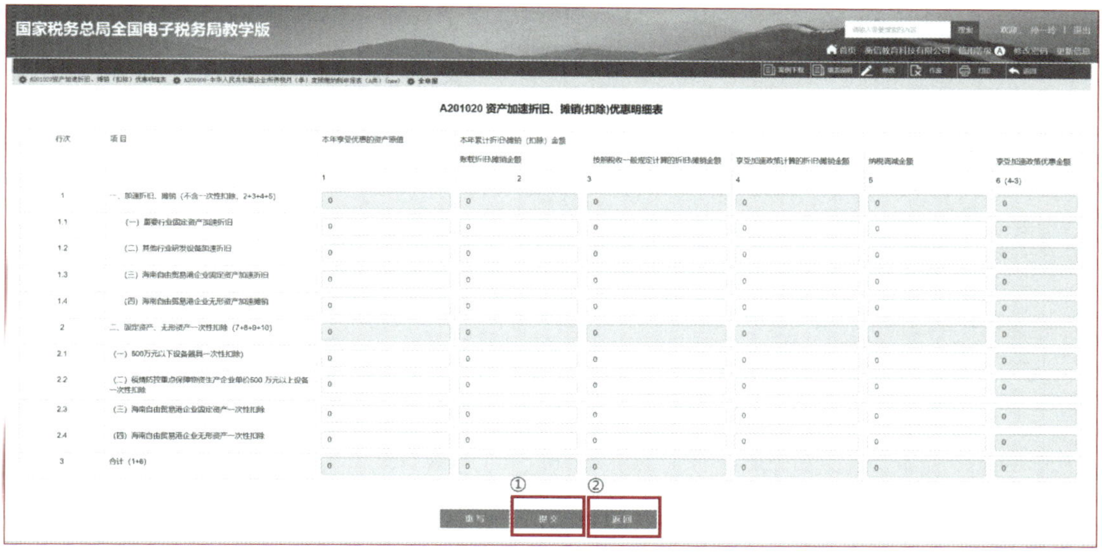

图5-10　填写资产加速折旧、摊销(扣除)优惠明细表

第五步：填报企业所得税季度纳税申报表(A类)主表。

单击图5-9中的【A200000中华人民共和国企业所得税月(季)度预缴纳税申报表(A类)】按钮。进入企业所得税月(季)度预缴纳税申报表(A类)。

根据案例中的业务资料依次填写企业所得税月(季)度预缴纳税申报表(A类)，如图5-11至图5-13所示。单击【提交】后，单击【返回】。

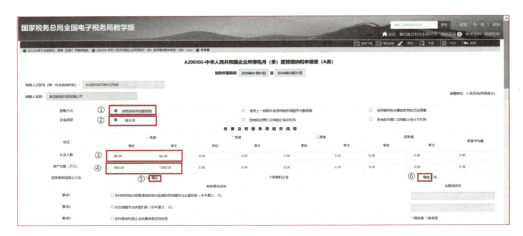

图 5 - 11　企业所得税月（季）度预缴纳税申报表（A 类）填写（1）

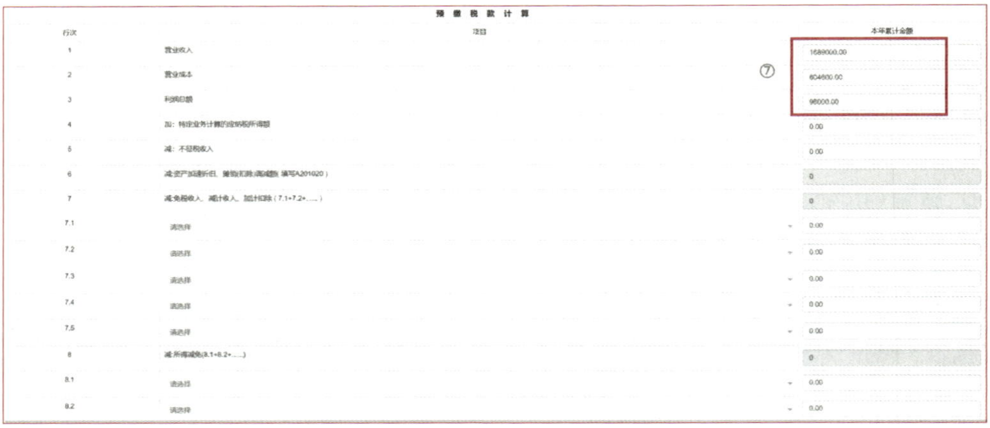

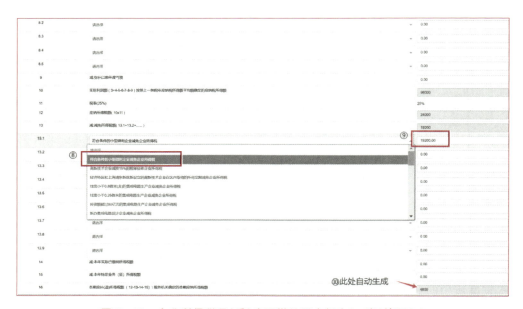

图 5 - 12　企业所得税月（季）度预缴纳税申报表（A 类）填写（2）

图 5 - 13　企业所得税月（季）度预缴纳税申报表（A 类）填写（3）

第六步:企业所得税季报网上缴税。

在【常用功能】下单击【税款申报及缴纳】按钮,如图 5-14 所示,弹出【申报缴纳】窗口,如图 5-15,单击【税款缴纳】。

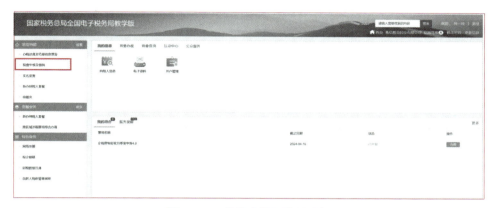

图 5-14 税款申报及缴纳选择

图 5-15 选择【税款缴纳】

第七步:纳税查询。

(1) 在【税款缴纳查询窗口】核对缴纳的税款,如图 5-16 所示,依次单击税款缴纳列表的复选框、缴款方式下的【三方协议缴纳】按钮和【立即缴款】按钮。

图 5-16 税款缴纳查询窗口(1)

（2）弹出支付成功的对话框，单击【确定】。自动返回税款缴纳查询窗口，税款缴纳列表为空，如图 5-17 所示。

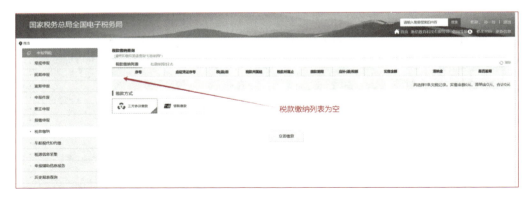

图 5-17　税款缴纳查询窗口(2)

（3）单击【扣款明细日志】，显示扣款成功，如图 5-18 所示。

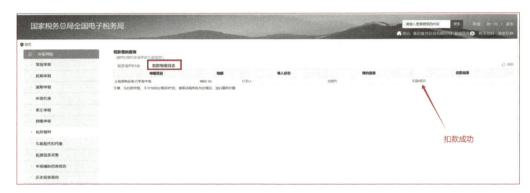

图 5-18　扣款明细日志

第八步：实训系统评分。

回到电子税务局实训平台的主界面，单击【提交评分】，如图 5-19 所示。单击【确定】，评分成功。

图 5-19　提交评分

任务二　企业所得税年度汇算清缴

一、企业所得税汇算清缴期限

企业所得税汇算清缴，是指纳税人自纳税年度终了之日起 5 个月内或实际经营终止之日起 60 日内，依照税收法律、法规、规章及其他有关企业所得税的规定，自行计算本纳税年度应纳税所得额和应纳所得税额，根据月度或季度预缴企业所得税的数额，确定该纳税年度应补或者应退税额，并填写企业所得税年度纳税申报表，向主管税务机关办理企业所得税年度纳税申报、提供税务机关要求提供的有关资料、结清全年企业所得税税款的行为。

二、企业所得税计算公式

企业所得税应纳税额相关计算公式如下：

$$\text{企业所得税应纳税额} = \text{应纳税所得额} \times \text{适用税率} - \text{减免税额} - \text{抵免税额}$$

应纳税所得额的计算分为直接计算法和间接计算法。

（一）直接计算法

直接计算法下应纳税所得额的计算公式如下：

$$\text{应纳税所得额} = \text{收入总额} - \text{不征税收入} - \text{免税收入} - \text{各项扣除} - \text{允许弥补的以前年度亏损}$$

（二）间接计算法

间接计算法下应纳税所得额的计算公式如下：

$$\text{应纳税所得额} = \text{利润总额} + (-)\text{纳税调整项目金额} - \text{免税、减计收入及加计扣除}$$

三、免税收入规定

企业的下列收入为免税收入：

（1）国债利息收入。

（2）符合条件的居民企业之间的股息、红利等权益性投资收益。

（3）在中国境内设立机构、场所的非居民企业从居民企业取得与该机构、场所有实际联系的股息、红利等权益性投资收益。

（4）符合条件的非营利组织的收入。

符合条件的居民企业之间的股息、红利等权益性投资收益，是指居民企业直接投资于其他居民企业取得的投资收益。但不包括连续持有居民企业公开发行并上市流通的股票不足12个月取得的投资收益。

四、视同销售

企业发生非货币性资产交换，以及将货物、财产、劳务用于捐赠、偿债、赞助、集资、广告、样品、职工福利或者利润分配等用途的，应当视同销售货物、转让财产或者提供劳务，但国务院财政、税务主管部门另有规定的除外。

企业将资产移送他人的下列情形，因资产所有权属已发生改变而不属于内部处置资产，应按规定视同销售确定收入。

（1）用于市场推广或销售。

（2）用于交际应酬。

（3）用于职工奖励或福利。

（4）用于股息分配。

（5）用于对外捐赠。

（6）其他改变资产所有权属的用途。

除另有规定外，应按照被移送资产的公允价值确定销售收入。

五、全额和限额扣除项目

（一）业务招待费

企业发生的与生产经营活动有关的业务招待费支出，按照发生额的60%扣除，但最高不得超过当年销售（营业）收入的5‰。

（二）广告费和业务宣传费

企业发生的符合条件的广告费和业务宣传费支出，除国务院财政、税务主管部门另有规定外，不超过当年销售（营业）收入15%的部分，准予扣除；超过部分，准予在以后纳税年度结转扣除。

对化妆品制造或销售、医药制造和饮料制造（不含酒类制造）企业发生的广告费和业务宣传费支出，不超过当年销售（营业）收入30%的部分，准予扣除；超过部分，准予在以后纳税年度结转扣除。

烟草企业的烟草广告费和业务宣传费支出，一律不得在计算应纳税所得额时扣除。

企业在计算业务招待费、广告费和业务宣传费等费用扣除限额时，其销售（营业）收入额应包括视同销售（营业）收入额。

（三）利息支出

企业在生产经营活动中发生的下列利息支出，准予扣除：

（1）非金融企业向金融企业借款的利息支出、金融企业的各项存款利息支出和同业拆借利息支出、企业经批准发行债券的利息支出。

（2）非金融企业向非金融企业借款的利息支出，不超过按照金融企业同期同类贷款利率计算的数额的部分。

　　鉴于目前我国对金融企业利率要求的具体情况,企业在按照合同要求首次支付利息并进行税前扣除时,应提供金融企业的同期同类贷款利率情况说明,以证明其利息支出的合理性。金融企业的同期同类贷款利率情况说明中,应包括在签订该借款合同当时,本省任何一家金融企业提供同期同类贷款利率情况。该金融企业应为经政府有关部门批准成立的可以从事贷款业务的企业,包括银行、财务公司、信托公司等金融机构。同期同类贷款利率是指在贷款期限、贷款金额、贷款担保以及企业信誉等条件基本相同下,金融企业提供贷款的利率。既可以是金融企业公布的同期同类平均利率,也可以是金融企业对某些企业提供的实际贷款利率。

(四)捐赠支出

　　企业发生的公益性捐赠支出,在年度利润总额 12% 以内的部分,准予在计算应纳税所得额时扣除;超过年度利润总额 12% 的部分,准予结转以后 3 年内在计算应纳税所得额时扣除。

　　公益性捐赠,是指企业通过公益性社会组织或者县级以上人民政府及其部门,用于符合法律规定的慈善活动、公益事业的捐赠。

(五)手续费和佣金

　　一般企业,扣除费用不超过所签订服务协议或合同确认的收入金额的 5%;保险企业,不超过当年全部保费收入扣除退保金等金额后余额的 18%;超出标准部分可结转以后年度扣除。

(六)职工薪酬

1. 工资薪金

　　企业发生的合理的工资、薪金支出,据实扣除。

　　工资、薪金,是指企业每一纳税年度支付给在本企业任职或者受雇的员工的所有现金形式或者非现金形式的劳动报酬,包括基本工资、奖金、津贴、补贴、年终加薪、加班工资,以及与员工任职或者受雇有关的其他支出。

2. 职工福利费

　　企业发生的职工福利费支出,不超过工资、薪金总额 14% 的部分,准予扣除。

3. 职工教育经费

　　自 2018 年 1 月 1 日起,企业发生的职工教育经费支出,不超过工资薪金总额 8% 的部分,准予在计算企业所得税应纳税所得额时扣除;超过部分,准予在以后纳税年度结转扣除。

4. 工会经费

　　企业拨缴的工会经费,不超过工资薪金总额 2% 的部分,准予扣除。

5. 保险及公积金

　　企业依照国务院有关主管部门或者省级人民政府规定的范围和标准为职工缴纳的基本养老保险费、基本医疗保险费、失业保险费、工伤保险费、生育保险费等基本社会保险费和住房公积金,准予扣除。补充养老和医疗保险,分别不超过工资薪金总额的 5%,超出标准部分不得扣除。

六、不得扣除项目

　　在计算应纳税所得额时,下列支出不得扣除:

　　(1)向投资者支付的股息、红利等权益性投资收益款项。

　　(2)企业所得税税款。

（3）税收滞纳金。

（4）罚金、罚款和被没收财物的损失。

（5）非公益性捐赠支出。

（6）赞助支出。

（7）未经核定的准备金支出。

（8）与取得收入无关的其他支出。

其中，应注意区分行政罚款、罚金和经济罚款的区别。行政罚款、罚金和被没收财物的损失违反了国家相关法律，不允许在企业所得税前扣除，应做纳税调增处理；经济罚款，比如合同违约金（包括银行罚息）、赔偿金、罚款和诉讼费等，只是不符合交易双方经济合同的约定，并且与生产经营相关，应允许企业所得税前扣除，不需做纳税调整。

七、我国企业境外所得税收抵免政策

根据《财政部　税务总局关于完善企业境外所得税收抵免政策问题的通知》规定，企业可以选择按国（地区）别分别计算［即"分国（地区）不分项"］，或者不按国（地区）别汇总计算［即"不分国（地区）不分项"］其来源于境外的应纳税所得额，并按照《财政部　国家税务总局关于企业境外所得税收抵免有关问题的通知》第八点规定的税率，分别计算其可抵免境外所得税税额和抵免限额。上述方式一经选择，5 年内不得改变。具体公式为：

$$\frac{某国（地区）}{所得税抵免限额} = \frac{中国境内、境外所得依照企业所得税法及}{实施条例的规定计算的应纳税总额} \times \frac{来源于某国（地区）的}{应纳税所得额} \div \frac{中国境内、境外}{应纳税所得总额}$$

据以计算上述公式中"中国境内、境外所得依照企业所得税法及实施条例的规定计算的应纳税总额"的税率，除国务院财政、税务主管部门另有规定外，应为《企业所得税法》第四条第一款规定的税率。

企业按照企业所得税法及其实施条例和上述通知的有关规定计算的当期境内、境外应纳税所得总额小于零的，应以零计算当期境内、境外应纳税所得总额，其当期境外所得税的抵免限额也为零。

岗位说明

税务专员岗，主要负责以下事务：

（1）企业基础信息录入。

（2）企业所得税年度纳税申报表填报选择。

（3）企业年度所得税申报表填写。

实训资料

（一）企业资料

衡信教育科技有限公司，成立于 2014 年 01 月 15 日，属于增值税一般纳税人，税务机关核定的企业所得税征收方式为查账征收,按照实际利润预缴方式预缴企业所得税。非跨地区经营企业,非小型微利企业,非上市公司。公司主要从事软件开发、服务、培训等业务。

公司资产总额为 1 000 万元,总人数 535 人,皆为大专以上学历,其中研究开发人员343 人。

股东信息:周凯(中国国籍,身份证 330101196011120101)投资比例 60%;李雅欣(中国国籍,身份证 330101196505065233)投资比例 40%。

公司适用的所得税税率为 25%。

所属行业:6511 基础软件开发

会计主管:方易元

适用的会计准则:企业会计准则(一般企业)

会计档案存放地:浙江省杭州市

会计核算软件:用友

记账本位币:人民币

会计政策和估计是否发生变化:否

固定资产折旧方法:年限平均法

存货成本计价方法:先进先出法

坏账损失核算方法:备抵法

企业所得税计算方法:资产负债表债务法(企业会计准则要求对企业所得税采用资产负债表债务法进行核算)。

按税法规定职工教育经费扣除的比例为 8%、广告费和业务宣传费为 15%。

(二)报表资料

现进行该公司 2023 年度企业所得税汇算清缴,已经预缴所得税额 300 000.00 元,2023年 12 月份的利润表如表 5-2 所示。

表 5-2 利润表

编制单位:衡信教育科技有限公司　　　　　2023 年 12 月　　　　　单位:元

项　目	本　月　数	本　年　累　计
一、营业收入	28 000 000.00	75 238 200.00
减:营业成本	10 350 000.00	46 396 500.00
税金及附加	242 200.00	6 253 200.00
销售费用	600 000.00	7 135 000.00
管理费用	383 300.00	10 840 080.00
研发费用		
财务费用	28 000.00	−240 000.00
其中:利息费用		

续 表

项　　目	本　月　数	本　年　累　计
利息收入		
加：其他收益		
投资收益（损失以"－"号填列）	500 000.00	500 000.00
其中：对联营企业和合营企业的投资收益		
净敞口套期收益（损失以"－"号填列）		
公允价值变动收益（损失以"－"号填列）		
信用减值损失（损失以"－"号填列）	－7 200.00	－7 200.00
资产减值损失（损失以"－"号填列）		
资产处置收益（损失以"－"号填列）		
二、营业利润（亏损以"－"号填列）	16 889 300.00	5 346 220.00
加：营业外收入		525 000.00
减：营业外支出		426 500.00
三、利润总额（亏损总额以"－"号填列）	16 889 300.00	5 444 720.00
减：所得税费用	4 222 325.00	550 372.25
四、净利润（净亏损以"－"号填列）	12 666 975.00	4 894 347.75
（一）持续经营净利润（净亏损以"－"号填列）		
（二）终止经营净利润（净亏损以"－"号填列）		
五、其他综合收益的税后净额		
（一）不能重分类进损益的其他综合收益		
1.重新计量设定受益计划变动额		
2.权益法下不能转损益的其他综合收益		
3.其他权益工具投资公允价值变动		
4.企业自身信用风险公允价值变动		
……		
（二）将重分类进损益的其他综合收益		
1.权益法下可转损益的其他综合收益		

续　表

项　目	本　月　数	本　年　累　计
2.其他债权投资公允价值变动		
3.金融资产重分类计入其他综合收益的金额		
4.其他债权投资信用减值准备		
5.现金流量套期储备		
6.外币财务报表折算差额		
六、综合收益总额		

（三）企业报表补充资料

2023 年年度报表相关补充资料如下：

（1）2023 年产品销售收入与成本如下：

❶ 销售商品收入 65 190 000.00 元,销售商品成本 40 696 500.00 元。

❷ 提供劳务收入 10 048 200.00 元,提供劳务成本 5 700 000.00 元。

（2）2023 年公司将一批自产产品（适用 13％增值税税率）用于市场推广,该批产品成本为 100 000.00 元,市场不含税售价为 120 000.00 元。会计处理时以成本价计入销售费用（广告费和业务宣传费）。

（3）处置固定资产获得营业外收入 25 000.00 元。

（4）自主研发项目获得政府资金资助 500 000.00 元,但公司没有单独核算收入与支出,会计处理时计入营业外收入（政府补助）。

（5）营业外支出明细如下：

❶ 工商罚款 60 000.00 元、税收滞纳金 30 000.00 元。

❷ 通过市人民政府向灾区捐赠现金 150 000.00 元;通过 C 公司向贫困地区捐赠现金 100 000.00 元。

❸ 其他支出 86 500.00 元（均为可抵扣支出）。

（6）期间费用明细表,如表 5-3 所示。

表 5-3　期间费用明细表

单位：元

费　用　项　目	销　售　费　用	管　理　费　用	财　务　费　用
工资薪金	2 500 000.00	1 877 300.00	
咨询顾问费		500 000.00	
业务招待费	1 320 000.00		
广告费和业务宣传费	200 000.00		

5

续　表

费　用　项　目	销售费用	管理费用	财务费用
折旧费	15 000.00	23 300.00	
办公费		1 179 480.00	
房租费		650 000.00	
差旅费	3 100 000.00	600 000.00	
邮寄费		80 000.00	
费用化税金		50 000.00	
研发费用		5 000 000.00	
利息支出			−240 000.00
其他费用		880 000.00	

(7) 2022 年 05 月 01 日,公司直接投资甲公司(统一社会信用代码:913329400723556321,非上市公司,)5 000 000.00 元,占股 25%,2023 年 10 月 23 日甲公司公布利润分配决定,馥信教育科技有限公司获得股利 500 000.00 元。

(8) 2023 年度公司会计归集入账"B 软件研发项目"费用化研发投入 5 000 000.00 元,其中:人员人工费用 4 254 700.00 元(直接从事研发活动人员工资薪金 3 112 436.00 元,直接从事研发活动人员五险一金 1 142 264.00 元);研发活动直接消耗材料费用 200 000.00 元;用于试制产品的检验费 50 000.00 元;用于研发活动的仪器的折旧费 120 000.00 元;用于研发活动的软件的摊销费用 375 300.00 元。该项目研发费用均用于为国内发生的研究开发(备注:2023 年企业研发费用全部做费用化支出处理)。

(9) 固定资产净残值为 5%,与生产经营有关的器具工具家具按 5 年计提折旧,电子设备按 3 年计提折旧,折旧采用平均年限法,无形资产按 10 年摊销,会计处理方式与税法规定无差异,固定资产及无形资产明细如表 5-4 所示。

表 5-4　固定资产及无形资产明细表　　　　　单位:元

资　产　项　目	资产原值	本年折旧	累计折旧
与生产经营有关的器具工具家具	833 157.89	158 300.00	728 180.00
电子设备	805 263.15	255 000.00	756 700.00
无形资产(专利权)	3 753 000.00	375 300.00	1 726 380.00

(10) 公司以余额百分比法计提坏账准备,计提比例为 5%,2023 年期末应收账款余额为 864 000.00 元,其他应收款余额为 520 000.00 元,2023 年期初应收账款坏账准备余额为 32 000.00 元,其他应收款坏账准备余额为 30 000.00 元。

（11）职工薪酬调整明细如表5-5所示。

表5-5　职工薪酬调整明细
单位：元

项　　目	账　载　金　额	实际发生额
职工薪酬	8 632 000.00	8 632 000.00
职工福利费	1 349 300.00	1 349 300.00
职工教育经费	210 000.00	210 000.00
工会经费	172 640.00	103 500.00
基本社会保险支出	300 000.00	300 000.00
住房公积金支出	200 000.00	200 000.00

（12）为股东家属出国旅游支付253 600.00元。

（13）公司近3年盈利及亏损情况如表5-6所示。

表5-6　盈利及亏损情况表
单位：元

年　　度	盈利额或亏损额	备　　注
2020	459 600.00	
2021	106 900.00	
2022	1 250 300.00	

业务操作

第一步：登录企业所得税查账年度汇缴。进入电子税务局实训平台，单击【企业所得税查账年度汇缴】，如图5-20所示。

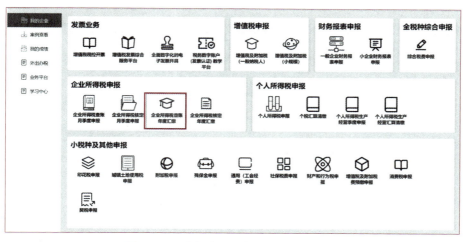

图5-20　选择企业所得税查账年度汇缴

第二步：登录企业所得税查账汇算清缴实训系统，查找到"衡信教育科技有限公司-2023-基础软件开发-企业所得税查账征收年度汇算清缴网上申报"，单击【实训】，如图5-21所示。

图5-21　选择企业所得税查账年度汇缴-案例

单击【进入系统】，如图5-22所示。

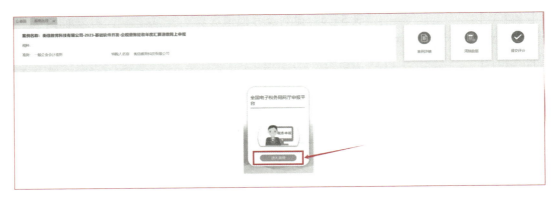

图5-22　企业所得税查账年度汇缴进入系统

进入国家税务总局全国电子税务局教学版，如图5-23所示，单击【登录】，弹出普通用户窗口，单击【登录】。

图5-23　登录国家税务总局全国电子税务局教学版

在【我的待办】功能区下,选择事项名称"企业所得税查账征收年度汇算清缴4.0",单击【办理】,如图5-24所示,进行企业所得税查账征收年度汇算清缴的申报。

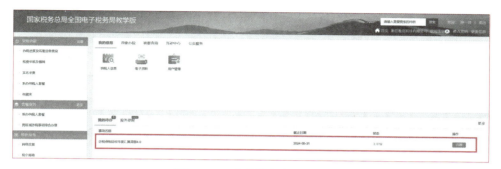

图5-24　我的待办事项选择

办理企业所得税年度纳税申报,根据申报步骤顺序填报,如图5-25所示。

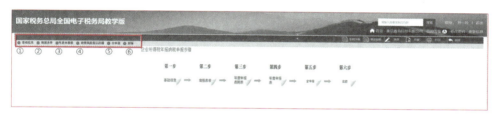

图5-25　企业所得税查账年度汇缴申报平台登录

【特别注意】

2024年进行上一年度(即2023年)的企业所得税汇算清缴申报。实训平台系统默认税款的所属期为上一年度。

第三步:录入企业基础信息。如图5-25所示,单击【基础信息】。根据资料,填制A000000企业所得税年度纳税申报基础信息表,如图5-26所示。该表为必填表,主要反映纳税人的基本信息,包括纳税人基本信息、主要会计政策、股东结构和对外投资情况等。纳税人填报申报表时,首先填报此表,为后续申报提供指引。填写完成后单击【提交】,单击【返回】。

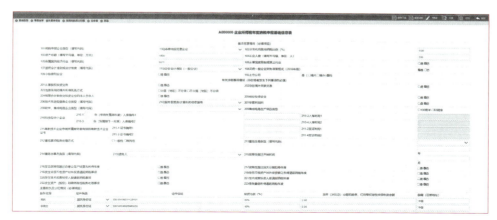

图5-26　A000000企业所得税年度纳税申报基础信息表(一)

【主要项目填表说明】

(1) 101 纳税申报企业类型：纳税人根据申报所属期年度的企业经营方式情况，从《跨地区经营企业类型代码表》中选择相应的代码填入本项，如表 5-7 所示。

表 5-7　跨地区经营企业类型代码表

代码	类型		
	大类	中类	小类
100	非跨地区经营企业		
210	跨地区经营企业总机构	总机构（跨省）——适用《跨地区经营汇总纳税企业所得税征收管理办法》	
220		总机构（跨省）——不适用《跨地区经营汇总纳税企业所得税征收管理办法》	
230		总机构（省内）	
311	跨地区经营企业分支机构	须进行完整年度纳税申报	分支机构（须进行完整年度申报并按比例纳税）
312			分支机构（须进行完整年度申报但不就地缴纳）

非跨地区经营企业：纳税人未跨地区设立不具有法人资格分支机构的企业，本案例选择"非跨地区经营企业"。

(2) 102 分支机构就地纳税比例："101 纳税申报企业类型"为"分支机构（须进行完整年度申报并按比例纳税）"时，需要同时填报本项。分支机构填报年度纳税申报时应当就地缴纳企业所得税的比例。

(3) 103 资产总额：纳税人填报资产总额的全年季度平均值，单位为万元，保留小数点后 2 位。具体计算公式如下：

$$季度平均值＝（季初值＋季末值）\div 2$$

$$全年季度平均值＝全年各季度平均值之和\div 4$$

年度中间开业或者终止经营活动的，以其实际经营期作为一个纳税年度确定上述相关指标。

(4) 104 从业人数：纳税人填报从业人数的全年季度平均值，单位为人。从业人数是指与企业建立劳动关系的职工人数和企业接受的劳务派遣用工人数之和，依据和计算方法同"103 资产总额"。

(5) 105 所属国民经济行业：按照《国民经济行业分类》标准，纳税人填报所属的国民经济行业明细代码。

(6) 106 从事国家限制或禁止行业：纳税人从事行业为国家限制和禁止行业的，选择"是"；其他选择"否"。

(7) 107 适用会计准则或会计制度：纳税人根据会计核算采用的会计准则或会计制度从《会计准则或会计制度类型代码表》中选择相应的代码填入本项，如表 5-8 所示。

表 5-8　会计准则或会计制度类型代码表

代码	类型	
	大类	小类
110	企业会计准则	一般企业
120		银行
130		证券
140		保险
150		担保
200	小企业会计准则	
300	企业会计制度	
410	事业单位会计准则	事业单位会计制度
420		科学事业单位会计制度
430		医院会计制度
440		高等学校会计制度
450		中小学校会计制度
460		彩票机构会计制度
500	民间非营利组织会计制度	
600	村集体经济组织会计制度	
700	农民专业合作社财务会计制度(试行)	
999	其他	

（8）108 采用一般企业财务报表格式（2019 年版）：纳税人根据《财政部关于修订印发 2019 年度一般企业财务报表格式的通知》（财会〔2019〕6 号）和《财政部关于修订印发 2018 年度金融企业财务报表格式的通知》（财会〔2018〕36 号）规定的格式编制财务报表的，选择"是"，其他选择"否"。

（9）109 小型微利企业：纳税人符合小型微利企业普惠性所得税减免政策条件的，选择"是"，其他选择"否"。

（10）110 上市公司：纳税人在中国境内上市的选择"境内"；在中国境外上市的选择"境外"；在境内外同时上市的可同时选择；其他选择"否"。纳税人在中国香港上市的，参照对应的上市相关规定。

第四步：填报企业所得税年度纳税申报表。单击【是否填报】的复选框，选择需录入的表单，如图5-27所示。单击【提交】，保存成功，单击【确定】，如图5-28所示。

企业所得税年度纳税申报表填报表单

表单编号	表单名称	是否填报
A000000	企业所得税年度纳税申报基础信息表	☑是
A100000	中华人民共和国企业所得税年度纳税申报表（A类）	☑是
A101010	一般企业收入明细表	☑是
A101020	金融企业收入明细表	☐是
A102010	一般企业成本支出明细表	☑是
A102020	金融企业支出明细表	☐是
A103000	事业单位、民间非营利组织收入、支出明细表	☐是
A104000	期间费用明细表	☑是
A105000	纳税调整项目明细表	☑是
A105010	视同销售和房地产开发企业特定业务纳税调整明细表	☑是
A105020	未按权责发生制确认收入纳税调整明细表	☐是
A105030	投资收益纳税调整明细表	☐是
A105040	专项用途财政性资金纳税调整明细表	☐是
A105050	职工薪酬支出及纳税调整明细表	☑是
A105060	广告费和业务宣传费跨年度纳税调整明细表	☑是
A105070	捐赠支出及纳税调整明细表	☑是
A105080	资产折旧、摊销及纳税调整明细表	☑是
A105090	资产损失税前扣除及纳税调整明细表	☐是
A105100	企业重组及递延纳税事项纳税调整明细表	☐是
A105110	政策性搬迁纳税调整明细表	☐是
A105120	特殊行业准备金及纳税调整明细表	☐是
A106000	企业所得税弥补亏损明细表	☑是
A107010	免税、减计收入及加计扣除优惠明细表	☑是
A107011	符合条件的居民企业之间的股息、红利等权益性投资收益优惠明细表	☑是
A107012	研发费用加计扣除优惠明细表	☑是
A107020	所得减免优惠明细表	☐是
A107030	抵扣应纳税所得额明细表	☐是
A107040	减免所得税优惠明细表	☐是
A107041	高新技术企业优惠情况及明细表	☐是
A107042	软件、集成电路企业优惠情况及明细表	☐是
A107050	税额抵免优惠明细表	☐是
A108000	境外所得税收抵免明细表	☐是
A108010	境外所得纳税调整后所得明细表	☐是
A108020	境外分支机构弥补亏损明细表	☐是
A108030	跨年度结转抵免境外所得税明细表	☐是
A109000	跨地区经营汇总纳税企业年度分摊企业所得税明细表	☐是
A109010	企业所得税汇总纳税分支机构所得税分配表	☐是

说明：企业应当根据实际情况选择需要填报的表单。

提交

图5-27　企业所得税年度纳税申报表填报表

图5-28　保存成功提示

【特别注意】

　　根据案例资料,将不涉及的表单的填报情况不要勾选。如有需要可后期再返回修改。表单 A100000 中华人民共和国企业所得税年度纳税申报表(A 类),是企业所得税申报的主表,其中有一部分数据独立填写,但多数数据由其他附表生成,因此,建议先填制其他附表。

　　第五步:填制一般企业收入明细表(A101010)。

　　"一般企业收入明细表"适用于执行除事业单位会计准则、非营利企业会计制度以外的其他国家统一会计制度的非金融居民纳税人填报。纳税人应根据国家统一会计制度的规定,填报"主营业务收入""其他业务收入"和"营业外收入"。

　　单击【A101010】,填报一般企业收入明细表,根据案例资料填制本表,如图 5 - 29 所示。单击【提交】,单击【返回】。

A101010 一般企业收入明细表

行次	项目	金额
1	一、营业收入 (2+9)	75238200
2	(一)主营业务收入 (3+5+6+7+8)	75238200
3	1.销售商品收入	65190000
4	其中:非货币性资产交换收入	0.00
5	2.提供劳务收入	10048200
6	3.建造合同收入	0
7	4.让渡资产使用权收入	0
8	5.其他	0
9	(二)其他业务收入 (10+12+13+14+15)	0
10	1.销售材料收入	0
11	其中:非货币性资产交换收入	0.00
12	2.出租固定资产收入	0
13	3.出租无形资产收入	0
14	4.出租包装物和商品收入	0
15	5.其他	0
16	二、营业外收入 (17+18+19+20+21+22+23+24+25+26)	525000
17	(一)非流动资产处置利得	25000
18	(二)非货币性资产交换利得	0
19	(三)债务重组利得	0
20	(四)政府补助利得	500000
21	(五)盘盈利得	0
22	(六)捐赠利得	0
23	(七)罚没利得	0
24	(八)确实无法偿付的应付款项	0
25	(九)汇兑收益	0
26	(十)其他	0

图 5 - 29　填制"一般企业收入明细表"

5

【特别注意】

　　根据案例资料企业收入明细表填报,"主营业务收入"和"营业外收入"的数值将自动计算,需要与利润表相关项目核对。

　　第六步:填制一般企业成本支出明细表(A102010)。

　　"一般企业成本支出明细表"适用于执行除事业单位会计准则、非营利企业会计制度以外的其他国家统一会计制度的查账征收企业所得税非金融居民纳税人填报。纳税人应根据国家统一会计制度的规定,填报"主营业务成本""其他业务成本"和"营业外支出"。

　　单击【A102010】填报一般企业成本支出明细表。根据案例资料填制本表,如图5-30所示。单击【提交】,单击【返回】。

A102010 一般企业成本支出明细表

行次	项目	金额
1	一、营业成本(2+9)	46396500
2	(一)主营业务成本(3+5+6+7+8)	46396500
3	1.销售商品成本	40696500
4	其中:非货币性资产交换成本	0.00
5	2.提供劳务成本	5700000
6	3.建造合同成本	0
7	4.让渡资产使用权成本	0
8	5.其他	0
9	(二)其他业务成本(10+12+13+14+15)	0
10	1.销售材料成本	0
11	其中:非货币性资产交换成本	0.00
12	2.出租固定资产成本	0
13	3.出租无形资产成本	0
14	4.出租包装物和商品成本	0
15	5.其他	0
16	二、营业外支出(17+18+19+20+21+22+23+24+25+26)	426500
17	(一)非流动资产处置损失	0
18	(二)非货币性资产交换损失	0
19	(三)债务重组损失	0
20	(四)非常损失	0
21	(五)捐赠支出	250000
22	(六)赞助支出	0
23	(七)罚没支出	90000
24	(八)坏账损失	0
25	(九)无法收回的债券股权投资损失	0
26	(十)其他	86500

图5-30　填制"一般企业成本支出明细表"

【特别注意】

　　根据案例资料成本支出明细表填报,"主营业务成本"和"营业外支出"的数值将自动计算,需要与利润表相关项目核对。

第七步：填制期间费用明细表（A104000）。

"期间费用明细表"适用于执行企业会计准则、小企业会计准则、企业会计制度、分行业会计制度的查账征收居民纳税人填报。纳税人应根据企业会计准则、小企业会计准则、企业会计、分行业会计制度规定，填报"销售费用""管理费用"和"财务费用"等项目。

单击【A104000】，进行填报。根据案例资料填制本表，如图 5-31 所示。单击【提交】，单击【返回】。

行次	项目	销售费用	其中：境外支付	管理费用	其中：境外支付	财务费用	其中：境外支付
		1	2	3	4	5	6
1	一、职工薪酬	2500000	*	1877300	*	*	*
2	二、劳务费	0	0	0	0	0.00	0.00
3	三、咨询顾问费	0	0	500000	0	0.00	0.00
4	四、业务招待费	1320000	0.00	0	0.00	0.00	0.00
5	五、广告费和业务宣传费	200000	0	0	0	0.00	0.00
6	六、佣金和手续费	0	0	0	0	0.00	0
7	七、资产折旧摊销费	15000	0	23300	0	0.00	0.00
8	八、财产损耗、盘亏及毁损损失	0	0.00	0	0	0.00	0.00
9	九、办公费	0	0.00	1179480	0	0.00	0.00
10	十、董事会费	0	0.00	0	0	0.00	0.00
11	十一、租赁费	0	0	650000	0	0.00	0.00
12	十二、诉讼费	0	0	0	0	0.00	0
13	十三、差旅费	3100000	0.00	600000	0	0.00	0.00
14	十四、保险费	0	0.00	0	0	0.00	0.00
15	十五、运输、仓储费	0	0	80000	0	0.00	0.00
16	十六、修理费	0	0.00	0	0	0.00	0.00
17	十七、包装费	0	0.00	0	0	0.00	0.00
18	十八、技术转让费	0	0	0	0	0.00	0
19	十九、研究费用	0	0	5000000	0	0.00	0
20	二十、各项税费	0	0.00	50000	0	0.00	0.00
21	二十一、利息收支	*	0.00	0.00	0.00	-240000	0.00
22	二十二、汇兑差额	0.00	0.00	0.00	0.00	0.00	0.00
23	二十三、现金折扣	0.00	0.00	0.00	0.00	0.00	0.00
24	二十四、党组织工作经费	0.00	0.00	0.00	0.00	0.00	0.00
25	二十五、其他	0	0	880000	0	0.00	0.00
26	合计(1+2+3+…25)	7135000	0	10840080	0	-240000	0

图 5-31　填制"期间费用明细表"

【特别注意】

根据案例资料期间费用明细表填报，"销售费用""管理费用"和"财务费用"的合计数值将自动计算，需要与利润表相关项目核对。

第八步：填制视同销售和房地产开发企业特定业务纳税调整明细表（A105010）。

"视同销售和房地产开发企业特定业务纳税调整明细表"适用于发生视同销售、房地产企业特定业务纳税调整项目的纳税人填报。本案例非房地产开发企业，只填制一和二共两个部分。根据案例资料填制，公司将一批自产产品（适用13％增值税税率）用于市场推广，该批产品成本为 100 000.00 元，市场不含税售价为 120 000.00 元。单击【A105010】，填报【视同销售和房地产开发企业特定业务纳税调整明细表】，如图 5－32 所示。单击【提交】，单击【返回】。

基础信息 填报表单 年度申报表 A101010 A102010 A104000 A105000 A105010 A105050 A105060 A105070 A105080 A106000 A107010 A107011 A107012 政策风险提示扫描 全申报 封面

A105010 视同销售和房地产开发企业特定业务纳税调整明细表

行次	项目	税收金额	纳税调整金额
		1	2
1	一、视同销售（营业）收入（2+3+4+5+6+7+8+9+10）	120000	120000
2	（一）非货币性资产交换视同销售收入	0	0
3	（二）用于市场推广或销售视同销售收入	120000	120000
4	（三）用于交际应酬视同销售收入	0	0
5	（四）用于职工奖励或福利视同销售收入	0	0
6	（五）用于股息分配视同销售收入	0	0
7	（六）用于对外捐赠视同销售收入	0	0
8	（七）用于对外投资项目视同销售收入	0	0
9	（八）提供劳务视同销售收入	0	0
10	（九）其他	0	0
11	二、视同销售（营业）成本（12+13+14+15+16+17+18+19+20）	100000	100000
12	（一）非货币性资产交换视同销售成本	0	0
13	（二）用于市场推广或销售视同销售成本	100000	100000
14	（三）用于交际应酬视同销售成本	0	0
15	（四）用于职工奖励或福利视同销售成本	0	0
16	（五）用于股息分配视同销售成本	0	0
17	（六）用于对外捐赠视同销售成本	0	0
18	（七）用于对外投资项目视同销售成本	0	0
19	（八）提供劳务视同销售成本	0	0
20	（九）其他	0	0
21	三、房地产开发企业特定业务计算的纳税调整额（22-26）	0	0
22	（一）房地产企业销售未完工开发产品特定业务计算的纳税调整额（24-25）	0	0
23	1.销售未完工产品的收入	0.00	
24	2.销售未完工产品预计毛利额	0	0
25	3.实际发生的税金及附加、土地增值税	0	0
26	（二）房地产企业销售的未完工产品转完工产品特定业务计算的纳税调整额（28-29）	0	0
27	1.销售未完工产品转完工产品确认的销售收入	0.00	
28	2.转回的销售未完工产品预计毛利额	0	0
29	3.转回实际发生的税金及附加、土地增值税	0	0

重写 提交 返回

图 5－32 填制“视同销售和房地产开发企业特定业务纳税调整明细表”

第九步：填制职工薪酬支出及纳税调整明细表(A105050)。

“职工薪酬支出及纳税调整明细表”填报纳税人职工薪酬会计处理、税收规定，以及纳税调整情况。纳税人只要发生相关支出，不论是否纳税调整，均须填报。根据案例资料职工薪酬调整明细表填报。单击【A105050】进行填报，如图 5－33 所示，单击【提交】，单击【返回】。

基础信息 填报表单 年度申报表 A101010 A102010 A104000 A105000 A105010 A105050 A105060 A105070 A105080 A107012 A107042 政策风险提示扫描 全申报 封面

A105050 职工薪酬纳税调整明细表

行次	项目	账载金额	实际发生额	税收规定扣除率	以前年度累计结转扣除额	税收金额	纳税调整金额	累计结转以后年度扣除额
		1	2	3	4	5	6 (1-5)	7 (2+4-5)
1	一、工资薪金支出	8632000	8632000	*	*	8632000	0	*
2	其中：股权激励	0	0	*	*	0	0	*
3	二、职工福利费支出	1349300	1349300	14%	*	1208480	140820	*
4	三、职工教育经费支出	210000	210000	*	0	210000	0	0
5	其中：按税收规定比例扣除的职工教育经费	210000	210000	8%	0	210000	0	0
6	按税收规定全额扣除的职工培训费用	0	0	100%	*	0	0	*
7	四、工会经费支出	172640	103500	2%	*	103500	69140	*
8	五、各类基本社会保障性缴款	300000	300000	*	*	300000	0	*
9	六、住房公积金	200000	200000	*	*	200000	0	*
10	七、补充养老保险	0	0	0	*	0	0	*
11	八、补充医疗保险	0	0	0	*	0	0	*
12	九、其他	0	0	*	*	0	0	*
13	合计（1+3+4+7+8+9+10+11+12）	10863940	10794800	*	0	10653980	209960	0

图 5－33　填制“职工薪酬纳税调整明细表”

5

【特别注意】

（1）根据资料职工福利费支出账载金额和实际发生额 1 349 300.00 元，税法计算下为 8 632 000.00×14%＝1 208 480.00 元，超支 140 820.00 元，因此纳税调增 140 820.00 元。

（2）职工教育经费支出账载金额和实际发生额 210 000.00 元，本公司按税法计算可抵扣比例为 8%，8 632 000.00×8%＝690 560.00 元，账载金额和实际发生额 210 000.00 元小于税法允许的金额(690 560.00 元)，按税法规定以实际发生额为税收可抵扣金额，因此可抵扣金额为 210 000.00 元。

（3）工会经费支出账载金额为 172 640.00 元，实际发生额 103 500.00 元。本公司可抵扣比例为 2%，8 632 000.00.00×2%＝172 640.00 元，实际发生额 103 500.00 元小于账载金额(172 640.00 元)，根据税法规定要以实际支付的金额为税收可抵扣金额，以取得的合法的工会统一收据为依据。因此可抵扣金额为 103 500.00 元，纳税调整金额为 69 140.00 元(172 640.00－103 500.00)。

第十步：填制广告费和业务宣传费跨年度纳税调整明细表(A105060)。

“广告费和业务宣传费跨年度纳税调整明细表”适用于发生广告费和业务宣传费纳税调整项目的纳税人填报。根据案例资料期间费用明细表和一般企业收入明细表和视同销售和房地产开发企业特定业务纳税调整明细表依次填报。单击【A105060】进行填报，如图 5－34 所示，单击【提交】，单击【返回】。

基础信息 填报表单 年度申报表 A101010 A102010 A104000 A105000 A105010 A105050 A105060 A105070 A105080 A107012 A107042 政策风险提示扫描 全申报 封面

A105060 广告费和业务宣传费等跨年度纳税调整明细表

行次	项目	广告费和 业务宣传费 1	保险企业手续费及佣金支出 2
1	一、本年支出	220000	0
2	减：不允许扣除的支出	0	0
3	二、本年符合条件的支出（1-2）	220000	0
4	三、本年计算扣除限额的基数	75358200	0
5	乘：税收规定扣除率	15%	0%
6	四、本年计算的扣除限额（4×5）	11303730	0
7	五、本年结转以后年度扣除额3＞6，本行=3-6；3≤6，本行=0)	0	0
8	加：以前年度累计结转扣除额	0	0
9	减：本年扣除的以前年度结转额[3＞6，本行=0；3≤6，本行=8与（6-3）孰小值]	0	0
10	六、按照分摊协议归集至其他关联方的广告费和业务宣传费（10≤3与6孰小值）	0	0
11	按照分摊协议从其他关联方归集至本企业的金额	0	0
12	七、本年支出纳税调整金额（3＞6，本行=2+3-6+10-11；3≤6，本行=2+10-11-9）	0	0
13	八、累计结转以后年度扣除额（7+8-9）	0	0

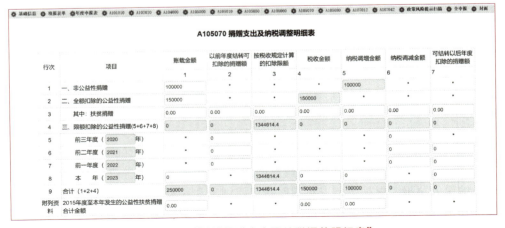

图 5－34　填制“广告费和业务宣传费跨年度纳税调整明细表”

【特别注意】

（1）广告费和业务宣传费的本年支出应根据案例资料的期间费用明细表的销售费用的广告费和业务宣传费金额填列。同时进行将货物、资产、劳务用于捐赠支出的纳税调整。即表 105060 中第 1 行第 1 列“广告费和业务宣传费”的本年支出将广告费和业务宣传费中的成本计价的市场推广费调整为市价，因此增加 2 000 元(120 000－100 000)。

（2）广告费和业务宣传费的本年计算的扣除限额的基数为当年销售(营业)收入。

当年销售(营业)收入＝主营业务收入＋视同销售的收入＝75 238 200＋120 000＝75 358 200(元)

（3）广告费和业务宣传费本企业计算的扣除限额＝75 358 200×15%＝11 303 730(元)。

第十一步：填制捐赠支出纳税调整明细表(A105070)。

“捐赠支出纳税调整明细表”适用于发生捐赠支出纳税调整项目的纳税人填报。根据案例资料成本支出明细表中的捐赠支出的备注填制本表。单击【A105070】进行填报，如图 5－35 所示。单击【提交】，单击【返回】。

基础信息 填报表单 年度申报表 A101010 A102010 A104000 A105000 A105010 A105050 A105060 A105070 A105080 A107012 A107042 政策风险提示扫描 全申报 封面

A105070 捐赠支出及纳税调整明细表

行次	项目	账载金额 1	以前年度结转可扣除的捐赠额 2	按税收规定计算的扣除限额 3	税收金额 4	纳税调增金额 5	纳税调减金额 6	可结转以后年度扣除的捐赠额 7
1	一、非公益性捐赠	100000	•	•	•	100000	•	•
2	二、全额扣除的公益性捐赠	150000	•	•	150000	•	•	•
3	其中：扶贫捐赠	0.00	0.00	0.00	0.00	0.00	0.00	0.00
4	三、限额扣除的公益性捐赠(5+6+7+8)	0	0	1344614.4	0	0	0	0
5	前三年度（2020 年）	•	0	•	•	•	0	•
6	前二年度（2021 年）	•	0	•	•	•	0	0
7	前一年度（2022 年）	•	0	•	•	•	0	0
8	本　年（2023 年）	0	•	1344614.4	0	0	•	0
9	合计（1+2+4）	250000	0	1344614.4	150000	100000	0	0
附列资料	2015年度至本年发生的公益性扶贫捐赠合计金额	0.00	•	•	0.00	0.00	•	•

图 5－35　填制“捐赠支出及纳税调整明细表”

【特别注意】

（1）本公司通过C公司向贫困地区捐赠现金100 000.00元，确认为非公益性捐赠。通过市人民政府向灾区捐赠现金150 000.00元，确认为全额扣除的公益性捐赠。

（2）本年的按税收规定计算的扣除限额应根据填制完成后的表A100000自动取出数据，此时还未填制完整，因此数据在此时显示得并不准确，待后续申报表A100000填制完成，会自动计算更新。

【知识链接】

企业通过公益性社会团体或者县级以上人民政府及其部门，用于公益事业的捐赠支出，在年度利润总额12%以内的部分，准予在计算应纳税所得额时扣除。年度利润总额，是指企业依照国家统一会计制度的规定计算的大于零的数额。

用于公益事业的捐赠支出，是指按规定向公益事业的捐赠支出，具体范围包括：

（1）救助灾害、救济贫困、扶助残疾人等困难的社会群体和个人的活动。

（2）教育、科学、文化、卫生、体育事业。

（3）环境保护、社会公共设施建设。

（4）促进社会发展和进步的其他社会公共和福利事业。

此处所指的公益性社会团体和社会团体均指依据国务院发布的《基金会管理条例》和《社会团体登记管理条例》的规定，经民政部门依法登记、符合一定条件的基金会、慈善组织等公益性社会团体。

第十二步：填制资产折旧、摊销及纳税调整明细表（A105080）。

“资产折旧、摊销及纳税调整明细表”适用于发生资产折旧、摊销的纳税人填报。纳税人只要发生相关事项，均需填报本表。根据案例资料资产折旧、摊销情况填制本表，如图5－36和5－37所示。单击【提交】，单击【返回】。

基础信息　填报表单　年度申报表　A101010　A102010　A104000　A105000　A105010　A105030　A105040　A105050　A105060　A105070　A105080　A107012　A107042　政策风险提示扫描　全申报　封面

A105080 资产折旧、摊销及纳税调整明细表

行次	项目		账载金额			税收金额					
			资产原值	本年折旧、摊销额	累计折旧、摊销额	资产计税基础	税收折旧、摊销额	享受加速折旧政策的资产按税收一般规定计算的折旧、摊销额	加速折旧、摊销统计额	累计折旧、摊销额	纳税调整金额
			1	2	3	4	5	6	7=5-6	8	9(2-5)
1	一、固定资产（2+3+4+5+6+7）		1638421.04	413300	1484880	1638421.04	413300	*	*	1484880	0
2	所有固定资产	（一）房屋、建筑物	0	0	0	0	0	*	*	0	0
3		（二）飞机、火车、轮船、机器、机械和其他生产设备	0	0	0	0	0	*	*	0	0
4		（三）与生产经营活动有关的器具、工具、家具等	833157.89	158300	728180	833157.89	158300	*	*	728180	0
5		（四）飞机、火车、轮船以外的运输工具	0	0	0	0	0	*	*	0	0
6		（五）电子设备	805263.15	255000	756700	805263.15	255000	*	*	756700	0
7		（六）其他	0	0	0	0	0	*	*	0	0
8	其中：享受固定资产加速折旧及一次性扣除政策的资产加速折旧额大于一般折旧额的部分	（一）重要行业固定资产加速折旧（不含一次性扣除）	0	0	0	0	0	0	0	0.00	*
9		（二）其他行业研发设备加速折旧	0	0	0	0	0	0	0	0	*
10		（三）固定资产一次性扣除	0	0	0	0	0	0	0	0	*
11		（四）技术进步、更新换代固定资产	0	0	0	0	0	0	0	0	*
12		（五）常年强震动、高腐蚀固定资产	0	0	0	0	0	0	0	0	*
13		（六）外购软件折旧	0	0	0	0	0	0	0	0	*
14		（七）集成电路企业生产设备	0	0	0	0	0	0	0	0	*
15	二、生产性生物资产（16+17）		0	0	0	0	0	*	*	0	0
16	（一）林木类		0	0	0	0	0	*	*	0	0

图5－36　填制“资产折旧、摊销及纳税调整明细表”（1）

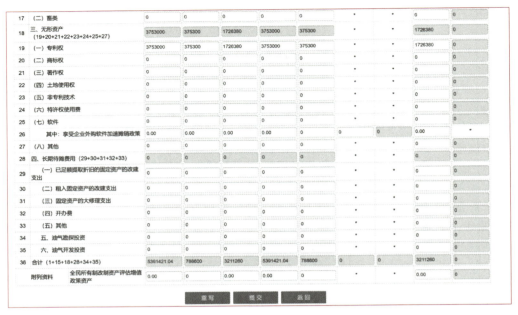

图 5-37　填制"资产折旧、摊销及纳税调整明细表"(2)

第十三步:填制纳税调整项目明细表(A105000)。

"纳税调整项目明细表"由纳税人根据税法、相关税收规定以及国家统一会计制度的规定,填报企业所得税涉税事项的会计处理、税务处理以及纳税调整情况。根据案例资料填写,如图 5-38 和 5-39 所示。单击【提交】,单击【返回】。

A105000 纳税调整项目明细表

行次	项目	账载金额 1	税收金额 2	调增金额 3	调减金额 4
1	一、收入类调整项目 (2+3+…8+10+11)	*	*	120000	0
2	(一)视同销售收入(填写A105010)	0	120000	120000	0
3	(二)未按权责发生制原则确认的收入(填写A105020)	0	0	0	0
4	(三)投资收益(填写A105030)	0	0	0	0
5	(四)按权益法核算长期股权投资对初始投资成本调整确认收益	0	0	0	0
6	(五)交易性金融资产初始投资调整	0	0	0	0
7	(六)公允价值变动净损益	0	0	0	0
8	(七)不征税收入	0	0	0	0
9	其中:专项用途财政性资金(填写A105040)	0	0	0	0
10	(八)销售折扣、折让和退回	0	0	0	0
11	(九)其他	0	0	0	0
12	二、扣除类调整项目(13+14+…24+26+27+28+29+30)	13113140	22720101	1596769	120000
13	(一)视同销售成本(填写A105010)	0	100000	0	100000
14	(二)职工薪酬(填写A105050)	10863940	10653980	209960	0
15	(三)业务招待费支出	1320000	376791	943209	0
16	(四)广告费和业务宣传费支出(填写A105060)	220000	11303730	0	0
17	(五)捐赠支出(填写A105070)	250000	150000	100000	0
18	(六)利息支出				
19	(七)罚金、罚款和被没收财物的损失	60000		60000	
20	(八)税收滞纳金、加收利息	30000		30000	
21	(九)赞助支出				
22	(十)与未实现融资收益相关在当期确认的财务费用				

图 5-38　填制"纳税调整项目明细表"(1)

23	（十一）佣金和手续费支出	0	0	0	0
24	（十二）不征税收入用于支出所形成的费用	0	0	0	0
25	其中：专项用途财政性资金用于支出所形成的费用（填写A105040）	0	0	0	0
26	（十三）跨期扣除项目	0	0	0	0
27	（十四）与取得收入无关的支出	253600	0	253600	0
28	（十五）境外所得分摊的共同支出	0	0	0	0
29	（十六）党组织工作经费	0	0	0	0
30	（十七）其他	115600	135600	0	20000
31	三、资产类调整项目（32+33+34+35）	795800	788600	7200	0
32	（一）资产折旧、摊销（填写A105080）	788600	788600	0	0
33	（二）资产减值准备金	7200	0	7200	0
34	（三）资产损失（填写A105090）	0	0	0	0
35	（四）其他	0	0	0	0
36	四、特殊事项调整项目（37+38+…+42）	0	0	0	0
37	（一）企业重组及递延纳税事项（填写A105100）	0	0	0	0
38	（二）政策性搬迁（填写A105110）	0	0	0	0
39	（三）特殊行业准备金（填写A105120）	0	0	0	0
40	（四）房地产开发企业特定业务计算的纳税调整额（填写A105010）	0	0	0	0
41	（五）合伙企业法人合伙人应分得的应纳税所得额	0	0	0	0
42	（六）发行永续债利息支出	0	0	0	0
43	（七）其他	0	0	0	0
44	五、特别纳税调整应税所得	0	0	0	0
45	六、其他	0	0	0	0
46	合计（1+12+31+36+44+45）	13908940	23628701	1723969	120000

重写　　提交　　返回

图 5-39　填制"纳税调整项目明细表"(2)

5

【特别注意】

（1）部分数据自动取自其他申报表，如视同销售收入、视同销售成本、职工薪酬和捐赠支出等。

（2）业务招待费支出根据期间费用明细表填写，金额为 132 000 元。当年销售（营业）收入＝主营业务收入＋视同销售的收入＝75 238 200＋120 000＝75 358 200 元。业务招待费本企业的扣除限额＝75 358 200×0.5%＝376 791 元。因此调增金额 1 320 000－376 791＝943 209 元。

（3）广告费和业务宣传费支出根据A105060填写，账载金额 220 000 元，税法计算抵扣额为 11 303 730 元。

（4）罚金、罚款和被没收财物的损失的账载金额根据案例资料的营业外支出明细填写 60 000 元。

（5）税收滞纳金、加收利息的账载金额根据案例资料的营业外支出明细填写 30 000 元。

（6）与取得收入无关的支出根据案例资料"为股东家属出国旅游支付 253 600.00元"的金额填列。

(7) 第 30 行“(十七)其他”。账载金额 115 600 元为按成本法入账的自产货物用于广告的成本加视同销售的增值税销项税额(100 000+120 000×13%=115 600)。税法计算下的金额 135 600 元为视同销售的销售收入的含税金额[120 000×(1+13%)=135 600],调减金额为视同销售的售价与成本价的差额 20 000 元。

(8) 第 33 行“资产减值准备金”根据利润表的信用减值损失和案例资料中的计提坏账准备的资料填列。

第十四步:填制符合条件的居民企业之间的股息、红利等权益性投资收益优惠明细表(A107011)。

“符合条件的居民企业之间的股息、红利等权益性投资收益优惠明细表”适用于享受符合条件的居民企业之间的股息、红利等权益性投资收益优惠的纳税人填报。填报本年发生的符合条件的居民企业之间的股息、红利(包括 H 股)等权益性投资收益优惠情况,不包括连续持有居民企业公开发行并上市流通的股票不足 12 个月取得的投资收益。本案例根据利润表的投资收益和案例资料中公司对甲公司投资的信息填写,如图 5-40 所示。单击【提交】,单击【返回】。

基础信息 填报表单 年度申报表 A101010 A102010 A104000 A105000 A105010 A105050 A105060 A105070 A105080 A106000 A107010 A107011 A107012 政策风险提示扫描 全申报 封面

A107011 符合条件的居民企业之间的股息、红利等权益性投资收益优惠明细表

行次	被投资企业	被投资企业统一社会信用代码(纳税人识别号)	投资性质	投资成本	投资比例	被投资企业利润分配确认金额		被投资企业清算确认金额			撤回或减少投资确认金额						合计
						被投资企业做出利润分配或转股决定时间	依决定归属于本公司的股息、红利等权益性投资收益金额	分得的被投资企业清算剩余资产	被清算企业累计未分配利润和累计盈余公积应享有部分	应确认的股息所得	从被投资企业撤回或减少投资取得的资产	减少投资比例	收回初始投资成本	取得资产中超过收回初始投资成本部分	撤回或减少投资应享有被投资企业累计未分配利润和累计盈余公积	应确认的股息所得	
	1	2	3	4	5	6	7	8	9	10(8与9孰小)	11	12	13(4×12)	14(11-13)	15	16(14与15孰小)	17(7+10+16)
1	甲公司	91332940072355	(1) 直接投	5000000	25%		500000	0	0	0	0	0	0	0	0	0	500000
2			(1) 直接投	0	0		0	0	0	0	0	0	0	0	0	0	0
3			(1) 直接投	0	0		0	0	0	0	0	0	0	0	0	0	0
4			(1) 直接投	0	0		0	0	0	0	0	0	0	0	0	0	0
5			(1) 直接投	0	0		0	0	0	0	0	0	0	0	0	0	0
6			(1) 直接投	0	0		0	0	0	0	0	0	0	0	0	0	0
7			(1) 直接投	0	0		0	0	0	0	0	0	0	0	0	0	0
8	合计																500000
9	其中:直接投资或非H股票投资																500000
10	股票投资—沪港通H股																0
11	股票投资—深港通H股																0
12	创新企业CDR																0
13	永续债																0

图 5-40 填制“符合条件的居民企业之间的股息、红利等权益性投资收益优惠明细表”

第十五步:填制研发费用加计扣除优惠明细表(A107012)。

“研发费用加计扣除优惠明细表”适用于享受研发费用加计扣除优惠(含结转)政策的纳税人填报。本案例根据案例资料中 B 软件研发项目的信息填写,如图 5-41 和 5-42 所示。单击【提交】,单击【返回】。

第十六步:填制免税、减计收入及加计扣除优惠明细表(A107010)。

“免税、减计收入及加计扣除优惠明细表”适用于享受免税收入、减计收入和加计扣除优惠的纳税人填报。纳税人根据税法及相关税收政策规定,填报本年发生的免税收入、减计收入和加计扣除优惠情况。本表根据案例资料期间费用明细表财务费用的利息支出和职工薪酬调整明细分析填列,其他数据由下级申报表自动生成,如图 5-43 和 5-44 所示。单击【提交】,单击【返回】。

	基础信息	填报表单	年度申报表	A101010	A102010	A104000	A105000	A105010	A105050	A105060	A105070	A105080	A106000	A107010	A107011

A107012 政策风险提示扫描 全申报 封面

18	2.用于研发活动的设备的折旧费	0
19	（四）无形资产摊销（20+21+22）	375300
20	1.用于研发活动的软件的摊销费用	375300
21	2.用于研发活动的专利权的摊销费用	0
22	3.用于研发活动的非专利技术（包括许可证、专有技术、设计和计算方法等）的摊销费用	0
23	（五）新产品设计费等（24+25+26+27）	0
24	1.新产品设计费	0
25	2.新工艺规程制定费	0
26	3.新药研制的临床试验费	0
27	4.勘探开发技术的现场试验费	0
28	（六）其他相关费用(29+30+31+32+33)	0
29	1.技术图书资料费、资料翻译费、专家咨询费、高新科技研发保险费	0
30	2.研发成果的检索、分析、评议、论证、鉴定、评审、评估、验收费用	0
31	3.知识产权的申请费、注册费、代理费	0
32	4.职工福利费、补充养老保险费、补充医疗保险费	0
33	5.差旅费、会议费	0
34	（七）经限额调整后的其他相关费用	0
35	二、委托研发(36+37+39)	0
36	（一）委托境内机构或个人进行研发活动所发生的费用	0
37	（二）委托境外机构进行研发活动所发生的费用	0
38	其中：允许加计扣除的委托境外机构进行研发活动发生的费用	0
39	（三）委托境外个人进行研发活动发生的费用	0

图 5-41 填制"研发费用加计扣除优惠明细表"(1)

40	三、年度研发费用小计（2+36×80%+38）	5000000
41	（一）本年费用化金额	5000000
42	（一）本年资本化金额	0.00
43	四、本年形成无形资产摊销额	0
44	五、以前年度形成无形资产本年摊销额	0
45	六、允许扣除的研发费用合计（41+43+44）	5000000
46	减：特殊收入部分	0
47	七、允许扣除的研发费用抵减特殊收入后的金额（45-46）	5000000
48	减：以前销售研发活动直接形成产品（包括组成部分）对应的材料部分	0
49	减：以前年度销售研发活动直接形成产品（包括组成部分）对应材料部分结转金额	0
50	八、加计扣除比例（%）	100%
51	九、本年研发费用加计扣除总额（47-48-49）×50	5000000
52	十、销售研发活动直接形成产品（包括组成部分）对应材料部分结转以后年度扣减金额（当47-48-49≥0，本行=0；当47-48-49<0，本行=47-48-49的绝对值）	0

重写　　提交　　返回

图 5-42 填制"研发费用加计扣除优惠明细表"(2)

5

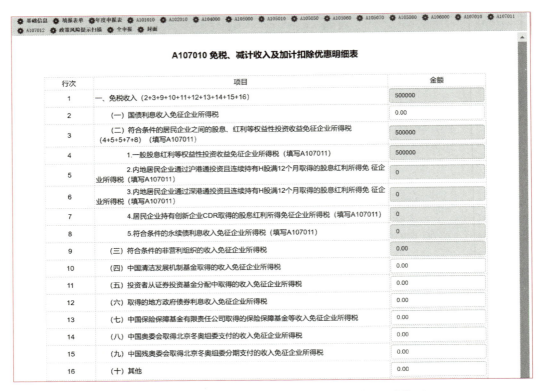

图 5-43 填制"免税、减计收入及加计扣除优惠明细表"(1)

图 5-44 填制"免税、减计收入及加计扣除优惠明细表"(2)

【特别注意】

第 3 行"(二)符合条件的居民企业之间的股息、红利等权益性投资收益免征企业所得税"项目的数据取自表 A107011。

第十七步：填制中华人民共和国企业所得税年度纳税申报表(A 类)(A100000)。

"中华人民共和国企业所得税年度纳税申报表(A 类)"为年度纳税申报表主表,企业应该根据《企业所得税法》及其实施条例(以下简称税法)、相关税收政策,以及国家统一会计制度的规定,计算填报纳税人利润总额、应纳税所得额、应纳税额和附列资料等有关项目。

纳税人在计算企业所得税应纳税所得额及应纳税额时,会计处理与税法规定不一致的,应当按照税法规定计算。税法规定不明确的,在没有明确规定之前,暂按国家统一会计制度计算。

单击【年度申报表】,根据案例资料中利润表,补充本表,如图 5-45 和 5-46 所示。单击【提交】,单击【返回】。

A100000 中华人民共和国企业所得税年度纳税申报表 (A类)

栏次	类别	项目	金额
1	利润总额计算	一、营业收入(填写A101010\101020\103000)	75238200
2		减：营业成本(填写A102010\102020\103000)	46396500
3		减：税金及附加	6253200
4		减：销售费用(填写A104000)	7135000
5		减：管理费用(填写A104000)	10840080
6		减：财务费用(填写A104000)	-240000
7		减：资产减值损失	7200
8		加：公允价值变动收益	0
9		加：投资收益	500000
10		二、营业利润(1-2-3-4-5-6-7+8+9)	5346220
11		加：营业外收入(填写A101010\101020\103000)	525000
12		减：营业外支出(填写A102010\102020\103000)	426500
13		三、利润总额 (10+11-12)	5444720
14	应纳税所得额计算	减：境外所得 (填写A108010)	0
15		加：纳税调整增加额 (填写A105000)	1723969
16		减：纳税调整减少额 (填写A105000)	120000
17		减：免税、减计收入及加计扣除 (填写A107010)	5500000
18		加：境外应税所得抵减境内亏损 (填写A108000)	0
19		四、纳税调整后所得 (13-14+15-16-17+18)	1548689
20		减：所得减免 (填写A107020)	0
21		减：弥补以前年度亏损 (填写A106000)	0
22		减：抵扣应纳税所得额 (填写A107030)	0

图 5-45　填制"中华人民共和国企业所得税年度纳税申报表(A 类)"(1)

23		五、应纳税所得额（19-20-21-22）	1548689
24	应纳税额计算	税率（25%）	25%
25		六、应纳所得税额(23×24)	387172.25
26		减：减免所得税额（填写A107040）	0
27		减：减免所得税额（填写A107050）	0
28		七、应纳税额（25-26-27）	387172.25
29		加：境外所得应纳所得税额（填写A108000）	0
30		减：境外所得抵免所得税额（填写A108000）	0
31		八、实际应纳所得税额（28+29-30）	387172.25
32		减：本年累计实际已缴纳的所得税额	300000
33		九、本年应补（退）所得税额（31-32）	87172.25
34		其中：总机构分摊本年应补（退）所得税额(填写A109000)	0
35		财政集中分配本年应补（退）所得税额(填写A109000)	0
36		总机构主体生产经营部门分摊本年应补（退）所得税额(填写A109000)	0

重写　提交　返回

图 5-46　填制“中华人民共和国企业所得税年度纳税申报表(A 类)”(2)

第十八步：填制企业所得税弥补亏损明细表(A106000)。

“企业所得税弥补亏损明细表”可根据以前年度申报记录自动获取数据，本案例根据资料公司近 3 年盈利及亏损情况表填制，如图 5-47 所示，单击【提交】，单击【返回】。注意，如果本表有需要弥补的亏损，企业所得税年度纳税申报表(A 类)(A100000)需再次提取数据。

A106000 企业所得税弥补亏损明细表

行次	项目	年度	当年境内所得额	分立转出的亏损额	合并、分立转入的亏损额		弥补亏损企业类型	当年亏损额	当年待弥补的亏损额	用本年度所得额弥补的以前年度亏损额		当年可结转以后年度弥补的亏损额
					可弥补年限5年	可弥补年限10年				使用境内所得弥补	使用境外所得弥补	
		1	2	3	4	5	6	7	8	9	10	11
1	前十年度	2013	0	0	0	0	100|一般企业	0	0	0	0	0
2	前九年度	2014	0	0	0	0	100|一般企业	0	0	0	0	0
3	前八年度	2015	0	0	0	0	100|一般企业	0	0	0	0	0
4	前七年度	2016	0	0	0	0	100|一般企业	0	0	0	0	0
5	前六年度	2017	0	0	0	0	100|一般企业	0	0	0	0	0
6	前五年度	2018	0	0	0	0	100|一般企业	0	0	0	0	0
7	前四年度	2019	0	0	0	0	100|一般企业	0	0	0	0	0
8	前三年度	2020	459600	0	0	0	100|一般企业	0	0	0	0	0
9	前二年度	2021	106800	0	0	0	100|一般企业	0	0	0	0	0
10	前一年度	2022	1250300	0.00	0	0	100|一般企业	0	0	0	0	0
11	本年度	2023	1548689	0	0	0	100|一般企业	0	0	0	0	0
12	可结转以后年度弥补的亏损额合计											0

图 5-47　填制“企业所得税弥补亏损明细表”

第十九步：进行政策风险提示扫描。单击【政策风险提示扫描】，单击【发起扫描】，提示“经扫描，未发现风险。”如图 5-48 所示。

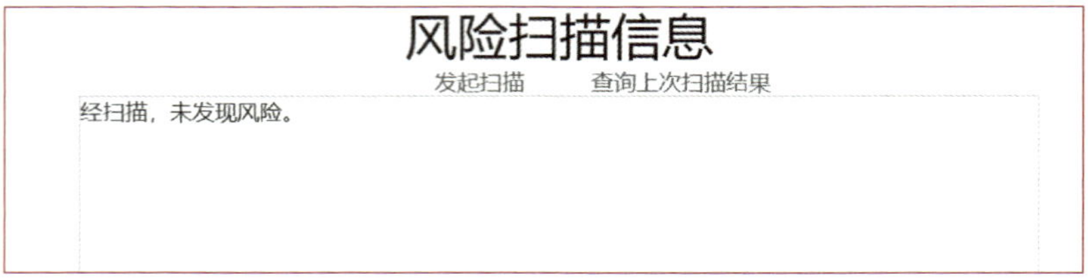

风险扫描信息
发起扫描
查询上次扫描结果
经扫描，未发现风险。

图 5-48　申报表发送并进行扫描

第二十步：进行全申报。单击【全申报】，提示"申报成功"。单击【确定】，如图 5－49 所示。

单击【封面】，可录入相关信息。单击【打印】，如图 5－50 所示。即可打印封面。

第二十一步：进行税费申报及缴纳。返回到（或者重新登录到）首页，在"常用功能"下，单击【税费申报及缴纳】，如图 5－51 所示。

图 5－49　"全申报"成功提示

中华人民共和国
企业所得税年度纳税申报表

(A类，2017年版)

税款所属期间：　2023-01-01　　至　　2023-12-31

纳税人识别号：　913301097384127845

纳税人名称：　衡信教育科技有限公司

金额单位：人民币元（列至角分）

谨声明：本纳税申报表是根据《中华人民共和国企业所得税法》、《中华人民共和国企业所得税法实施条例》、有关税收政策以及国家统一会计制度的规定填报的，是真实的、可靠的、完整的。

法定代表人（签章）：		日期：	
纳税人公章：	代理申报中介机构公章：	主管税务机关受理专用章：	
会计主管：	经办人：	受理人：	
	经办人执业证件号码：		
填表日期：	代理申报日期：	受理日期：	

打印

图 5－50　企业所得税年度纳税申报表封面

图 5－51　选择【税费申报及缴纳】

进入"申报纳税"功能界面,单击【税款缴纳】,如图5-52所示。

图5-52 选择【税款缴纳】

在税款教案列表下,单击序号前的复选框,单击"缴款方式"下的【三方协议缴款】,单击【立即缴款】,如图5-53所示。显示"支付成功",单击【确定】,如图5-54所示。

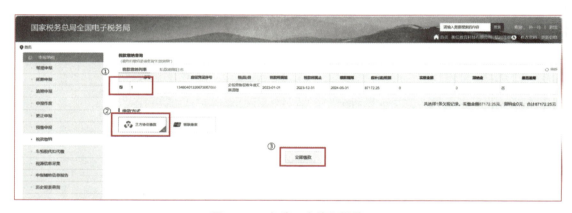

图5-53 勾选三方协议缴款

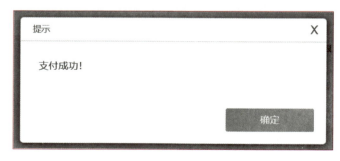

图5-54 支付成功提示

交款完成,税款缴纳列表刷新后,已经交过款的条目不再显示,如图5-55所示。可通过单击【扣款明细日志】,查询已缴纳过的税款。

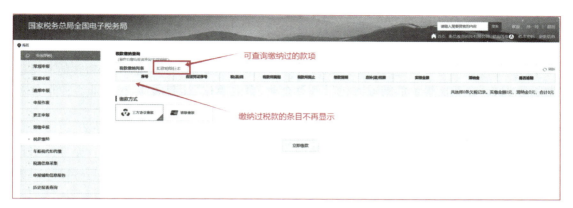

图 5 - 55　缴款后

第二十二步：实训评分。回到电子税务局实训平台的主界面，单击【提交评分】，如图 5 - 56 所示。单击【确定】，如图 5 - 57 所示。评分成功，如图 5 - 58 所示。

图 5 - 56　提交评分(1)

图 5 - 57　提交评分(2)

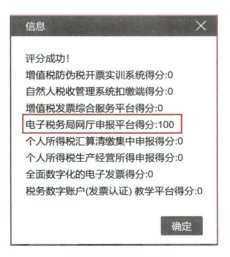

图 5 - 58　最终得分

📖 项目小结

　　企业所得税是对我国境内的企业和其他取得收入的组织的生产经营所得和其他所得征收的一种税。企业所得税的纳税人包括各类企业、事业单位、社会团体、民办非企业单位和从事经营活动的其他组织。

　　个人独资企业、合伙企业不属于企业所得税纳税义务人。

　　企业所得税的计税依据是应纳税所得额。企业所得税分月或者分季预缴。企业应当自年度终了之日起五个月内,向税务机关报送年度企业所得税纳税申报表,并汇算清缴,结清应缴应退税款。

　　企业所得税的计缴与申报有一定的复杂程度,相关政策法规较多,是企业财务管理中非常重要的环节,需要纳税人仔细核对数据、选择合适的申报模式,通晓优惠政策,并依法按时缴纳税款。

📚 技能训练

一、单项选择题

1. 除税收法律、行政法规另有规定外,居民企业以( )为企业所得税的纳税地点。

　　A. 企业登记注册地　　　　　　　　B. 企业实际经营地

　　C. 企业会计核算地　　　　　　　　D. 企业管理机构所在地

2. 企业发生的下列支出中,在计算企业所得税应纳税所得额时准予扣除的是( )。

　　A. 缴纳的增值税税款　　　　　　　B. 违反消防规定被处以的行政罚款

　　C. 向投资者分配的红利　　　　　　D. 按规定缴纳的财产保险费

3. 纳税人在计算企业所得税应纳税所得额时,企业发生的下列项目中,不超过规定比例的部分准予在税前扣除,超过部分,准予在以后纳税年度结转扣除的是( )。

　　A. 职工福利费　　　　　　　　　　B. 工会经费

　　C. 职工教育经费　　　　　　　　　D. 基本社会保险费

4. 下列行为中,属于企业所得税视同销售的是( )。

　　A. 房地产企业将开发的房产用于本企业办公

　　B. 钢铁企业将自产的钢材用于修建本企业厂房

　　C. 电视机厂将自产电视机安装在本厂食堂供职工观看

　　D. 食品公司将委托加工收回的月饼发给职工作为福利

5. 2024 年 12 月,甲饮料厂给职工发放自制果汁和当月外购的取暖器作为福利,其中果汁的成本为 20 万元,公允价值为 25 万元(不含税,下同);取暖器的公允价值为 10 万元。根据企业所得税相关规定,该厂发放上述福利应确认的收入是( )万元。

　　A. 10　　　　　　　B. 20　　　　　　　C. 35　　　　　　　D. 45

6. 2024 年 8 月某新开业的商业企业,为了拓展市场,从开业之日起至 12 月 31 日实行买一赠一活动,开业 5 个月销售商品共计取得不含税销售收入 225 万元,赠送商品的不含税市场价格为 15 万元,销售商品和赠送商品的全部成本为 160 万元,应扣除的税金及附加和全部费用共计 42 万元。假设不存在其他纳税调整事项,该商业企业 2024 年度应缴纳企业所得得税（　　）万元。

  A. 1.15　 B. 1.9　 C. 1.44　 D. 0.58

  7. 某工业企业从事国家非限制和禁止行业，为我国居民企业，会计核算健全从业人员30人，资产总额500万元。该企业2024年收入总额480万元，成本费用支出额396万元，另因自然灾害导致存货发生净损失为37万元，其当年应纳企业所得税（　　）万元。

  A. 2.94　 B. 1.18　 C. 2.35　 D. 4.2

  8. 2024年某服装生产企业实现商品销售收入2 000万元，另发生现金折扣100万元，接受捐赠收入100万元，获得投资收益20万元。该企业当年实际发生业务招待费30万元，广告费240万元（已取得相应发票），业务宣传费80万元。2024年度该企业在计算应纳税所得额时可扣除的业务招待费、广告费和业务宣传费合计（　　）万元。

  A. 294.5　 B. 310　 C. 325.5　 D. 330

  9. 企业支付给如下员工的工资中，不属于《企业所得税法》中所称工资薪金支出范畴的是（　　）。

  A. 为宣传产品雇用临时工　 B. 为车间生产雇用季节工

  C. 为职工食堂返聘退休厨师　 D. 为管理部门招用实习生

  10. 某公司从事国家非限制和禁止行业，2024年从业人数100人，资产总额1 000万元，年度应纳税所得额260万元，则该公司当年应纳企业所得税为（　　）万元。

  A. 13　 B. 18.5　 C. 26　 D. 52

二、多项选择题

  1. 在计算企业所得税应纳税所得额时，企业发生的下列项目中，不超过规定比例的部分准予在税前扣除，超过部分，准予在以后纳税年度结转扣除的是（　　）。

  A. 广告费和业务宣传费　 B. 工会经费

  C. 职工福利费　 D. 职工教育经费

  2. 居民企业发生的下列支出中，可在企业所得税税前扣除的有（　　）。

  A. 逾期归还银行贷款的罚息　 B. 短期租入固定资产的租金

  C. 企业内营业机构之间支付的租金　D. 未能形成无形资产的研究开发费用

  3. 下列各项中，不属于企业所得税工资薪金支出范围的有（　　）。

  A. 向雇员支付加班奖金支出　 B. 雇员年终加薪的支出

  C. 按规定为雇员缴纳社会保险的支出　D. 为雇员提供的劳动保护费支出

  4. 依据企业所得税相关规定，企业将资产移送用于下列情形，应视同销售确定收入的有（　　）。

  A. 用于职工奖励或福利　 B. 用于对外捐赠

  C. 用于市场推广或销售　 D. 从总机构转移到其境内分支机构

  5. 下列支出中，在符合真实性交易原则的前提下，可以从企业所得税应纳税所得额中直接据实扣除的有（　　）。

  A. 违约金　 B. 诉讼费用

  C. 提取未付的职工工资　 D. 实际发生的业务招待费

  6. 企业开展研发活动中实际发生的研发费用，未形成无形资产计入当期损益的，在按规定据实扣除的基础上，自2023年1月1日起，再按照实际发生额的100%在税前加计扣除；形成无形资产的，自2023年1月1日起，按照无形资产成本的200%在税前摊销。以下属于研发费用范围的有(　　　　)。

 A. 直接从事研发活动人员的住房公积金

 B. 外聘研发人员的劳务费用

 C. 短期租入的专用于研发活动的仪器、设备租赁费

 D. 新药研制的临床试验费

7. 以下符合税法规定的固定资产折旧规定的有(　　　　)。

 A. 企业固定资产会计折旧年限如果长于税法规定的最低年限,其折旧应按会计折旧年限扣除,税法另有规定的除外

 B. 企业按会计准则规定提取的固定资产减值准备,不得税前扣除,其折旧仍按税法规定的固定资产计税基础计算扣除

 C. 企业按税法规定实行加速折旧的,其按加速折旧办法计算的折旧额可全额在税前扣除

 D. 企业按会计规定实行加速折旧的,其按加速折旧办法计算的折旧额可全额在税前扣除

8. 按照企业所得税规定,所得税前可扣除的企业资产损失有(　　　　)。

 A. 生产性生物资产损失　　　　　　　B. 坏账损失

 C. 股权(权益)性投资损失　　　　　　D. 存货的盘亏损失

9. 以下各项中,折旧年限最低为 4 年的固定资产有(　　　　)。

 A. 小汽车　　　　B. 办公家具　　　　C. 运输货车　　　　D. 电子设备

10. 某企业 2024 年度账面会计利润 1 000 万元,其中通过省政府向敬老院捐赠自产健身设备的账载金额 116.9 万元(含制造成本 100 万元和按照市场公允价格 120 万元计算的增值税销项税额 16.9 万元),其捐赠自产健身设备按规定计算缴纳了增值税等税金及附加,但按照会计准则没有在账面作商品销售处理。则以下表述正确的有(　　　　)。

 A. 该企业的公益性捐赠限额为 120 万元

 B. 公益性捐赠须取得符合规定的捐赠的收据

 C. 该企业此项捐赠共应调增应纳税所得额 20 万元

 D. 该企业此项捐赠共应调增应纳税所得额 15.6 万元

三、判断题

1. 按照企业所得税法律的相关规定,销售商品采用托收承付方式的,在发出商品时确认收入。　　　　　　　　　　　　　　　　　　　　　　　　　　　　(　　)

2. 除国务院财政、税务主管部门另有规定外,飞机、火车、轮船、机器、机械和其他电子设备,计算折旧的最低年限为 10 年。　　　　　　　　　　　　　　　　(　　)

3. 在计算企业所得税应纳税所得额时,未投入使用的机器设备不得计算折旧扣除。　　　　　　　　　　　　　　　　　　　　　　　　　　　　　　　　(　　)

4. 除企业所得税法及实施条例另有规定外,企业销售收入的确认,必须遵循权责发生制原则和实质重于形式原则。　　　　　　　　　　　　　　　　　　　(　　)

5. 资本性支出不得在发生当期直接扣除,应按税收法律、行政法规的规定分期在税前扣除或计入有关资产成本。　　　　　　　　　　　　　　　　　　　　(　　)

6. 工会经费扣除要有凭证。企业拨缴的工会经费,应取得合法、有效的工会经费专用收据或者代收凭据后方可依法在税前扣除。　　　　　　　　　　　　　(　　)

7. 职工福利费、工会经费、职工教育经费三项费用采用的是计提或预提的方法支出。

（　　）

8. 企业发生的符合条件的广告费和业务宣传费支出,除国务院财政、税务主管部门另有规定外,不超过当年销售（营业）收入 15% 的部分,准予扣除;超过部分准予结转以后纳税年度扣除。

（　　）

9. 企业实际发生的公益性捐赠支出,在年度净利润 12% 以内的部分,准予在计算应纳税所得额时扣除。

（　　）

10. 企业购买的文物、艺术品用于收藏、展示、保值增值的,作为投资资产进行税务处理。文物、艺术品资产在持有期间,计提的折旧、摊销费用,不得税前扣除。

（　　）

四、拓展训练

登录电子税务局实训平台,完成小微企业的企业所得税月（季）度预缴申报和企业所得税年度汇算清缴。

5

项目六 个人所得税计缴与申报

知识目标

1. 掌握个人所得税预扣预缴税额的计算方法。
2. 熟悉个人所得税综合所得年终汇算清缴的计算方法。
3. 了解个人所得税申报中的风险点及影响。

技能目标

1. 能熟练办理自然人税收管理系统正常工资薪金所得单个和批量填报,包括员工正常工资薪金所得,本期收入及免税收入、本期专项扣除、专项附加扣除、其他扣除等项目的正确填报。
2. 能熟练申报个人所得税综合所得、分类所得、非居民所得等。

素养目标

1. 培养学生运用软件解决个人所得税申报问题的能力。
2. 提高个人所得税的风险防范意识和分析解决问题的能力。
3. 关注个人所得税申报改革,形成与时俱进的学习精神。
4. 养成胜任个人所得税申报工作的良好业务素质和心理素质。

知识导图 （图6-1）

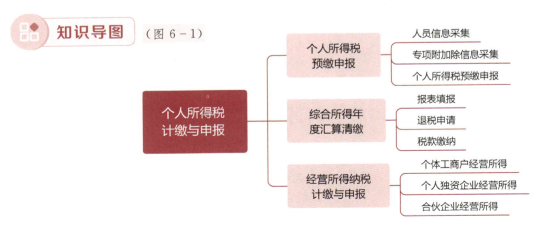

图6-1 知识导图

引导案例

在网上有这样的帖子:"在税务平台随便乱填写子女教育附加扣除,竟退了 350 元,一支口红钱省出来啦!"此帖一出,跟风询问者无数。很多人非常兴奋,想跃跃欲试。

案例思考:

这背后存在怎样的纳税风险?

任务一　个人所得税预缴申报

一、专项附加扣除

个人所得税专项附加扣除(下简称个税专项附加扣除),是指个人所得税法规定的子女教育、继续教育、大病医疗、住房贷款利息、住房租金、赡养老人及 3 岁以下婴幼儿照顾共七项专项附加扣除。

二、工资薪金所得个人所得税预扣预缴计算方法

(一) 预扣预缴计算方法

扣缴义务人向居民个人支付工资、薪金所得时,应按照累计预扣法计算预扣税款,并按月办理全员全额扣缴申报。具体计算公式如下:

$$本期应预扣预缴税额 = \left(累计预扣预缴应纳税所得额 \times 预扣率 - 速算扣除数\right) - 累计减免税额 - 累计已预扣预缴税额$$

$$累计预扣预缴应纳税所得额 = 累计收入 - 累计免税收入 - 累计减除费用 - 累计专项扣除 - 累计专项附加扣除 - 累计依法确定的其他扣除$$

其中:❶ 累计减除费用,按照 5 000 元/月乘以纳税人当年截至本月在本单位的任职受雇月份数计算。❷ 计算居民个人工资、薪金所得预扣预缴税额的预扣率、速算扣除数,按个人所得税预扣率表(居民个人工资、薪金所得预扣预缴适用)执行,如表 6-1 所示。

表 6-1　居民个人工资、薪金所得预扣预缴适用

级　数	累计预扣预缴应纳税所得额	预扣率(%)	速算扣除数
1	不超过 36 000 元的	3	0
2	超过 3 6000 元至 144 000 元的部分	10	2 520

续　表

级　数	累计预扣预缴应纳税所得额	预扣率（%）	速算扣除数
3	超过 144 000 元至 300 000 元的部分	20	16 920
4	超过 300 000 元至 420 000 元的部分	25	31 920
5	超过 420 000 元至 660 000 元的部分	30	52 920
6	超过 660 000 元至 960 000 元的部分	35	85 920
7	超过 960 000 元的部分	45	181 920

（二）计算步骤

第一步：计算累计预扣预缴应纳税所得额。

也可以先计算本期的预扣预缴应纳税所得额，再加上前期几期的预扣预缴应纳税所得额。

第二步：计算本期应预扣预缴税额。

（三）免税项目

（1）独生子女补贴。

（2）执行公务员工资制度未纳入基本工资总额的补贴、津贴差额和家属成员的副食品补贴。

（3）托儿补助费。

（4）差旅费津贴、误餐补助。

岗位说明

税务专员岗，主要负责个人所得税预扣预缴。

实训资料

（一）企业基本资料

公司名称：杭州凯佳信息技术有限公司

统一社会信用代码：91330111303724829

地址及电话：杭州市滨江区西兴街道南环路 1482、0571－82683105

开户行及账号：杭州银行股份有限公司科技支行 33010401002763289

（二）业务资料

杭州凯佳信息技术有限公司 2024 年 1 月份有 10 名境内人员。公司财务人员余勤计算并发放员工的工资薪金、奖金等，以及预扣预缴个人所得税，10 名境内人员的个人所得与个人所得税计算数据如资料 1 至资料 4 所示。

2023 年职工月平均工资为 8 103.67 元，年平均工资为 97 244.04 元。2024 年杭州市公积金扣除上限为 2 917.32 元。

请审查 2024 年 1 月份杭州凯佳信息技术有限公司的个人所得税计算数据是否正确,并进行个人所得税预扣预缴纳税申报。

申报资料如下。

资料 1:员工基础信息如表 6-2 所示。

表 6-2 公司员工基础信息表

工号	姓 名	性别	身 份 证 号	联系电话	任职日期	任职受雇从业类型	国籍(地区)
001	罗元发	男	23010119830619003X	15257680535	2010-05-12	雇员	中国
002	贾德善	女	340801196307020125	18187238723	2011-05-14	雇员	中国
003	王仁兴	男	230101197605230017	18123056453	2016-06-14	雇员	中国
004	吴 梁	男	230101197404150096	15854170806	2015-05-16	雇员	中国
005	程孝先	男	350402195202142013	18953230036	2016-03-18	雇员	中国
006	余 勤	女	130283199307038081	18763057354	2009-09-15	雇员	中国
007	郝 爱	女	130425199401156129	15567858517	2016-03-18	雇员	中国
008	孙 乔	女	130121199204041822			其他	中国
009	甘 薇	女	130582199203030026			其他	中国
010	林 柒	女	130533199202235321			其他	中国

资料 2:2024 年 1 月正常工资薪金收入明细与个人所得税计算表如表 6-3 所示。

表 6-3 2024 年 1 月公司工资保险明细表
单位:元

工号	姓 名	应发工资合计	基本养老保险金	基本医疗保险金	失业保险金	住房公积金	代扣个人所得税	实发工资
001	罗元发	17 200.00	256.00	64.00	16.00	1 720.00		
002	贾德善	16 000.00	256.00	64.00	16.00	1 600.00		
003	王仁兴	8 950.00	256.00	64.00	16.00	895.00		
004	吴 梁	11 800.00	256.00	64.00	16.00	1 180.00		
005	程孝先	9 068.00	256.00	64.00	16.00	906.80		
006	余 勤	10 000.00	256.00	64.00	16.00	1 000.00		
007	郝 爱	10 300.00	256.00	64.00	16.00	1 030.00		

备注:❶ 罗元发家庭情况:罗元发现居杭州,系独生子女,需赡养母亲(母亲:刘梅,身

6

份证号：330201195708250528），赡养老人支出按照政策规定进行扣除；已婚（妻子：苏素，身份证号：330824198609090263），有一个女儿（女儿：罗芬；身份证号：230128200712156026）于 2023 年 9 月起进入杭州翠园一中读高一，因妻子未工作，故子女教育扣除项目由罗元发一人按 100% 扣除。

❷ 郝爱家庭情况：2023 年 9 月郝爱开始攻读在职硕士研究生学历，预计 2025 年 6 月拿到学历证书。

资料 3：2024 年 1 月份，公司计算发放 2023 年 12 月份绩效，计算发放明细表如表 6-4 所示。

表 6-4　2024 年 1 月公司工资绩效明细表　　　　单位：元

序　号	姓　名	绩　效	代扣个人所得税	实 发 奖 金
1	罗元发	1 000.00		
2	贾德善	1 000.00		
3	王仁兴	500.00		
4	吴　梁	800.00		
5	程孝先	800.00		
6	余　勤	800.00		
7	郝　爱	800.00		

资料 4：

（1）2023 年 1 月，杭州凯佳邀请孙乔给公司财务人员进行培训，支付其报酬 10 000.00 元。

（2）2023 年 1 月 12 日，顾客甘薇因达到杭州凯佳公司累计消费的一定额度，故享受一次额外抽奖机会。抽奖取得 3 000.00 元现金大奖，甘薇现场将其中的 1 000.00 元通过杭州市人民政府（统一社会信用代码：913346132807161604）捐赠给希望小学，取得捐赠证明，捐赠票据凭证号为 2024774018。

（3）林柒于 2023 年 9 月从公开发行市场购入杭州凯佳信息技术有限公司（境内上市公司）股票，2024 年 1 月转让该股票并从杭州凯佳公司分得红利 4 000.00 元。

（三）任务描述

根据财务部提交的工资计算发放表、会计资料和员工提交的资料，对员工的工资薪金所得进行准确计算，初步完成税款计算，并在自然人税收管理系统扣缴端熟练完成正常工资薪金所得预扣预缴，进行税款所属期为 2024 年 01 月个人所得税预扣预缴纳税申报。

业务操作

第一步：打开电子税务局自然人税收管理系统扣缴客户端，添加采集人员信息。单击【人员信息采集】，通过导入或添加采集人员信息，单击【保存】，如图 6-2 和图 6-3 所示。

图 6 - 2　通过导入或添加采集人员信息

图 6 - 3　保存人员信息

第二步：人员信息报送。单击【报送】,将人员信息报送给税务局,如图 6 - 4 所示。

图 6 - 4　报送人员信息

　　第三步：专项附加扣除信息采集。单击【专项附加扣除信息采集】，通过导入或添加采集人员信息，分别填入配偶、3 岁以下婴幼儿照护、子女教育、继续教育、赡养老人、住房贷款、住房租金信息，单击【保存】。具体操作如图 6-5 至图 6-7 所示。

图 6-5　专项附加扣除信息采集

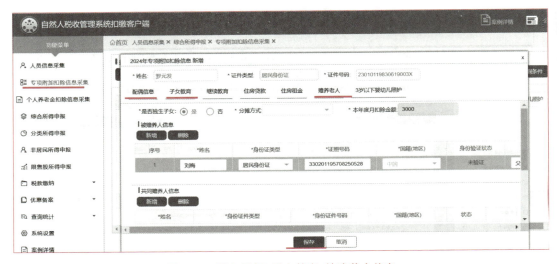

图 6-6　添加配偶、子女教育、被赡养人信息

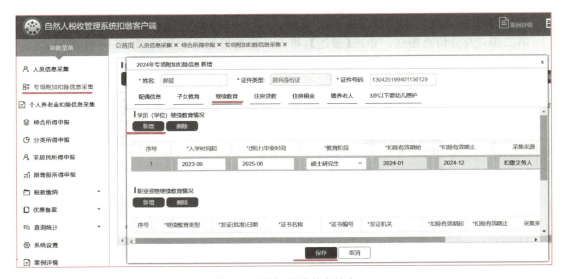

图 6-7　添加继续教育信息

第四步：专项附加扣除信息报送。单击【报送】，将专项附加扣除信息报送给税务局，如图 6-8 所示。

图 6-8　报送专项附加扣除信息

第五步：填写综合所得正常工资薪金所得申报表，单击【综合所得申报】和【正常工资薪金所得】，导入或添加工资薪金信息，如图 6-9 和图 6-10 所示。

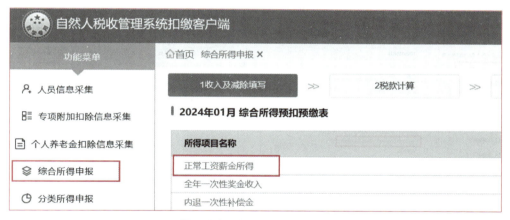

图 6-9　填写综合所得正常工资薪金所得申报表

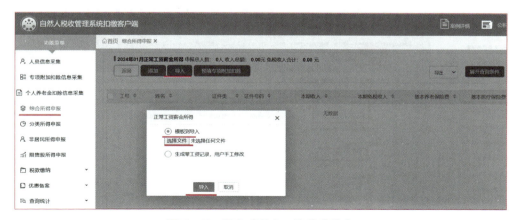

图 6-10　添加或导入工资薪金信息

第六步：保存或提交人员工资薪金，单击【保存】或【提交数据】，如图 6 - 11 所示。

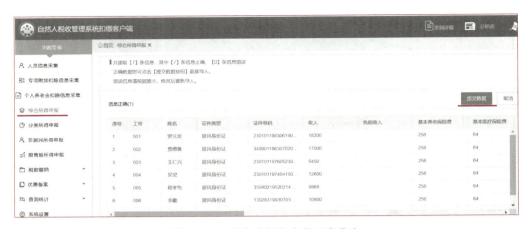

图 6 - 11　保存或提交人员工资薪金

第七步：填写劳务报酬代扣代缴申报表。单击【劳务报酬（一般劳务、其他非连续劳务）】，通过导入或添加，保存劳务报酬人员信息及数据，如图 6 - 12 和图 6 - 13 所示。

图 6 - 12　填写劳务报酬代扣代缴申报表

图 6 - 13　保存劳务报酬人员信息及数据

第八步：报送综合所得申报表。单击【发送申报】，将综合所得申报表报送给税务局，如图 6-14 所示。

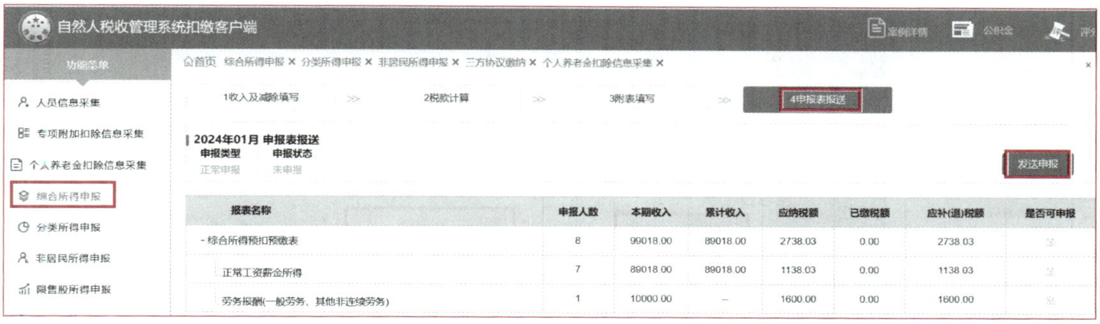

图 6-14 报送综合所得申报表

第九步：获取税务局综合所得申报表反馈。单击【获取反馈】，综合所得申报表获取税务局反馈，如图 6-15 所示。

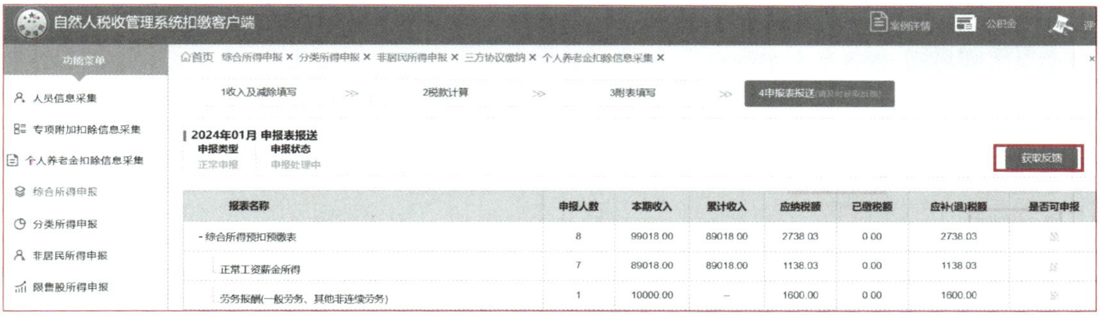

图 6-15 获取税务局综合所得申报表反馈

第十步：填写分类所得中的偶然所得代扣代缴申报表。单击【分类所得申报】【偶然所得】，添加、保存偶然所得、捐赠信息及数据，如图 6-16 和图 6-17 所示。

图 6-16 填写分类所得申报中的【偶然所得】

6

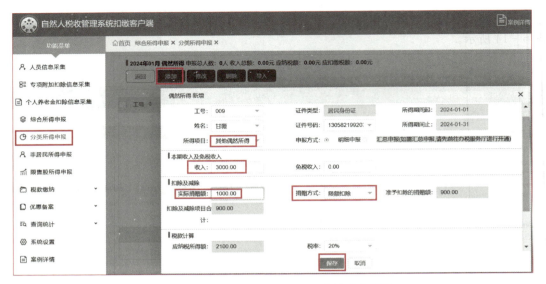

图 6-17　添加、保存人员偶然所得信息及数据

第十一步：填写【利息股息红利所得】代扣代缴申报表。单击【利息股息红利所得】，添加、保存利息股息红利所得信息及数据，如图 6-18 和图 6-19 所示。

图 6-18　填写分类所得申报中的【利息股息红利所得】

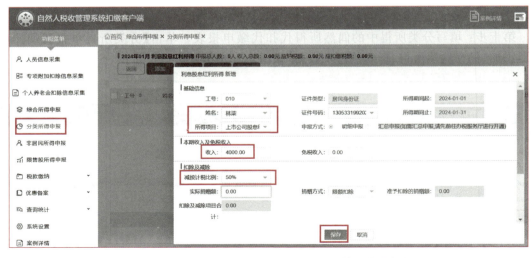

图 6-19　添加、保存人员利息股息红利所得信息及数据

　　第十二步：填写分类所得准予扣除的捐赠附表。单击【准予扣除的捐赠附表】,填写待完善的具体捐赠信息并保存,如图 6-20 至图 6-22 所示。

图 6-20　选择分类所得申报

图 6-21　填写个人信息

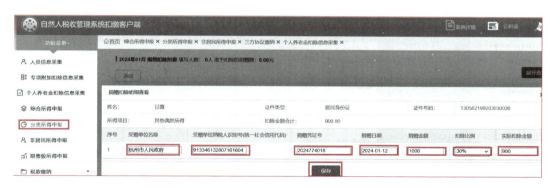

图 6-22　填写分类所得准予扣除的捐赠附表

　　第十三步：报送分类所得申报表。单击【发送申报】,将分类所得申报表报送给税务局,如图 6-23 所示。

图 6-23　报送分类所得申报表

第十四步：获取税务局综合所得申报表反馈。单击【获取反馈】，在综合所得申报表获取税务局反馈，如图 6－24 所示。

图 6－24　获取税务局分类所得申报表反馈

第十五步：确认需缴纳的税款。单击【税款缴纳】【立即缴款】【确认扣款】，如图 6－25 和 6－26 所示。

图 6－25　确认需缴纳的税款

图 6－26　缴纳税款

第十六步：实训评分。单击右上角【评分】，查看案例得分，如图 6 – 27 和 6 – 28 所示。

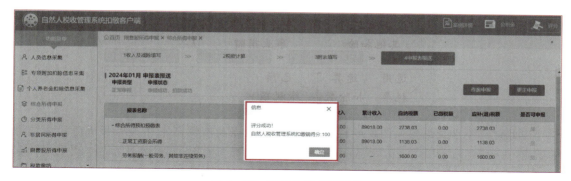

图 6 – 27 案例申报实训得分

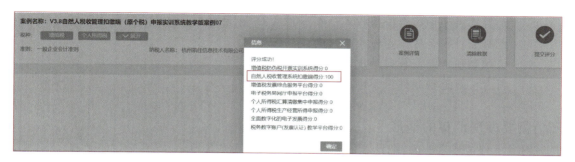

图 6 – 28 案例评分明细

6

任务二 综合所得年度汇算清缴

知识准备

一、汇算的主要内容

《中华人民共和国个人所得税法》规定，年度终了后，居民个人（以下称纳税人）需要汇总上一年 1 月 1 日至 12 月 31 日取得的工资薪金、劳务报酬、稿酬、特许权使用费等四项综合所得的收入额，减除费用 6 万元以及专项扣除、专项附加扣除、依法确定的其他扣除和符合条件的公益慈善事业捐赠后，按适用综合所得个人所得税税率并减去速算扣除数，计算最终应纳税额，再减去上年已预缴税额，得出应退或应补税额，向税务机关申报并办理退税或补税。具体计算公式如下：

实训业务流程

$$\text{应退或应补税额} = \left[\left(\text{综合所得收入额} - 60\,000\,\text{元} - \text{"三险一金"等专项扣除} - \text{子女教育等专项附加扣除} \right.\right.$$
$$\left.\left. - \text{依法确定的其他扣除} - \text{符合条件的公益慈善事业捐赠} \right) \times \text{适用税率} - \text{速算扣除数} \right] - \text{已预缴税额}$$

由此计算不涉及纳税人的财产租赁等分类所得,以及按规定不并入综合所得计算纳税的所得。

二、无需办理汇算的情形

纳税人在上年已依法预缴个人所得税且符合下列情形之一的,无需办理汇算:

(1)汇算需补税但综合所得收入全年不超过 12 万元的。

(2)汇算需补税金额不超过 400 元的。

(3)已预缴税额与汇算应纳税额一致的。

(4)符合汇算退税条件但不申请退税的。

三、需要办理汇算的情形

符合下列情形之一的,纳税人须办理汇算:

(1)已预缴税额大于汇算应纳税额且申请退税的。

(2)上年取得的综合所得收入超过 12 万元且汇算需要补税金额超过 400 元的。

因适用所得项目错误或者扣缴义务人未依法履行扣缴义务,造成上年少申报或者未申报综合所得的,纳税人应当依法据实办理汇算。

岗位说明

税务专员岗,主要负责:个人所得税综合所得汇算清缴。

业务资料

(一)企业基本资料

纳税人名称:杭州百味餐饮有限公司

统一社会信用代码:913230577108564988

公司成立时间:2014 年 8 月 1 日

法人代表名称:王涛

开户银行及账号:中国工商银行解放路支行 1202045680436368999

生产经营范围:快餐服务(依法须经批准的项目,经相关部门批准后方可开展经营活动)。

表 6-5　杭州百味餐饮有限公司员工基础信息表

工号	姓名	性别	身份证号	联系电话	任职日期	任职受雇从业类型	国籍（地区）
001	王涛	男	330102198603075214	13804308811	2018-04-07	雇员	中国
002	曹青	女	110101198707076046	15035066988	2019-09-22	雇员	中国
003	邹婷	女	320102199008042744	15529858920	2017-08-04	雇员	中国
004	周亚	男	140105199403072455	19988643264	2018-03-07	雇员	中国
005	刘明	男	330102196008061932	18272926342	2015-09-06	雇员	中国
006	张晓	男	110101198503078496	17335186043	2016-03-07	雇员	中国
007	韩梦	女	350102199108068760	18987562244	2018-09-06	雇员	中国

（二）业务资料

资料：

（1）居民纳税人王涛，2023 年 1—12 月每月取得工资薪金收入 13 500.00 元，每月个人缴付基本养老保险 680.00 元，基本医疗保险 233.00 元，失业保险 68.00 元；住房公积金 900.00 元。已婚，与妻子育有一女，女儿在读高二，其妻子是一名家庭主妇。2023 年 6 月，王涛的父亲刚过 61 岁生日，其母亲 2023 年 12 月刚过 60 岁生日。王涛是家中的独生子。专项附加扣除每月均有扣除。全年累计预扣预缴个人所得税 582.84 元。假设无其他项目综合所得收入。

（2）居民纳税人刘明于 2023 年 8 月月底退休，退休前每月工资收入 22 000.00 元，每月个人缴付基本养老保险 800.00 元，基本医疗保险 200.00 元，失业保险 50.00 元，住房公积金 950.00 元，退休后领取基本养老金。假设没有专项附加扣除，1—8 月已预缴个税 9 480.00 元；后 4 个月基本养老金按规定免征个税。假设无其他项目综合所得收入。

（3）居民纳税人曹青，2023 年 1—12 月每月取得工资薪金收入 13 000.00 元，每月个人缴付基本养老保险 760.00 元，基本医疗保险 230.00 元，失业保险 45.00 元；住房公积金 1 000.00 元。已婚，2020 年 3 月通过办理"公积金＋商业银行贷款"的组合贷购买了首套住房，还款期限为 20 年，从 2020 年 4 月起等本息还贷 15 000 元/月，选择由曹青一人全额扣除。2023 年 4 月曹青取得美国认证协会颁发的 SIFM 证书。专项附加扣除每月均有扣除。全年累计预扣预缴个人所得税 3 438.00 元。2023 年 6 月曹青利用业余时间为红谷实业公司提供业务咨询服务，取得收入 6 000 元，预扣预缴个人所得税 960 元。

（4）居民纳税人邹婷，2023 年 1—11 月每月取得工资薪金收入 7 500.00 元，12 月取得工资薪金收入 10 000.00 元，每月个人缴付基本养老保险 680.00 元，基本医疗保险 260.00 元，失业保险 46.00 元，住房公积金 850.00 元。已婚，有一个正在读小学的儿子，子女教育符合法定扣除规定,选择由邹婷一人全额扣除。专项附加扣除预扣预缴时没有扣除。全年累计预扣预缴个人所得税 314.04 元。2023 年 6 月 1 日,邹婷通过中国教育发展基金会(社会信用代码 310Y15907980289)向教育事业捐赠现金 20 万元,凭证号 1300030510,受赠单位所在省市为浙江省杭州市。预扣预缴时没有扣除。假设无其他项目综合所得收入。

(5) 居民纳税人周亚,2023 年 1—12 月每月取得工资薪金收入 12 000.00 元,每月个人缴付基本养老保险 660.00 元,基本医疗保险 240.00 元,失业保险 66.00 元,住房公积金 800.00 元。单身一人在杭州工作,租房居住,住房租金符合法定扣除条件。2022 年考取了浙江大学成人本科,2022 年 9 月入学,将于 2025 年 7 月毕业,专项附加扣除预扣预缴时没有扣除。全年累计预扣预缴个人所得税 3 760.80 元。另外,2023 年 8 月取得稿酬 20 000.00 元,预扣预缴个人所得税 2 240.00 元。

(6) 居民纳税人张晓,2023 年 1—12 月每月取得工资薪金收入 14 000.00 元,每月个人缴付基本养老保险 730.00 元,基本医疗保险 420.00 元,失业保险 86.00 元,住房公积金 700.00 元。张晓是家中独子,需赡养 68 岁父亲及 65 岁母亲,赡养老人符合法定扣除规定。专项附加扣除每月均有扣除。2022 年 12 月,张晓从中国太平洋保险公司购买了商业健康保险,全年保险费为 3 600.00 元,税务识别码 202200100003328201,保险期间为 2023 年 1 月 1 日至 12 月 31 日。商业健康保险预扣预缴时没有扣除,全年累计预扣预缴个人所得税 2 356.80 元 。假设无其他项目综合所得收入。

(7) 居民纳税人韩梦是一名残疾人,符合税法规定的减征条件。2023 年 1—12 月每月取得工资薪金收入 12 000.00 元,每月个人缴付基本养老保险 780.00 元,基本医疗保险 320.00 元,失业保险 65.00 元,住房公积金 1 000.00 元,每月专项附加扣除 4 000.00 元(赡养老人扣除 3 000.00 元,子女教育扣除 1 000.00 元),专项附加扣除预扣预缴时没有扣除。累计预扣预缴个人所得税 3 282.00 元。

韩梦所在省份残疾人减征个人所得税优惠政策规定,残疾人每人每年最多可减征应纳税额 6 000 元;年度汇算无其他可扣除项目。

(三) 任务描述

2024 年 4 月 20 日,经与公司员工进行书面委托确认,杭州百味餐饮有限公司财务人员邹婷为公司员工进行 2023 年个人所得税综合所得年度汇算清缴。

业务操作

第一步:计算员工个所税综合所得汇算清缴应纳税额。

(1) 王涛综合所得汇算清缴应纳税额
$$= (162\ 000 - 60\ 000 - 22\ 572 - 60\ 000) \times 3\% = 582.84(元)$$

(2) 曹青综合所得汇算清缴应纳税额
$$= (156\ 000 + 6\ 000 - 12\ 00 - 60\ 000 - 24\ 420 - 12\ 000) \times 10\% - 2\ 520 - 4\ 398 = -480(元)$$

(3) 邹婷综合所得汇算清缴应纳税额
$$= (92\ 500 - 60\ 000 - 22\ 032 - 24\ 000 - 200\ 000) \times 0\% - 314.04 = -314.04(元)$$

(4) 周亚综合所得汇算清缴应纳税额
$$= (144\ 000 + 20\ 000 - 4\ 000 - 4\ 800 - 60\ 000 - 21\ 192 - 22\ 800) \times 10\% - 2\ 520 - 6\ 000.8 =$$

−3 400（元）

（5）刘明综合所得汇算清缴应纳税额

＝（176 000−60 000−16 000）×10％−2 520−9 480＝−2 000（元）

（6）张晓综合所得汇算清缴应纳税额

＝（168 000−60 000−23 232−36 000−2 400）×10％−2 520−2 356.8＝−240（元）

（7）韩梦综合所得汇算清缴应纳税额

＝（144 000−60 000−25 980−48 000）×3％−300.6−3 282＝−3 282（元）

第二步：填写王涛综合所得汇算清缴信息。选择【2023年综合所得汇算清缴申报】，填写工资、薪金与减除费用、已缴税额专项扣除和专项附加扣除，如图6-29至图6-32所示。

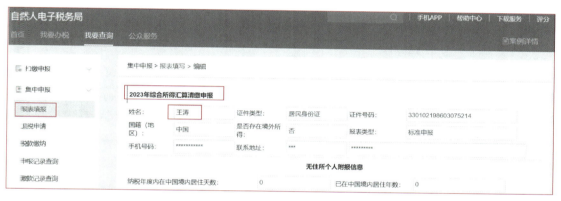

图6-29　选择【2023年综合所得汇算清缴申报表】

综合所得个人所得税计算

项目	行次	金额	操作
一、收入合计（1=2+3+4+5）	1	162000	
（一）工资、薪金	2	162000	
（二）劳务报酬	3	0	
（三）稿酬	4	0	
（四）特许权使用费	5	0	
二、费用合计 [6=(3+4+5)×20%]	6	0	
三、免税收入合计（7=8+9）	7	0	
（一）稿酬所得免税部分[8=4×(1−20%)×30%]	8	0	
（二）其他免税收入	9	0	编辑
四、减除费用	10	60000	

图6-30　填写工资、薪金与减除费用

五、专项扣除合计（11=12+13+14+15）	11	22572
（一）基本养老保险费	12	8160
（二）基本医疗保险费	13	2796
（三）失业保险费	14	816
（四）住房公积金	15	10800
六、专项附加扣除合计（16=17+18+19+20+21+22）	16	60000
（一）子女教育	17	24000
（二）继续教育	18	0
（三）大病医疗	19	0
（四）住房贷款利息	20	0
（五）住房租金	21	0
（六）赡养老人	22	36000

图 6 - 31　填写专项扣除和专项附加扣除

一、全年一次性奖金收入	34	0	
二、准予扣除的捐赠额	35	0	
三、税率（%）	36	0	
四、速算扣除数	37	0	
五、应纳税额[38=（34-35）×36-37]	38	0	
应补（退）税款计算			
一、应纳税额合计（39=33+38）	39	582.84	
二、减免税额	40	0	编辑
三、已缴税额	41	582.84	
四、应补退税额（42=39-40-41）	42	0	
是否享受免申报（收入不超过12万元且需要补税的，或补税金额不超过400元的才需填写本部分）			
□享受（符合政策条件的，可以不用补税）		□不享受（符合政策条件的，可以不用补税）	

取消　保存

图 6 - 32　填写已缴税额

　　第三步：报送申报表。审核填报信息，如果准确无误，则单击【报送】按钮，然后获取反馈，完成分类所得申报，若有错误可通过【更正申报】进行处理，若已获取反馈则需进行申报作废操作，如图 6-33 和图 6-34 所示。

图 6-33　填表报送

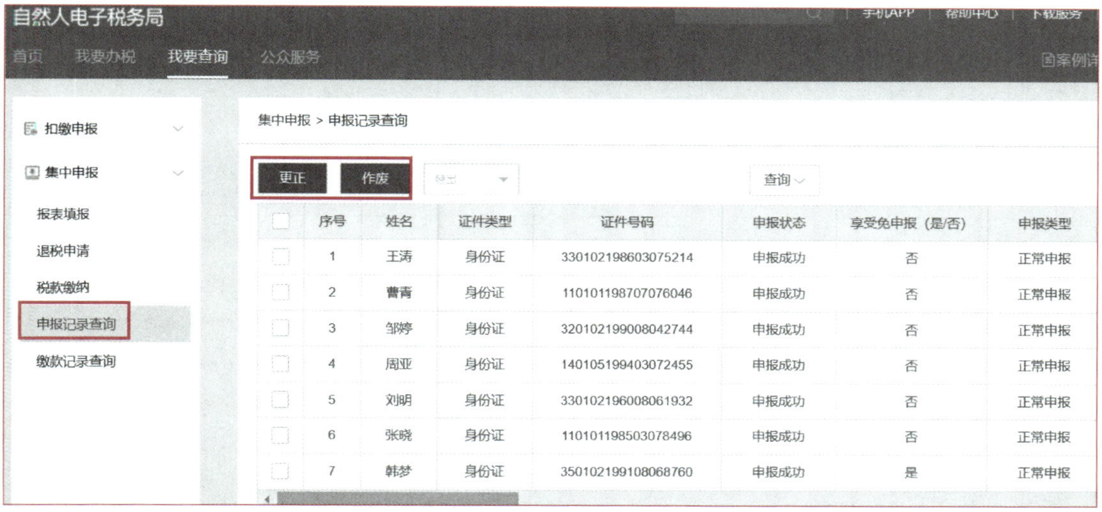

图 6-34　申报记录查询

第四步：退税申请。勾选所需退税申请的人员，单击【申请退税】，若退税状态显示"退税中"，则完成退税申请，如图6-35所示。

图 6-35　申请退税

第五步：税款缴纳。申报成功后，单击【税款缴纳】，勾选所需税款缴纳的人员，单击【立即缴纳】，缴税状态为"缴款成功"则完成缴纳税款，如图6-36所示。

图 6-36　税款缴纳

第六步：实训评分。单击右上角评分，查看申报得分，如图6-37所示。

【填表说明】

(1) 商业健康险、准予扣除的捐赠额、减免税额只能填写附表后带入主表，不可直接在主表中进行填写。

(2) 申报表报送成功后，符合免于申报条件(综合所得收入小于等于12万元或应补税额小于等于400元)的纳税人，无须缴款，申报流程完成。

（3）应补（退）税额为负数的，在申报表填写时必须完整填写纳税人本人的银行账户信息。申报表报送成功后，可以为该类纳税人集中办理退税申请。

【注意事项】

《个人所得税法》第四条第七款规定，按照国家统一规定发给干部、职工的安家费、退职费、基本养老金或者退休费、离休费、离休生活补助费免征个人所得税。

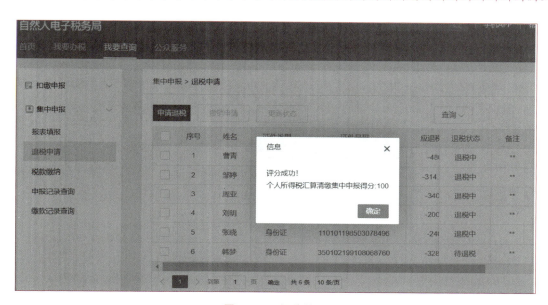

图 6 - 37　评分结果

任务三　经营所得纳税计缴与申报

⚓ 知识准备

一、经营所得人所得税适用税率表（表 6 - 6）

表 6 - 6　经营所得个人所得税适用税率表

级　数	全年应纳税所得额	税率（%）	速算扣除数（元）
1	不超过 30 000 元的	5	0
2	超过 30 000 元至 90 000 元的部分	10	1 500

续　表

级　数	全年应纳税所得额	税率(%)	速算扣除数(元)
3	超过 90 000 元至 300 000 元的部分	20	10 500
4	超过 300 000 元至 500 000 元的部分	30	40 500
5	超过 500 000 元的部分	35	65 500

经营所得,以每一纳税年度的收入总额减除成本、费用以及损失后的余额,为应纳税所得额。成本、费用,是指生产、经营活动中发生的各项直接支出和分配计入成本的间接费用以及销售费用、管理费用、财务费用;损失,是指生产、经营活动中发生的固定资产和存货的盘亏、毁损、报废损失,转让财产损失,坏账损失,自然灾害等不可抗力因素造成的损失以及其他损失。

取得经营所得的个人,没有综合所得的,计算其每一纳税年度的应纳税所得额时,应当减除费用 6 万元、专项扣除、专项附加扣除以及依法确定的其他扣除。专项附加扣除在办理汇算清缴时减除。计算公式如下:

$$经营所得应纳税额 = \left(\begin{array}{c}全年收入\\总额\end{array} - \begin{array}{c}成本、费用\\以及损失\end{array} - \begin{array}{c}基本减除\\费用\end{array} - \begin{array}{c}专项\\扣除\end{array} - \begin{array}{c}专项附加\\扣除\end{array}\right.$$
$$\left. - \begin{array}{c}其他\\扣除\end{array} - \begin{array}{c}准予扣除的\\捐赠额\end{array}\right) \times \begin{array}{c}适用\\税率\end{array} - \begin{array}{c}速算\\扣除数\end{array}$$

从事生产、经营活动,未提供完整、准确的纳税资料,不能正确计算应纳税所得额的,由主管税务机关核定应纳税所得额或者应纳税额。

二、个体工商户经营所得按规定标准扣除的项目(表 6 - 7)

表 6 - 7　经营所得个人所得税按规定标准扣除的项目汇总

扣　除　项　目		扣　除　标　准
工资薪金	从业人员合理的部分	准予扣除
	业主	不得扣除
工会经费 职工福利费 职工教育经资支出	个体工商户发生	分别在工资薪金总额的 2%、14%、2.5% 的标准内据实扣除
	业主本人发生	以当地(地级市)上年度社会平均工资的 3 倍为计算基数,分别在工资薪金总额的 2%、14%、2.5% 的标准内据实扣除

续 表

扣除项目		扣 除 标 准
五险一金		在规定的范围和标准内的准予扣除
补充养老保险费 补充医疗保险费	为从业人员缴纳	分别在不超过从业人员工资总额5%标准内的部分据实扣除；超过部分，不得扣除
	为业主本人缴纳	以当地（地级市）上年度社会平均工资的3倍为计算基数，分别在不超过该计算基数5%标准内的部分据实扣除；超过部分，不得扣除
财产保险		按照规定缴纳的保险费，准予扣除
商业保险	为特殊工种从业人员支付的人身安全保险费	准予扣除
	财政部、国家税务总局规定可以	
	其他	不得扣除
借款费用	不需要资本化的	准予扣除
	资本化的费用，作为资本性支出计入有关资产的成本	按规定扣除
利息支出	向金融企业借款	准予扣除
	向非金融企业和个人借款	不超过按照金融企业同期同类贷款利率计算的部分准予扣除
汇兑损失	未计入资产成本	准予扣除
	计入资产成本	按规定扣除
业务招待费	与生产经营活动有关的业务招待费，按照实际发生额的60%扣除，但最高不得超过当年销售（营业）收入的5‰	
	业主自申请营业执照之日起至开始生产经营之日止所发生的业务招待费，按照实际发生额的60%计入个体工商户的开办费	
广告业务宣传费	不超过当年销售（营业）收入15%的部分，据实扣除，超过部分，准予在以后纳税年度结转扣除	
租赁费	经营租赁	租赁期内均匀扣除
	融资租赁	折旧分期扣除

6

续　表

扣除项目	扣除标准	
劳动保护支出	合理的部分准予扣除	
开办费	(1) 开始生产经营的当年一次性扣除	
	(2) 自生产经营月份起在不短于 3 年期限内摊销(扣除方式一经选定,不得改变)	
公益事业捐赠	符合规定的捐赠	捐赠额不超过其应纳税所得额 30% 的部分可以据实扣除
	财政部、国家税务总局规定可以全额在税前扣除的捐赠	全额扣除
	直接对受益人的捐赠	不得扣除
研发费用	购置单台价值在 10 万元以下的测试仪器和试验性装置的购置费	准予直接扣除
	单台价值在 10 万元以上(含 10 万元)的测试仪器和试验性装置	按固定资产管理,不得在当期直接扣除
行政性收费等其他费用	按实际发生数额扣除	

三、个体工商户经营所得不得税前扣除项目(表 6 - 8)

表 6 - 8　经营所得个人所得税不得税前扣除项目

序　号	项　　目
1	个人所得税税款
2	税收滞纳金
3	罚金、罚款和被没收财物的损失
4	不符合扣除规定的捐赠支出
5	赞助支出
6	用于个人和家庭的支出(具体区分情况见表 6 - 9)
7	与取得生产经营收入无关的其他支出
8	个体工商户代其从业人员或者他人负担的税款
9	国家税务总局规定不准扣除的支出

【注】"与取得生产经营收入无关的其他支出"指的是除依照国家有关规定为特殊工种从业人员支付的人身安全保险费和财政部、国家税务总局规定可以扣除的其他商业保险费外，业主本人或者为从业人员支付的商业保险费不得扣除，如表6-9所示。

表6-9　个体工商户生产经营与个人、家庭生活扣除情况的区分

项　目	扣　除　情　况
能够分别核算划分清楚	生产费用可据实扣除
混用难以分清	40%视为与生产经营有关费用，准予扣除

四、个体工商户取得经营所得应纳税额的计算（表6-10）

表6-10　个体工商户经营所得应纳税额计算

项目	应纳税所得额
无综合所得	（1）应纳税所得额＝（收入总额－成本、费用－损失）－60 000－专项扣除－专项附加扣除－其他扣除－准予扣除的捐赠额 （2）应纳税额＝应纳税所得额×适用税率－速算扣除数
	专项附加扣除在办理汇算清缴时减除
	从多处取得经营所得的，应汇总计算个人所得税，只减除一次费用和扣除
有综合所得	（1）应纳税所得额＝（收入总额－成本、费用－损失）－准予扣除的捐赠额 （2）应纳税额＝应纳税所得额×适用税率－速算扣除数

五、个体工商户个人所得税优惠

（1）对个体工商户年应纳税所得额不超过200万元的部分，减半征收个人所得税。个体工商户在享受现行其他个人所得税优惠政策的基础上，可叠加享受本条优惠政策。个体工商户不区分征收方式，均可享受。

（2）个体工商户在预缴税款时即可享受，其年应纳税所得额暂按截至本期申报所属期末的情况进行判断，并在年度汇算清缴时按年计算、多退少补。若个体工商户从两处以上取得经营所得，须在办理年度汇总纳税申报时，合并个体工商户经营所得年应纳税所得额，重新计算减免税额，多退少补。

（3）个体工商户按照以下方法计算减免税额：

$$减免税额=\left(经营所得应纳税所得额不超过200万元部分的应纳税额-其他政策减免税额\times\frac{经营所得应纳税所得额不超过200万元部分}{经营所得应纳税所得额}\right)\times50\%$$

（4）个体工商户需将按上述方法计算得出的减免税额填入对应经营所得纳税申报表"减免税额"栏次，并附报《个人所得税减免税事项报告表》。对于通过电子税务局申报的个

体工商户,税务机关将提供该优惠政策减免税额和报告表的预填服务。实行简易申报的定期定额个体工商户,税务机关按照减免后的税额进行税款划缴。

六、个人独资企业和合伙企业经营所得查账征税

(1) 自 2019 年 1 月 1 日起,个人独资企业和合伙企业投资者的生产经营所得依法计征个人所得税时,个人独资企业和合伙企业投资者本人的费用扣除标准统一确定为 60 000 元/年,即 5 000 元/月。投资者的工资不得在税前扣除。

(2) 投资者及其家庭发生的生活费用不允许在税前扣除。投资者及其家庭发生的生活费用与企业生产经营费用混合在一起,并且难以划分的,全部视为投资者个人及其家庭发生的生活费用,不允许在税前扣除(区别于个体工商户)。

(3) 企业向其从业人员实际支付的合理的工资、薪金支出,允许在税前据实扣除。企业拨缴的工会经费、发生的职工福利费、职工教育经费支出分别在工资、薪金总额 2%、14%、2.5% 标准内据实扣除。

(4) 每一纳税年度发生的广告费和业务宣传费用不超过当年销售(营业)收入 15% 的部分,可据实扣除;超过部分,准予在以后纳税年度结转扣除。

每一纳税年度发生的与其生产经营业务直接相关的业务招待费支出,按照发生额的 60% 扣除,但最高不得超过当年销售(营业)收入的 5‰。

(5) 企业计提的各种准备金不得扣除。

(6) 投资者兴办两个或两个以上企业的,根据前述规定准予扣除的个人费用,由投资者选择在其中一个企业的生产经营所得中扣除。

(7) 企业的年度亏损,允许用本企业下一年度的生产经营所得弥补,下一年度所得不足弥补的,允许逐年延续弥补,但最长不得超过 5 年。

(8) 其他相关规定同个体工商户。

业　务　一

岗位说明

税务专员岗,主要负责经营所得的预缴。

实训资料

(一) 企业基本资料

纳税人名称:聚香园饭店(个体工商户)

统一社会信用代码:52310246871212699J

成立时间:2018 年 8 月 1 日

经营者:王亮

开户银行及账号:杭州银行中山路支行 3301033426227789

地址及电话:杭州市上城区中山路 68 号 0571－85341362

适用的会计准则：小企业会计准则

企业主要经营范围：快餐服务（依法须经批准的项目，经相关部门批准后方可开展经营活动）

出资比例：王亮出资比例 100%

税务核定信息：聚香园饭店为查账征收，个人所得税征收方式为据实预缴，收入、费用等资料健全。纳税期限为月度申报。

（二）业务资料

资料 1：聚香园饭店人员信息（表 6-11）。

表 6-11　聚香园饭店人员信息表

工号	姓名	性别	身份证号	联系电话	任职日期	国籍
1	王亮	男	33010219880608097X	13767896782	2018-08-01	中国

资料 2：聚香园饭店 2024 年 1—2 月利润表（表 6-12）。

表 6-12　聚香园饭店 2024 年 1—2 月利润表

利　润　表

核算单位：聚香园饭店　　　　　　　　2024 年 02 月

会小企 02 表

单位：元

项　　目	行次	本年累计金额	本月金额
一、营业收入	1	1 503 000.00	1 235 000.00
减：营业成本	2	780 000.00	580 000.00
税金及附加	3	8 788.00	6 866.00
其中：消费税	4	0.00	0.00
营业税	5	0.00	0.00
城市维护建设税	6	0.00	0.00
资源税	7	0.00	0.00
土地增值税	8	0.00	0.00
城镇土地使用税、房产税、车船税、印花税	9	0.00	0.00
教育费附加、矿产资源补偿费、排污费	10	0.00	0.00
销售费用	11	0.00	0.00
其中：商品维修费	12	0.00	0.00
广告费和业务宣传费	13	0.00	0.00
管理费用	14	260 000.00	140 000.00
其中：开办费	15	0.00	0.00
业务招待费	16	0.00	0.00

6

续　表

项　　　目	行次	本年累计金额	本月金额
研究费用	17	0.00	0.00
财务费用	18	0.00	0.00
其中：利息费用（收入以"－"号填列）	19	0.00	0.00
加：投资收益（损失以"－"号填列）	20	0.00	0.00
二、营业利润（亏损以"－"号填列）	21	454 212.00	508 134.00
加：营业外收入	22	0.00	0.00
其中：政府补助	23	0.00	0.00
减：营业外支出	24	0.00	0.00
其中：坏账损失	25	0.00	0.00
无法收回的长期债券投资损失	26	0.00	0.00
无法收回的长期股权投资损失	27	0.00	0.00
自然灾害等不可抗力因素造成的损失	28	0.00	0.00
税收滞纳金	29	0.00	0.00
三、利润总额（亏损总额以"－"号填列）	30	454 212.00	508 134.00

资料 3：

（1）2018 年 8 月，王亮领取聚香园饭店（个体工商户）营业执照。

（2）2020 年 6 月，王亮购买了首套房，办理了为期 25 年的住房公积金首套房贷款，正在还款中。王亮 2023 年尚未结婚。

（3）2023 年 8 月，父母刚年满 57 岁。

（4）2024 年王亮每月按国家规定的标准缴纳"三险一金"2 000.00 元（其中养老保险800.00 元，医疗保险 300.00 元，失业保险 100.00 元，公积金 800.00 元），另外上述管理费用中不包含王亮工资及其社保公积金，王亮 2024 年收入均来源于聚香园饭店个体经营，无其他所得；2024 年 1 月已预缴税款为 0 元。

（三）任务描述

请根据资料进行税款所属期为 2024 年 2 月的个人所得税经营所得预缴纳税申报。

业务操作

一、个体工商户经营所得预缴个人所得税计算

$$\begin{aligned}经营所得应纳税额 = &\Big(全年收入总额 - 成本、费用以及损失 - 基本减除费用 - 专项扣除 - 专项附加扣除\\ &- 其他扣除 - 准予扣除的捐赠额\Big) \times 适用税率 - 速算扣除数\end{aligned}$$

专项附加扣除在办理经营所得汇算清缴时减除。

王亮应纳税额 $= (1\,503\,000 - 1\,048\,788 - 10\,000 - 4\,000) \times 30\% - 40\,500$

$$= 440\,212 \times 30\% - 40\,500$$

$$= 91\,563.6(元)$$

其中：1 503 000.00 元为收入总额；1 048 788.00 元为成本费用总额；10 000.00 元为投资者基本减除费用（5 000×2）；4 000.00 元为王亮"三险一金"金额（2 000×2）。

$$
\begin{aligned}
王亮个体工商户\\
减免税额
\end{aligned}
= \left(\begin{aligned} &个体工商户经营所得应纳税所得额 \\ &不超过200万元部分的应纳税额 \end{aligned} - \begin{aligned} &其他政策 \\ &减免税额 \end{aligned} \right.
$$

$$
\left. \times \frac{\begin{aligned} &个体工商户经营所得应纳税 \\ &所得额不超过200万元部分 \end{aligned}}{\begin{aligned} &经营所得应 \\ &纳税所得额 \end{aligned}} \right) \times (1 - 50\%)
$$

$$= 91\,563.6 \times (1 - 50\%) = 45\,781.8\ 元$$

$$
\begin{aligned}
王亮应补\\
（退）税额
\end{aligned}
= \begin{aligned} 应纳 \\ 税额 \end{aligned} - \begin{aligned} 减免 \\ 税额 \end{aligned} - \begin{aligned} 已缴 \\ 税额 \end{aligned} = 91\,563.6 - 45\,781.8 = 45\,781.8(元)
$$

二、个体工商户经营所得预缴个人所得税填报

第一步：选择申报年度。登录系统后依次单击【我要办税】【经营所得（A 表）】【申报年度】，如图 6 - 38 和图 6 - 39 所示。

图 6 - 38　选择【经营所得（A 表）】

图 6 - 39　选择申报年度

第二步：填写被投资单位信息。根据案例详情，填写被投资单位的社会信用代码，税款所属期等信息，如图 6-40 和图 6-41 所示。

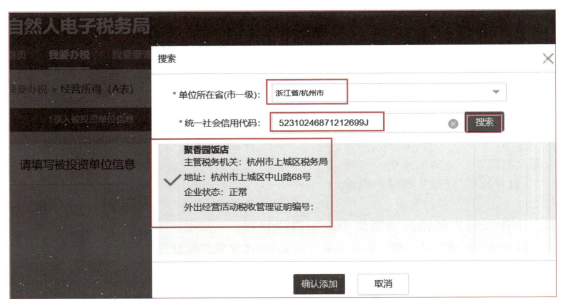

图 6-40 填写被投资单位信用代码

图 6-41 填写税款所属期

第三步：录入收入成本等相关信息。录入 2024 年利润表相关的收入、成本费用、基本减除费用、专项扣除、其他扣除、捐赠等信息，如图 6-42 和图 6-43 所示。

第四步：录入减免事项，如图 6-44 和图 6-45 所示。

请填写计税信息

* 收入总额:	1503000	元
* 成本费用:	1048788	元
弥补以前年度亏损:	请输入弥补以前年度亏损	元

ⓘ 税法规定: 如您有综合所得收入时, 仅可在综合所得申报中扣除"投资者减除费用、专项扣除、其他"。请您选择是否有综合所得申报。

* 是否有综合所得申报:　○ 有　⦿ 没有

图 6 - 42　录入收入、成本

专项扣除

基本养老保险:	1600	元
基本医疗保险:	600	元
失业保险:	200	元
住房公积金:	1600	元

依法确定的其他扣除

其它:　0.00　元

准予扣除的个人捐赠支出

图 6 - 43　录入专项扣除等

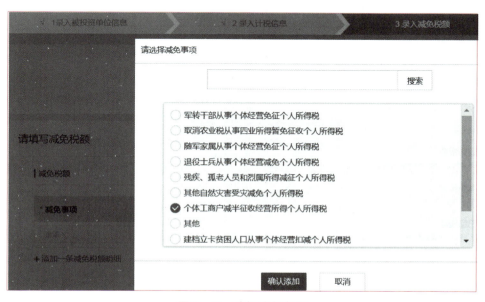

图 6 - 44　选择减免事项

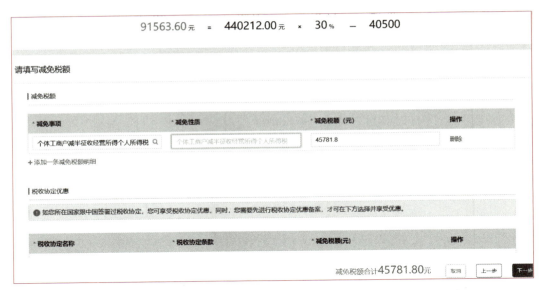

图 6 - 45　录入减免税额

第五步：确认申报信息，确认无误后单击【提交】按钮，如图 6 - 46 所示。

图 6 - 46　确认申报信息

第六步：查询申报表，如图 6-47 所示。报表申报成功后，可以单击【我要查询】中"申报查询（更正/作废申报）"，如有错误可以进行更正。

图 6-47 查询申报表

第七步：单击税款缴纳，如图 6-48 所示。

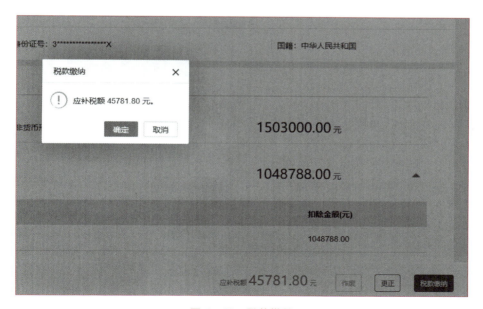

图 6-48 税款缴纳

第八步：实训系统评分，如图 6 - 49 所示。

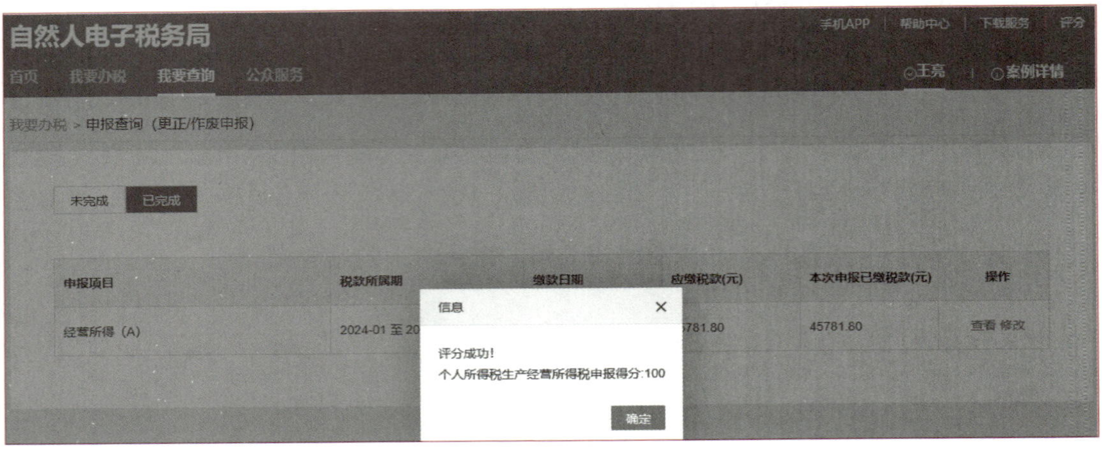

图 6 - 49　实训评分

业　务　二

岗位说明

税务专员岗，主要负责经营所得的汇算清缴。

实训资料

一、企业基本资料

纳税人名称：力洁洗车行（个人独资企业）

统一社会信用代码：91130430MA092L1245

成立时间：2019 年 12 月 12 日

投资人：王勇

注册资本：100 000 元

开户银行及账号：中国工商银行半山支行 1202101116804026218

地址及电话：杭州市滨江区南环路 1375 号 0571 - 80197742

适用的会计准则：小企业会计准则

企业主要经营范围：普通洗车；精细洗车；普通打蜡；深度打蜡；封釉；镀膜。

税务核定信息：力洁洗车行为查账征收方式，个人所得税征收方式为据实预缴，收入、费用等资料健全。申报期限为按季申报。核算方式为年度整体核算。

二、业务二资料（1）

税款所属期为 2024 年第二季度，2024 年第一季度已预缴个税 0 元。

资料 1：力洁洗车行人员相关信息（表 6 - 13）。

表 6-13 力洁洗车行人员信息表

工号	姓 名	性 别	身 份 证 号	联系电话	任职日期
1	王 勇	男	1101011990030780S6	18976591345	2019-12-12

资料 2：力洁洗车行利润表（表 6-14）。

表 6-14 力洁洗车行利润表

编制单位：力洁洗车行　　　　　　　　　2024 年 6 月　　　　　　　会小企 02 表
　　　　　　　　　　　　　　　　　　　　　　　　　　　　　　　　　单位：元

项 目	行次	本年累计金额	本月发生额
一、营业收入	1	1 352 598.00	112 716.50
减：营业成本	2	270 519.60	22 543.30
税金及附加	3	87 918.87	7 326.57
其中：消费税	4	0.00	0.00
营业税	5	0.00	0.00
城市维护建设税	6	0.00	0.00
资源税	7	0.00	0.00
土地增值税	8	0.00	0.00
城镇土地使用税、房产税、车船税、印花税	9	0.00	0.00
教育费附加、矿产资源补偿费、排污费	10	0.00	0.00
销售费用	11	297 571.56	24 797.63
其中：商品维修费	12	0.00	0.00
广告费和业务宣传费	13	0.00	0.00
管理费用	14	338 149.50	28 179.13
其中：开办费	15	0.00	0.00
业务招待费	16	0.00	0.00
研究费用	17	0.00	0.00
财务费用	18	27 051.96	2 254.33
其中：利息费用（收入以"－"号填列）	19	0.00	0.00
加：投资收益（损失以"－"号填列）	20	0.00	0.00

6

项 目	行次	本年累计金额	本月发生额
二、营业利润(亏损以"-"号填列)	21	331 386.51	27 615.54
加:营业外收入	22	100 000.00	12 500.00
其中:政府补助	23	0.00	0.00
减:营业外支出	24	0.00	0.00
其中:坏账损失	25	0.00	0.00
无法收回的长期债券投资损失	26	0.00	0.00
无法收回的长期股权投资损失	27	0.00	0.00
自然灾害等不可抗力因素造成的损失	28	0.00	0.00
税收滞纳金	29	0.00	0.00
三、利润总额(亏损总额以"-"号填列)	30	431 386.51	40 115.54

资料 3:王勇相关信息。

(1) 王勇,独生子女,已婚,儿子 3 周岁正在就读江南幼儿园,2022 年 8 月父母刚满 61 周岁,2021 年 6 月王勇与爱人于丽娜贷款购买了位于杭州市滨江区的首套住宅,目前正在还款中,子女教育和住房贷款利息均由王勇一人扣除。

(2) 王勇无综合所得,每月按照国家规定缴纳基本养老保险 1 000.00 元,失业保险 100.00 元,基本医疗保险 200.00 元,住房公积金 2 000.00 元,合计 3 300.00 元。

(3) 2024 年 5 月 20 日王勇以企业资金通过山东省济南市公益事业基金会(纳税人识别号:913322086043000120)向公益性青少年活动场所捐赠现金 10 000.00 元,捐赠证书号 411000293467。

三、业务二资料(2)

假设 2023 年内已预缴税款 0 元,2024 年 3 月 31 日,力洁洗车行财务人员为出资人进行 2023 年个人所得税经营所得年度汇算清缴。

资料 1:力洁洗车行人员信息(表 6-15)。

表 6-15 力洁洗车行人员信息表

工 号	姓 名	性 别	身份证号	联系电话	任职日期
1	王 勇	男	110101199003078056	18976591345	2019-12-12

资料 2:2023 年度力洁洗车行利润表(表 6-16)。

表 6－16 力洁洗车行利润表

编制单位：力洁洗车行 2023 年 12 月   会小企 02 表   单位：元

项　　目	行次	本年累计金额	本月发生额
一、营业收入	1	1 680 000.00	963 376.67
减：营业成本	2	630 000.00	192 675.33
税金及附加	3	70 000.00	2 619.48
其中：消费税	4	0.00	0.00
营业税	5	0.00	0.00
城市维护建设税	6	0.00	0.00
资源税	7	0.00	0.00
土地增值税	8	0.00	0.00
城镇土地使用税、房产税、车船税、印花税	9	0.00	0.00
教育费附加、矿产资源补偿费、排污费	10	0.00	0.00
销售费用	11	310 000.00	211 942.87
其中：商品维修费	12	0.00	0.00
广告费和业务宣传费	13	0.00	0.00
管理费用	14	150 000.00	20 000.00
其中：开办费	15	0.00	0.00
业务招待费	16	0.00	0.00
研究费用	17	0.00	0.00
财务费用	18	20 000.00	2 500.00
其中：利息费用（收入以"－"号填列）	19	0.00	0.00
加：投资收益（损失以"－"号填列）	20	50 000.00	0.00
二、营业利润（亏损以"－"号填列）	21	550 000.00	538 638.99
加：营业外收入	22	0.00	0.00
其中：政府补助	23	0.00	0.00
减：营业外支出	24	170 000.00	170 000.00
其中：坏账损失	25	0.00	0.00

6

续　表

项　　目	行次	本年累计金额	本月发生额
无法收回的长期债券投资损失	26	0.00	0.00
无法收回的长期股权投资损失	27	0.00	0.00
自然灾害等不可抗力因素造成的损失	28	0.00	0.00
税收滞纳金	29	0.00	0.00
三、利润总额（亏损总额以"－"号填列）	30	380 000.00	368 638.99

资料 3：王勇其他相关信息。

（1）2023 年王勇的收入主要源于洗车行收入，全年共发放王勇个人工资 300 000.00 元。无综合所得。

（2）2022 年发生亏损 60 000.00 元。

（3）以下费用均在利润总额已经列支，具体明细如下：

❶ 2023 年 12 月 20 日，王勇以企业资金通过山东省济南市公益事业基金会（纳税人识别号：913322086043000120）向公益性青少年活动场所捐赠现金 100 000.00 元，捐赠证书号 311000292822。

❷ 通过非金融机构取得 300 000.00 元拆借资金，全年利息支出 20 000.00 元，银行同期同类型贷款利率 5.1%。

❸ 向萧山图书馆赞助支出 50 000.00 元。

❹ 因处理污水不规范被环保局处罚 20 000.00 元。

❺ 投资人王勇缴纳工会经费 4 000.00 元，发生职工教育经费 10 000.00 元，职工福利费 30 000.00 元。

（4）以下费用均在利润总额已经列支，具体明细如下：发生业务招待费 86 000.00 元；公交车投放广告费 300 000.00 元；儿子兴趣班费用 24 400.00 元。

（5）2022 年全市月平均工资为 5 600.00 元。

（6）2023 年王勇取得国债利息收入 50 000.00 元，已经计入投资收益。

▤ 业务操作

一、个人独资企业经营所得个人所得税计算与预缴

（一）经营所得预缴个人所得税计算

王勇应纳税额＝（1 452 598－1 021 211.49－30 000－19 800－10 000）×30%－40 500

＝70 975.95（元）

注：❶ 30 000.00 元为投资者减除费用；19 800.00 元为王勇"三险一金"金额（3 300.00 元／月×6）；企事业单位、社会团体和个人等社会力量，通过非营利性的社会团体和国家机关对公益性青少年活动场所（其中包括新建）的捐赠，税前准予全额扣除。该案例 10 000.00

元为准予扣除的捐赠额。

（二）个人独资企业经营所得预缴个人所得税填报

第一步：选择申报年度。登录系统后依次单击【我要办税】【经营所得（A 表）】【申报年度】，如图 6-50 所示。

图 6-50　选择申报年度

第二步：填写被投资单位信息。根据案例详情，填写被投资单位的社会信用代码，税款所属期等信息，如图 6-51 所示。

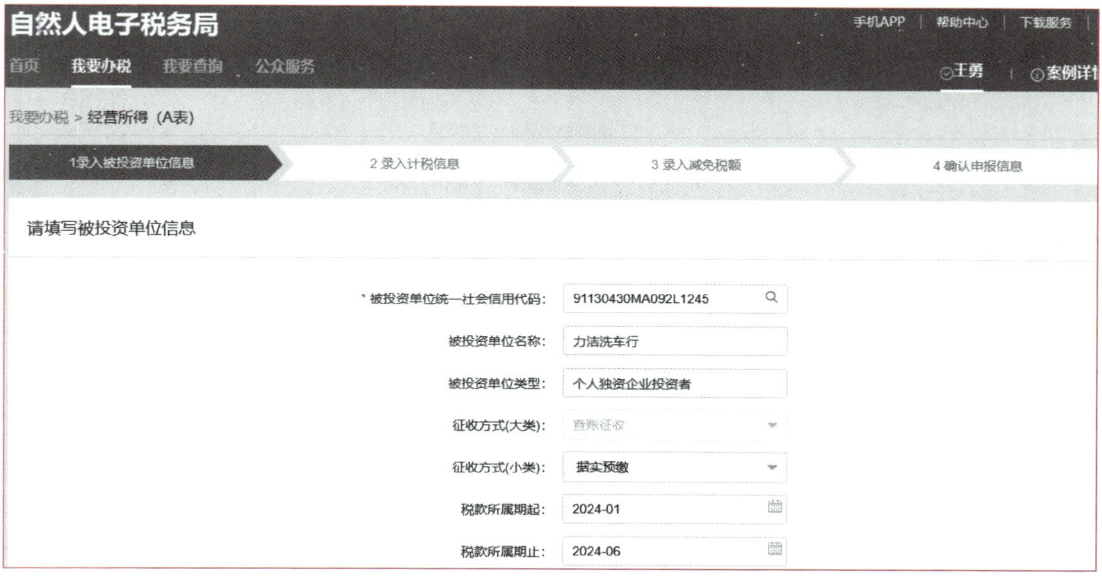

图 6-51　填写被投资单位信息

　　第三步：录入收入成本信息。根据案例详情，录入 2024 年 1—6 月利润表相关的收入总额、成本费用、基本减除费用、专项扣除、其他扣除、捐赠等信息，如图 6-52 至图 6-54 所示。

图 6-52　填写收入成本信息

图 6-53　填写专项扣除、捐赠支出等信息

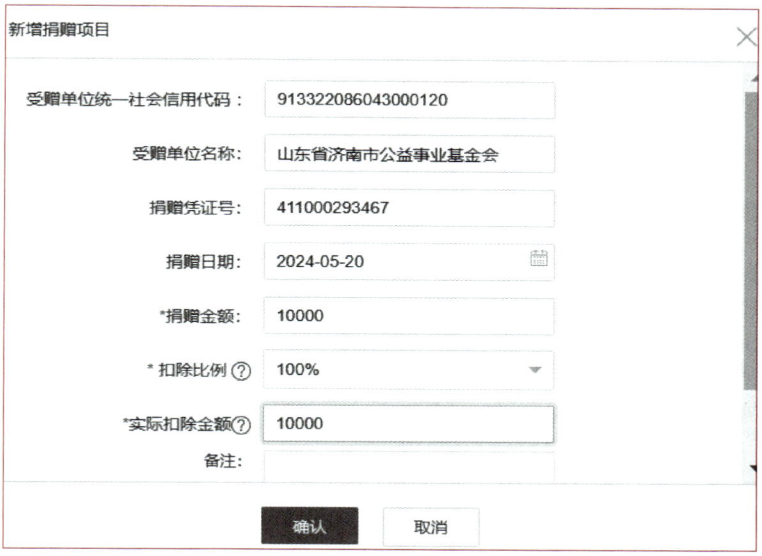

新增捐赠项目 ✕

受赠单位统一社会信用代码： 913322086043000120

受赠单位名称： 山东省济南市公益事业基金会

捐赠凭证号： 411000293467

捐赠日期： 2024-05-20

*捐赠金额： 10000

* 扣除比例 ⑦ 100% ▼

*实际扣除金额⑦ 10000

备注：

确认　取消

图 6-54　填写捐赠扣除金额

第四步：录入减免事项，如图 6-55 所示。

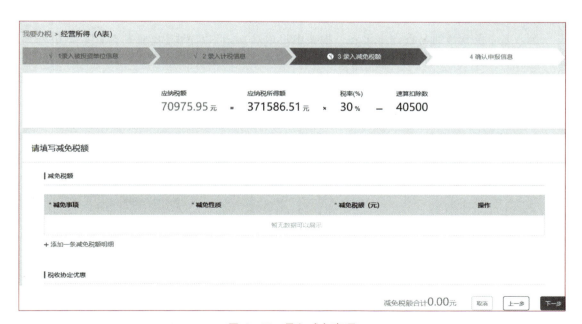

图 6-55　录入减免事项

第五步：确认申报信息，如图 6-56 所示。

图 6-56　确认申报信息

第六步：税款缴纳与查询申报表。报表申报成功后，可以单击【我要查询】中"申报查询（更正/作废申报）"，如有错误可以进行更正，如图 6-57 所示。

图 6-57　确认申报信息

二、个人独资企业经营所得个人所得税汇算清缴

（一）经营所得个人所得税汇算清缴计算

1. 纳税调整增加额中超过规定标准的扣除项目金额

（1）三项经费。

假设 2022 年全市月平均工资为 5 600.00 元。所以当地（地级市）上年度社会平均工资的 3 倍为计算基数，因此计算基数为 201 600 元（5 600×12×3）。

职工福利费限额 = 5 600×12×3×14% = 28 224（元）

调增金额 = 30 000 − 28 224 = 1 776（元）

职工教育经费限额 = 5 600×12×3×2.5% = 5 040（元）

调增金额 = 10 000 − 5 040 = 4 960（元）

工会经费限额 = 5 600×12×3×2% = 4 032（元）> 4 000，

因为实际发生额 4 000 元小于限额 4 032 元，所以无需纳税调整。

（2）广告费和业务宣传费。

扣除限额 = 1 680 000×15% = 252 000（元）

调增金额 = 300 000 − 252 000 = 48 000（元）

（3）业务招待费。

招待费用实际发生额的 60% 为 51 600 元（86 000×60%）。

当年销售（营业）收入的 5‰ 为 8 400 元（1 680 000×5‰）。

根据孰低原则，允许税前扣除的招待费限额为 8 400 元，因此：

调增金额 = 86 000 − 8 400 = 77 600（元）

（4）利息支出。

按照同期同类型贷款利率 5.1% 来计算，王勇若向金融企业借款的利息支出为 15 300 元（300 000×5.1%）；而通过非金融机构借款都需要支付利息 2 万元，所以超过规定标准的扣除利息支出金额为 4 700 元（20 000 − 15 300）。

2. 纳税调整增加额中不允许扣除的项目金额

（1）赞助支出、罚金、罚款和被没收财物的损失。

王勇不允许扣除的赞助支出金额为 50 000 元。

王勇不允许扣除的罚金、罚款和被没收财物的损失金额为 20 000 元。

（2）用于个人和家庭的支出。王勇用于儿子兴趣班费用的 24 400 元不能在税前扣除，需调增。

（3）投资者工资薪金支出。调增投资者工资薪金支出 300 000 元。

3. 弥补以前年度亏损

允许弥补以前年度亏损额 60 000 元。

4. 允许扣除的个人费用及其他扣除

（1）允许扣除的投资者减除费用为 60 000 元。

（2）允许扣除的三险一金专项扣除为 39 600 元（3 300×12）。

（3）允许扣除的专项附加扣除为 72 000 元，其中赡养老人支出为 36 000 元（3 000×12），子女教育支出为 24 000 元（2 000×12），房贷利息支出为 12 000 元（1 000×12）。

5. 依法确定的其他扣除

通过山东省济南市公益事业基金会向公益性青少年活动场所捐赠现金 100 000 元。

6.计算应纳税额

王勇应纳税额＝(1 680 000－1 350 000＋1 776＋4 960＋4 700＋77 600＋48 000－20 000＋50 000＋24 400＋300 000－60 000－60 000－39 600－72 000－100 000)×35%－65 500＝529 836×35%－65 500＝11 9942.6(元)

其中,1 680 000元为收入总额;1 350 000元为成本费用支出总额;1 776元为超过规定标准扣除的职工福利费金额;4 960元为超过规定标准扣除的职工教育经费金额;4 700元为超过规定标准扣除的利息支出金额;77 600元为超过规定标准扣除的业务招待费金额;48 000元为超过规定标准扣除的广告和宣传费用金额;20 000元为不允许扣除的罚金、罚款和被没收财物的损失金额;50 000元为不允许扣除的赞助支出;24 400元为不允许扣除的用于个人和家庭的支出;300 000元为不允许扣除的投资者工资薪金支出;60 000元为弥补亏损金额;60 000元为投资者减除费用;39 600元为王勇"三险一金"金额;72 000元为专项附加扣除金额;100 000元为准予扣除的捐赠额。

应补(退)税额＝119 942.6－0＝119 942.6(元)。

(二)经营所得个人所得税汇算清缴填报

第一步:选择申报年度。登录系统后依次单击【我要办税】【经营所得(B表)】【申报年度】,如图6-58所示。

图6-58 选择经营所得(B表)

第二步:填写被投资单位信息。根据案例详情,填写被投资单位的社会信用代码,税款所属期等信息,如图6-59和图6-60所示。

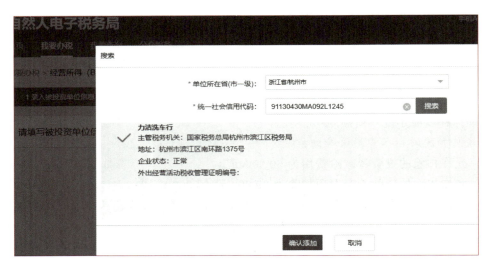

图6-59 填写被投资单位的基本信息

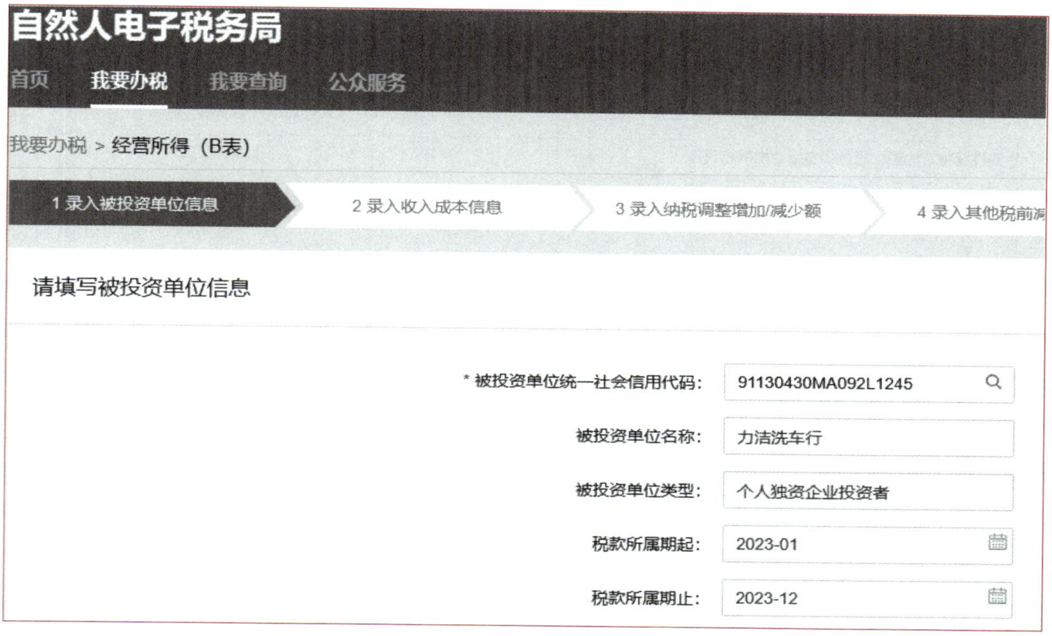

图 6-60 填写税款所属期

第三步：录入收入及成本信息。根据案例详情，录入 2023 年利润表相关的收入、成本费用等信息，如图 6-61 所示。

图 6-61 录入收入及成本信息

第四步：录入纳税调整增加(减少)额。根据案例详情和相关税法知识计算相关扣除项目限额并进行相应的纳税调整项目填写，如图 6－62 和图 6－63 所示。

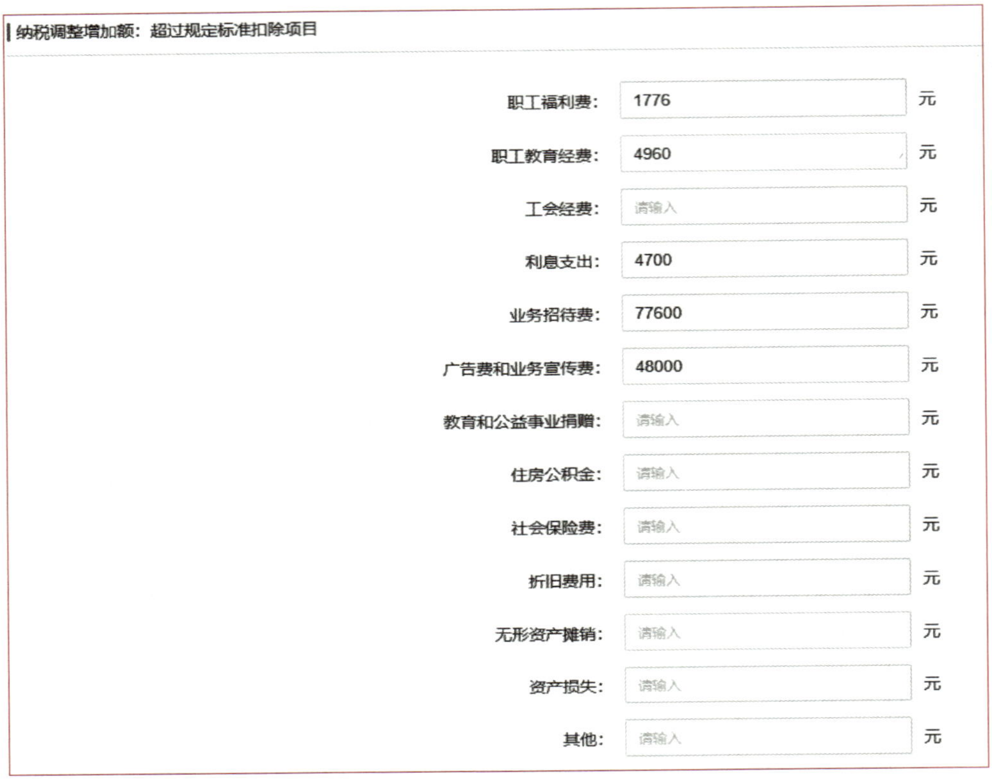
纳税调整增加额：超过规定标准扣除项目

职工福利费：	1776	元
职工教育经费：	4960	元
工会经费：	请输入	元
利息支出：	4700	元
业务招待费：	77600	元
广告费和业务宣传费：	48000	元
教育和公益事业捐赠：	请输入	元
住房公积金：	请输入	元
社会保险费：	请输入	元
折旧费用：	请输入	元
无形资产摊销：	请输入	元
资产损失：	请输入	元
其他：	请输入	元

图 6－62 录入超过规定标准扣除项目调整额

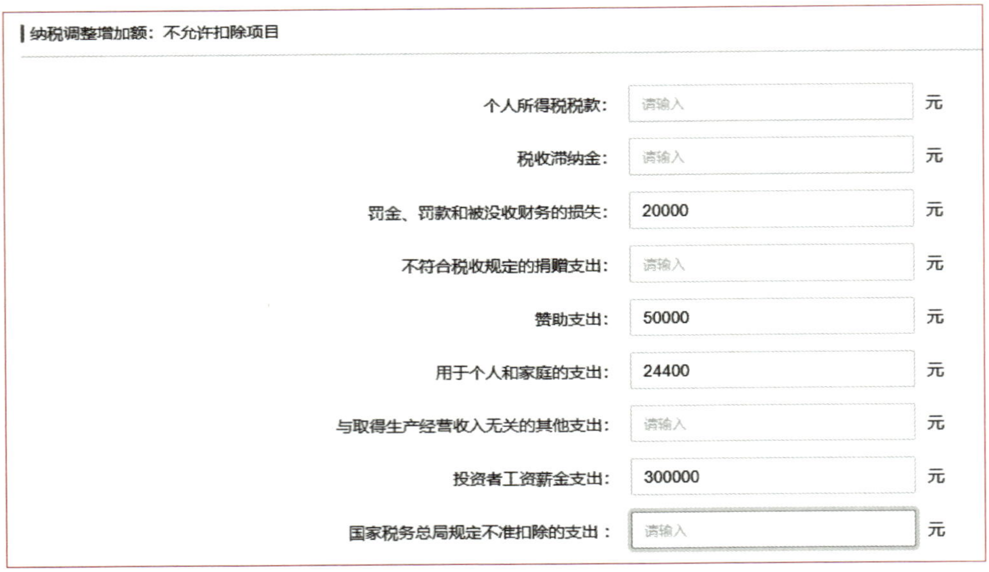
纳税调整增加额：不允许扣除项目

个人所得税税款：	请输入	元
税收滞纳金：	请输入	元
罚金、罚款和被没收财务的损失：	20000	元
不符合税收规定的捐赠支出：	请输入	元
赞助支出：	50000	元
用于个人和家庭的支出：	24400	元
与取得生产经营收入无关的其他支出：	请输入	元
投资者工资薪金支出：	300000	元
国家税务总局规定不准扣除的支出：	请输入	元

图 6－63 录入不允许扣除项目调整额

第五步：录入其他税前减免事项。根据案例详情，填写允许弥补以前年度亏损、专项扣除、专项附加扣除、捐赠支出等信息，如图6-64至图6-68所示。

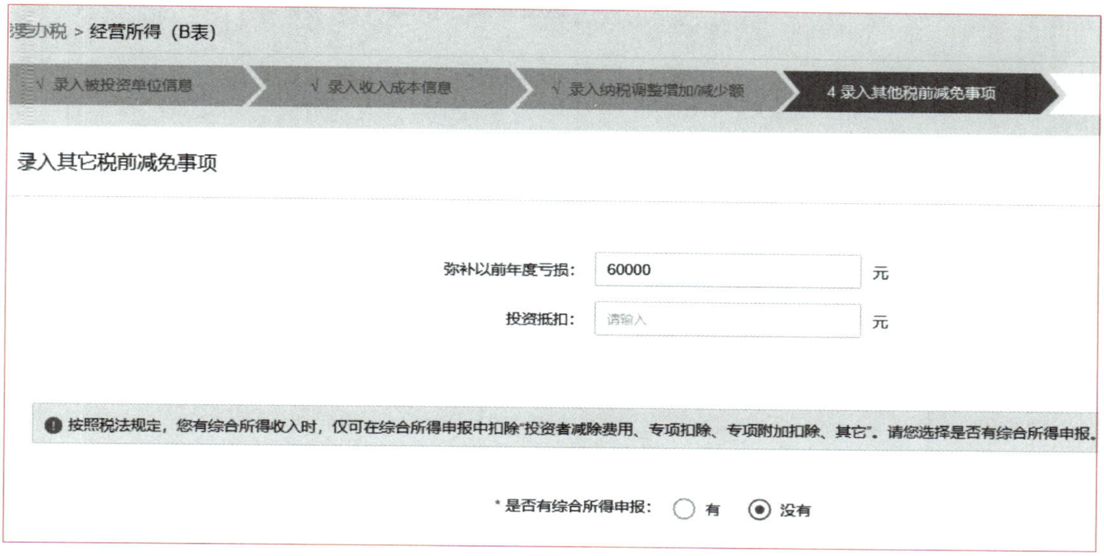

图6-64 录入其他税前减免事项

图6-65 录入专项扣除和专项附加扣除

6

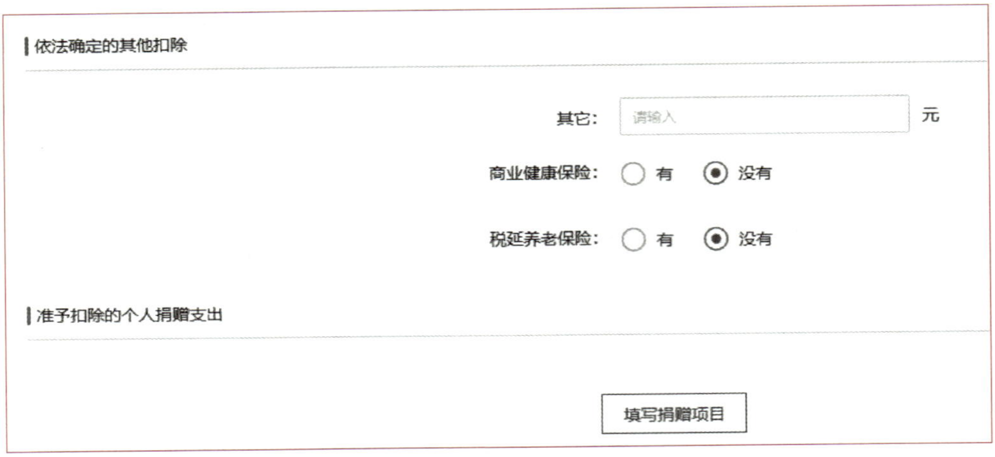

图 6 – 66 其他扣除项目

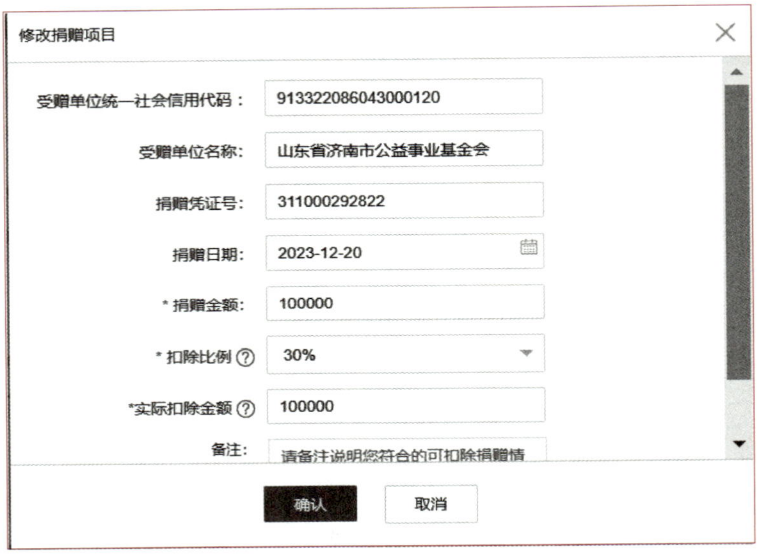

图 6 – 67 录入捐赠项目

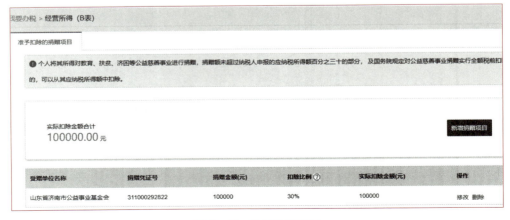

图 6 – 68 准予扣除项目

第六步：确认申报信息。根据案例详情，核对申报信息，如有错误，可以单击【上一步】按钮进行修改，确认无误后点击提交，如图 6-69 所示。

图 6-69 确认申报信息

第七步：查询申报表。报表申报成功后，可以单击【我要查询】，如有错误可以单击【经营所得 B 表】进行更正或作废，如果正确，单击【税款缴纳】，如图 6-70 和图 6-71 所示。

图 6-70　申报查询(1)

图 6-71　申报查询(2)

第八步：实训系统评分。查看经营所得 A、经营所得 B 申报表评分结果，如图 6-72 所示。

图 6-72 评分结果

【特别注意】

《个人所得税经营所得纳税申报表（B 表）》填表说明

（1）"收入总额"：填写本年度从事生产经营以及与生产经营有关的活动取得的货币形式和非货币形式的各项收入总金额。包括销售货物收入、提供劳务收入、转让财产收入、利息收入、租金收入、接受捐赠收入、其他收入。

（2）"国债利息收入"：填写本年度已计入收入的因购买国债而取得的应予免税的利息金额。

（3）"成本费用"：填写本年度实际发生的成本、费用、税金、损失及其他支出的总额，包括：

❶"营业成本"：填写在生产经营活动中发生的销售成本、销货成本、业务支出以及其他耗费的金额。

❷"营业费用"：填写在销售商品和材料、提供劳务的过程中发生的各种费用。

❸"管理费用"：填写为组织和管理企业生产经营发生的管理费用。

❹"财务费用"：填写为筹集生产经营所需资金等发生的筹资费用。

❺"税金"：填写在生产经营活动中发生的除个人所得税和允许抵扣的增值税以外的各项税金及其附加。

❻"损失"：填写生产经营活动中发生的固定资产和存货的盘亏、毁损、报废损失，转让财产损失，坏账损失，自然灾害等不可抗力因素造成的损失以及其他损失。

❼"其他支出"：填写除成本、费用、税金、损失外，生产经营活动中发生的与之有关的、合理的支出。

（4）"利润总额"：根据相关行次计算填报。

（5）"纳税调整增加额"：根据相关行次计算填报（第 12 行＝第 13 行＋第 27 行）。

（6）"超过规定标准的扣除项目金额"：填写扣除的成本、费用和损失中，超过税法规定的扣除标准应予调增的应纳税所得额。

（7）"不允许扣除的项目金额"：填写按规定不允许扣除但被投资单位已将其扣除的各项成本、费用和损失，应予调增应纳税所得额的部分。

（8）"纳税调整减少额"：填写在计算利润总额时已计入收入或未列入成本费用，但在计算应纳税所得额时应予扣除的项目金额。

（9）"纳税调整后所得"：根据相关行次计算填报。

（10）"弥补以前年度亏损"：填写本年度可在税前弥补的以前年度亏损额。

（11）"合伙企业个人合伙人分配比例"：纳税人为合伙企业个人合伙人的，填写本栏；其他则不填。分配比例按照合伙协议约定的比例填写；合伙协议未约定或不明确的，按合伙人协商决定的比例填写；协商不成的，按合伙人实缴出资比例填写；无法确定出资比例的，按合伙人平均分配。

（12）"允许扣除的个人费用及其他扣除"：填写按税法规定可以税前扣除的各项费用、支出，包括：

❶ "投资者减除费用"：填写按税法规定的减除费用金额。

❷ "专项扣除"：分别填写本年度按规定允许扣除的基本养老保险费、基本医疗保险费、失业保险费、住房公积金的合计金额。

❸ "专项附加扣除"：分别填写本年度纳税人按规定可享受的子女教育、继续教育、大病医疗、住房贷款利息、住房租金、赡养老人和 3 岁以下婴幼儿照顾的专项附加扣除的合计金额。

❹ "依法确定的其他扣除"：分别填写按规定允许扣除的商业健康保险、个人税收递延型养老保险，以及国务院规定其他可以扣除项目的合计金额。

（13）"投资抵扣"：填写按照税法规定可以税前抵扣的投资金额。

（14）"准予扣除的个人捐赠支出"：填写本年度按照税法及相关法规、政策规定，可以在税前扣除的个人捐赠合计额。

（15）"应纳税所得额"：根据相关行次，系统自动计算填报。

（16）"税率"和"速算扣除数"：填写按规定适用的税率和速算扣除数。

（17）"应纳税额"：根据相关行次，系统自动计算填报。

（18）"减免税额"：填写符合税法规定可以减免的税额，并附报《个人所得税减免税事项报告表》。

（19）"已缴税额"：填写本年度累计已预缴的经营所得个人所得税金额。

（20）"应补（退）税额"：根据相关行次系统自动计算填报。

注意事项：

（1）"收入总额"包括各种收入，包括会计上确认的营业外收入。

（2）"营业费用"指的是利润表的销售费用。

（3）"其他支出"包括利润表的营业外支出。

（4）"用于个人和家庭的支出"适用情形：

❶ 个体工商户生产经营活动中，对于生产经营与个人、家庭生活混用难以分清的

费用,其40%视为与生产经营有关费用,准予扣除。

❷ 个人独资企业投资者及其家庭发生的生活费用不允许在税前扣除。投资者及其家庭发生的生活费用与企业生产经营费用混合在一起,并且难以划分的,全部视为投资者个人及其家庭发生的生活费用,不允许在税前扣除。

❸ 合伙企业投资者及其家庭发生的生活费用不允许在税前扣除。投资者及其家庭发生的生活费用与企业生产经营费用混合在一起,并且难以划分的,全部视为投资者个人及其家庭发生的生活费用,不允许在税前扣除。

(5)"与取得生产经营收入无关的其他支出":指的是除依照国家有关规定为特殊工种从业人员支付的人身安全保险费和财政部、国家税务总局规定可以扣除的其他商业保险费外,业主本人或者为从业人员支付的商业保险费不得扣除。

📖 项目小结

通过完成本项目的工作任务,理解个人所得税纳税申报工作的基本思路和流程,熟练计算企业自然人税收管理系统申报数据,进行个人所得税预扣预缴、个人所得税综合所得年度汇算清缴的申报,培养运用软件解决个人所得税申报问题的能力。

📖 技能训练

一、实训题

(一)纳税人及扣缴义务单位基本信息

纳税人名称:杭州康兴物流有限公司

统一社会信用代码:913317260419885612

公司成立时间:2024年3月28日

开户银行及账号:招行杭州分行营业部 57001180190415

地址及电话:杭州市西湖区古墩路106号 0571−81092788

企业主要经营范围:货运代理、仓储保管、配送服务、分批包装等(依法须经批准的项目,经相关部门批准后方可开展经营活动)。

(二)员工基础信息表(表6−17)

表6−17　杭州康兴物流有限公司员工基础信息表

工号	姓　名	性别	身　份　证　号	联系电话	任职日期	任　职　类　型
001	杜若奇	男	330105198406142472	18709280763	2022−04−01	雇员
002	上官雯	女	360502198210188821	13306257754	2022−04−01	雇员
003	谷浩明	男	230101197605230017	13140888829	2022−04−01	雇员

续　表

工号	姓　名	性别	身　份　证　号	联系电话	任职日期	任　职　类　型
004	秦　书	男	230101197404150096	15266060906	2022 - 04 - 02	雇员
005	胡　蕊	女	350301198906180060	15122126606	2022 - 04 - 07	雇员
006	郑志文	男	23010119830619003X	18104436285	2022 - 04 - 05	雇员
007	谭　欧	男	46010119850715007X	15259916018	2022 - 04 - 07	雇员
008	孙　青	男	37142819800508053X	13597033824	2022 - 04 - 06	雇员
009	乔雯雯	女	130425199401156129	13855136808	2022 - 04 - 03	雇员
010	陈　强	男	120101198108090016	18749196604	2022 - 04 - 08	雇员
011	夏　天	女	130533199202235321			其他
012	段辰杰	男	330108198606260851			其他

（三）业务资料

杭州康兴物流有限公司财务人员乔雯雯计算并发放员工的工资薪金、奖金等，以及预扣预缴个人所得税。

要求：进行税款所属期为 2024 年 4 月的个人所得税预扣预缴纳税申报。

申报资料如下：

资料 1：正常工资薪金收入明细与个人所得税计算表（见表 6-18）及说明。

表 6-18　公司正常工资薪金收入明细与个人所得税计算表

2022 年 4 月 单位：元

工号	姓　名	应发工资合计	基本养老保险金	基本医疗保险金	失业保险金	住房公积金	代扣个人所得税	实发工资
001	杜若奇	14 772.60	496.00	124.00	31.00	1 477.26		
002	上官雯	12 078.10	496.00	124.00	31.00	1 207.81		
003	谷浩明	13 520.00	496.00	124.00	31.00	1 352.00		
004	秦　书	12 412.60	496.00	124.00	31.00	1 241.26		
005	胡　蕊	9 545.00	496.00	124.00	31.00	954.50		
006	郑志文	10 782.50	496.00	124.00	31.00	1 078.25		
007	谭　欧	8 789.70	496.00	124.00	31.00	878.97		
008	孙　青	9 767.20	496.00	124.00	31.00	976.72		
009	乔雯雯	8 216.30	496.00	124.00	31.00	821.63		
010	陈　强	9 335.40	496.00	124.00	31.00	933.54		

（1）谷浩明现居杭州，独生子女，需赡养 66 岁父亲（父亲：谷晓宏，身份证号：231903195411260293），赡养老人符合法定扣除规定。

（2）胡蕊的工资薪金收入中包括取得的独生子女补贴 1 000.00 元。

（3）谭欧另收到一笔本月公司以误餐补助名义发给职工的津贴 700.00 元。

（4）陈强的工资薪金收入中包括出差取得的规定标准的差旅费津贴 400.00 元。

资料 2：

（1）2024 年 4 月，公司外聘夏天为公司职员开展一次技能培训，支付其报酬 8 000.00 元。

（2）2024 年 4 月，公司举办业务宣传活动。活动期间，段辰杰获得公司赠送的礼品，该礼品价值 5 000.00 元。

实训要求

将以上纳税申报数据在系统中形成纳税申报表，依次保存，报表数据上报成功后，进行实训评分，选择相对应的案例进行系统评分，最后将实训报告封面及各报表依次打印。

6

项目七 小税种及其他税费计缴与申报

知识目标

1. 了解国家的税收政策法规,熟悉小税种税费综合计缴的相关规定和流程。
2. 掌握税费申报表格的填写要求和规范。

技能目标

1. 能准确填写各类税费申报表,独立进行税费计算和申报工作。
2. 能熟练运用税务实训平台进行电子申报。

素养目标

1. 培养良好的职业道德和责任心,确保税费申报工作的合规性。
2. 提升沟通协调能力,能够与税务机关进行有效沟通,解决税费申报过程中遇到的问题。
3. 养成持续学习的习惯,关注税收政策法规的动态变化,及时更新自己的知识储备。

知识导图 （图 7-1）

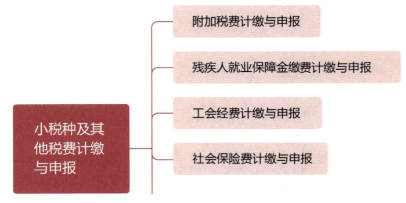

小税种及其他税费计缴与申报
- 附加税费计缴与申报
- 残疾人就业保障金缴费计缴与申报
- 工会经费计缴与申报
- 社会保险费计缴与申报

图 7-1 知识导图

根据《城市维护建设税法》的规定,对进口货物或者境外单位和个人向境内销售劳务、服务、无形资产缴纳的增值税、消费税税额,不征收城市维护建设税。

案例思考:

如果你在一家主营进口货物的企业担任会计,你认为该企业在进口环节是否需要申报及缴纳城市维护建设税?除了这些附加税费,还可能有哪些应承担缴纳的税费?

任务一　附加税费计缴与申报

知识准备

一、概念

城市维护建设税、教育费附加、地方教育附加以纳税人实际缴纳的增值税、消费税的税额为计税(征收)依据,依法计征。

二、税率与征收率

城市维护建设税采用地区差别比例税率,纳税人所在地不同,适用税率的档次也不同。具体规定如下:

(1)纳税人所在地为市区的,税率为7%;

(2)纳税人所在地为县城、镇的,税率为5%;

7

（3）纳税人所在地不在城市市区、县城或建制镇的,税率为 1‰;

（4）教育费附加征收率为 3‰,地方教育附加征收率为 2‰。

三、相关政策

自 2023 年 1 月 1 日至 2027 年 12 月 31 日,对增值税小规模纳税人、小型微利企业和个体工商户减半征收、城市维护建设税、教育费附加和地方教育附加。

根据《财政部　国家税务总局关于扩大有关政府性基金免征范围的通知》规定,将免征教育费附加、地方教育附加、水利建设基金的范围,由现行按月纳税的月销售额或营业额不超过 3 万元(按季度纳税的季度销售额或营业额不超过 9 万元)的缴纳义务人,扩大到按月纳税的月销售额或营业额不超过 10 万元(按季度纳税的季度销售额或营业额不超过 30 万元)的缴纳义务人。

岗位说明

税务会计岗,主要负责反映和监督税收业务活动,税务筹划和决策支持,纳税申报和综合分析等。

实训资料

（一）企业基本资料①

公司名称：杭州小闲趣筷子生产有限公司

纳税人识别号：913344092710511288

所属行业：制造业

纳税人资格：小规模纳税人

核定类型：查账征收

企业所得税申报期限：季度

纳税信用等级：A

纳税人状态：正常

法定代表人：蒋子凡

身份证件号码：500112197805192136

经济性质：有限公司

会计准则：企业会计准则

开户银行：中国农业银行杭州闻堰支行

银行账号：19172101790311739

注册地址：杭州市余杭区余杭街道通济路 105 号

电话号码：0571 - 80162918

生产经营地址：杭州市余杭区余杭街道通济路 105 号

生产经营范围：筷子加工销售;厨房用品销售等(依法须经批准的项目,经相关部门批准后方可开展经营活动)。

---

① 仅作实训案例用,与前文有不同。

会计核算软件：亿企代账

记账本位币：人民币

会计档案存放地：公司档案室

会计政策和估计是否发生变化：否

固定资产折旧方法：年限平均法

存货发出成本计价方法：先进先出法

企业所得税计算方法：资产负债表债务法

主管税务机关：国家税务总局杭州市余杭区税务局

是否出口退税企业：否

本期是否适用增值税小规模纳税人减征政策：否

（二）业务资料

杭州小闲趣筷子生产有限公司（位于市区）2024 年 7 月对外销售商品，自行开具增值税专用发票两份。7 月，共取得不含税销售额共计 80 000.00 元，增值税 800.00 元。

要求：进行杭州小闲趣筷子生产有限公司 2024 年 7 月向所在市区税务机关缴纳城市维护建设税、教育费附加、地方教育附加的纳税申报。案例业务所涉及的会计、税收法律法规政策截至 2024 年 6 月 30 日。

业务操作

第一步：登录【电子税务局实训平台】，选择【附加税申报】，进入实训界面，如图 7 - 2 和图 7 - 3 所示。

图 7 - 2　登录【电子税务局实训平台】

图 7 - 3　选取【小税种及其他申报】

　　第二步：选择对应的实训案例，并单击【实训】进入【国家税务总局全国电子税务局教学版】，单击【登录】进入实训系统，单击【办理】，进入填写界面，如图7-4至图7-8所示。

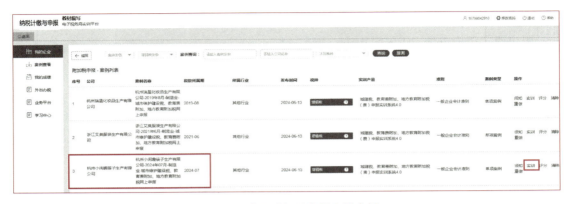

图 7-4　选取附加税申报实训案例

图 7-5　登录【国家税务总局全国电子税务局教学版】1

图 7-6　登录【国家税务总局全国电子税务局教学版】2

图 7-7　登录【国家税务总局全国电子税务局教学版】3

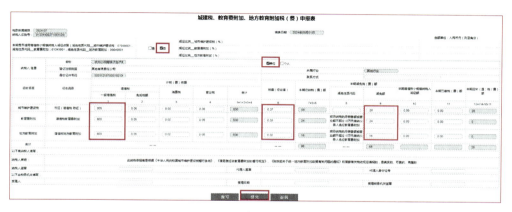

图 7-8　单击实训系统【办理】

第三步：进入【城建及附加申报表】，单击左上角【城建及附加申报表】，根据实训案例，填写相关数据，检查是否填写正确之后，单击【提交】，完成之后，单击左上角【全申报】，如图7-9至图7-11所示。

图 7-9　选取【城建及附加申报表】

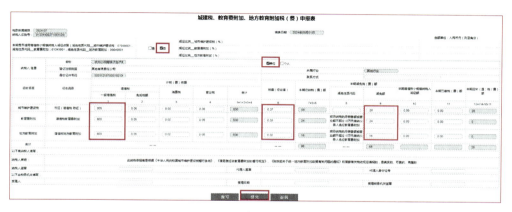

图 7-10　填写报表并提交

7

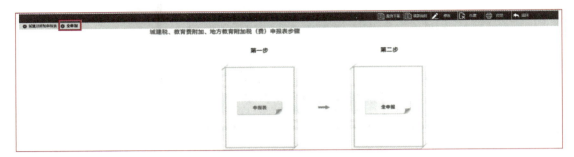

图 7 - 11　【城建及附加申报表】全申报

第四步：申报完成之后，可以打印申报表。选择需要打印的申报表，单击【打印】，如图7 - 12 所示。

图 7 - 12　【申报表　城建及附加申报表】打印

第四步：返回【国家税务总局全国电子税务局教学版】，单击左上角【税费申报及缴纳】，单击【税款缴纳】，在税款缴纳列表，选中需要缴纳税款的内容，缴款方式选择【三方协议缴款】，单击【立即缴款】，单击【确定】，如图 7 - 13 所示。

图 7 - 13　缴纳税款

第五步：实训系统评分。申报和缴纳税款完成之后，提交实训内容，进入【提交评分】，可以查看实训情况，如图 7 - 14 和图 7 - 15 所示。

图 7-14 案例【提交评分】

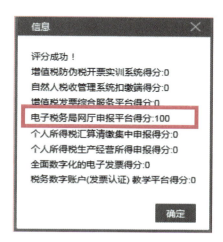

图 7-15 案例评分结果

任务二 残疾人就业保障金计缴与申报

知识准备

一、相关公告

《关于延续实施残疾人就业保障金优惠政策的公告》规定,自 2023 年 1 月 1 日至 2027 年 12 月 31 日,在职职工人数在 30 人(含)以下的企业,继续免征残疾人就业保障金。注意,民办非企业、机关事业单位不是该优惠政策的对象。

二、实行分档征收

根据《关于延续实施残疾人就业保障金优惠政策的公告》的规定,自 2023 年 1 月 1 日起至 2027 年 12 月 31 日,将残保金由单一标准征收调整为分档征收,用人单位安排残疾人就业比例 1%(含)以上但低于 1.5% 的,按应缴费额 50% 征收;1% 以下的,按应缴费额

90％征收。

三、计缴

　　根据《财政部关于降低部分政府性基金征收标准的通知》的规定,自 2018 年 4 月 1 日起,将残疾人就业保障金征收标准上限,由当地社会平均工资的 3 倍降低至 2 倍。其中,用人单位在职职工平均工资未超过当地社会平均工资 2 倍(含)的,按用人单位在职职工年平均工资计征残疾人就业保障金;超过当地社会平均工资 2 倍的,按当地社会平均工资 2 倍计征残疾人就业保障金。计算公式如下:

$$\text{保障金年缴纳额} = \left(\text{上年用人单位在职职工人数} \times \text{所在地规定的安排残疾人就业比例} - \text{上年用人单位实际安排的残疾人就业人数}\right) \times \text{上年用人单位在职职工年平均工资}$$

岗位说明

税务会计岗,负责残疾人就业保障金的计缴与申报。

实训资料

(一) 企业基本资料

公司名称:杭州传媒广告有限公司

纳税人识别号:913301093218649750

所属行业:广告业

纳税人资格:一般纳税人

核定类型:查账征收

企业所得税申报期限:季度

纳税信用等级:A

纳税人状态:正常

登记日期:2018 年 5 月 26 日

法定代表人:周青

身份证件号码:120101198106132614

注册资本:200 万元

会计准则:小企业会计准则

开户银行:中行江干区支行

银行账号:6553311016572365

注册地址:杭州市江干区学前路 102 号

电话号码:0571－88002425

生产经营地址:杭州市江干区学前路 102 号

生产经营范围:图文设计制作、企业营销策划、设计、广告代理、文化传播、制作、发布、

企业形象策划等

　　会计核算软件：亿企代账

　　记账本位币：人民币

　　会计档案存放地：公司档案室

　　会计政策和估计是否发生变化：否

　　固定资产折旧方法：年限平均法

　　存货发出成本计价方法：先进先出法

　　主管税务机关：国家税务总局杭州市江干区税务局

　　是否出口退税企业：否

（二）业务资料

　　公司 2023 年有在职职工 82 人，在职职工工资总额为 3 280 000.00 元。2023 年公司实际安排残疾人就业 1 人。浙江省规定的残疾人就业比例为 1.5%。2023 年当地社会平均工资为 68 000 元。

　　请根据综上所述业务资料进行 2024 年该企业残保金申报表填报工作。案例业务所涉及的会计、税收法律法规政策截至 2023 年 12 月 31 日。

☰ 业务操作

　　第一步：登录【电子税务局实训平台】，选择【残保金申报】，进入实训界面，如图 7 - 16 所示。

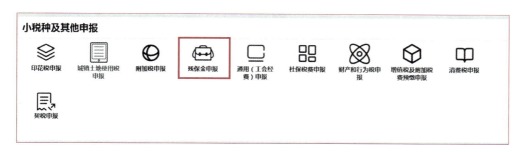

图 7 - 16　【残保金申报】选取

　　第二步：选择对应的实训案例，并单击【实训】，单击【登录】进入实训系统，单击【办理】，如图 7 - 17 所示。

图 7 - 17　【残保金申报】中的【办理】

第三步：进入【残疾人就业保障金缴费申报表】，根据实训案例，填写相关数据，检查是否填写正确之后，单击【提交】，完成之后，单击左上角【全申报】，如图 7-18 和图 7-19 所示。

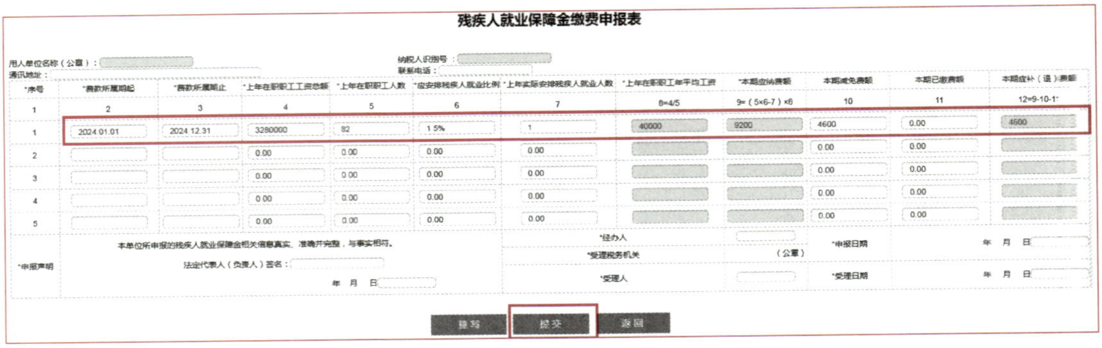

图 7-18　填写申报表

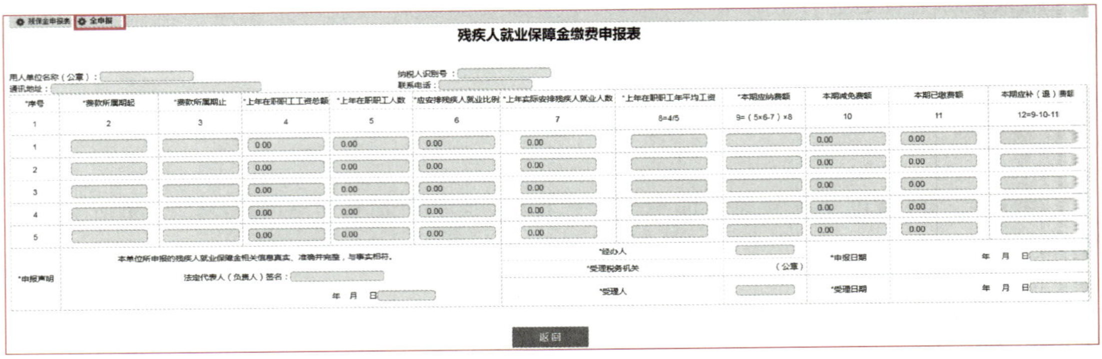

图 7-19　申报表全申报

第四步：返回【国家税务总局全国电子税务局教学版】，单击左上角【税费申报及缴纳】，单击【税款缴纳】，在税款缴纳列表，选中需要缴纳税款的内容，缴款方式选择【三方协议缴款】，单击【立即缴款】，单击【确定】，如图 7-20 所示。

图 7-20　缴纳税款

第五步：实训系统评分。申报和缴纳税款完成之后，提交实训内容，进入【提交评分】界面，可以查看实训情况。

任务三　工会经费计缴与申报

知识准备

一、概念

工会经费,也就是工会活动经费。准确地说,建立工会组织的单位,拨付活动经费叫工会经费,未成立工会的拨付的叫工会筹备金。工会经费用于对员工的宣传活动支出、文艺活动支出、体育活动支出、工会干部训练费(培训工会专职人员的费用)、工会行政费有关支出、补助支出(包括工会会员的困难补助和职工集体福利事业的补助费用)。

二、计算

工会经费按工资总额的 2% 计提,成立工会组织的,工会经费按 40% 上缴上级工会组织。未成立工会组织的,工会经费全额上缴上级工会组织,一般工会经费返回企业基层工会的比例为 60%。

三、拨缴方式

(一) 先缴后返

先缴后返是先全额缴纳,然后再返还。具体来说:

(1) 建立工会组织的单位,先按每月全部职工工资薪金总额的 2% 计算工会经费,全额向工会组织拨缴,或者向受委托代收工会经费的税务机关缴纳。上级工会组再按规定比例(一般为 60%)转拨给缴费企业基层工会。

(2) 未建立工会组织的单位,按每月全部职工工资薪金总额的 2% 计算工会筹备金,全额向上级工会组织拨缴,或者向受委托代收工会经费的税务机关缴纳。

(3) 在规定时间内成立工会组织的上级工会再按规定比例转拨工会经费给缴费企业基层工会,在规定时间内未成立工会组织的,以前缴纳的工会筹备金不再返还。

(二) 分级拨缴

按每月全部职工工资薪金总额的 2% 计算出工会经费后,按当地规定比例(一般为40%),向受委托代收工会经费的税务机关缴纳。留存部分由企业同时拨付给其所在的基层工会,未设立基层工会的,待建立工会组织后由各单位拨付本单位工会。

岗位说明

税务会计岗,主要负责工会经费的计缴与申报。

7

实训资料

（一）企业基本资料

公司名称：杭州金鼎贸易有限公司

纳税人识别号：91240200057440013C

所属行业：商品流通

纳税人资格：一般纳税人

核定类型：查账征收

企业所得税申报期限：季度

纳税信用等级：A

纳税人状态：正常

登记日期：2017 年 05 月 20 日

法定代表人：姚天宇

身份证件号码：330100198902166648

经济性质：有限公司

注册资本：500 万元

会计准则：企业会计准则

开户银行：中国建设银行杭州支行

银行账号：400236754624500

注册地址：杭州市上城区海潮路 1299 号

电话号码：0571 - 86338681

生产经营地址：杭州市上城区海潮路 1299 号

生产经营范围：日用百货批发、零售

会计核算软件：亿企代账

记账本位币：人民币

会计档案存放地：公司档案室

会计政策和估计是否发生变化：否

固定资产折旧方法：年限平均法

存货发出成本计价方法：先进先出法

企业所得税计算方法：资产负债表债务法

主管税务机关：国家税务总局杭州市上城区税务局

是否出口退税企业：否

是否为小微企业：否

（二）业务资料

2024 年 4 月，公司职工工资薪金总额 25 万元；5 月，工资薪金总额 24 万元；6 月，工资薪金总额 28 万元。

公司已成立了工会组织，按先缴后返方式缴纳工会经费。

请根据综上所述业务资料进行 2024 年第二季度工会经费申报表填报工作。案例业务所涉及的会计、税收法律法规政策截至 2023 年 3 月 31 日。

业务操作

第一步：登录【电子税务局实训平台】，选择【通用（工会经费）申报】，进入实训界面，如图 7‐21 所示。

图 7‐21　选取【通用（工会经费）申报】

第二步：选择对应的实训案例，并单击【实训】进入【国家税务总局全国电子税务局教学版】，单击【登录】进入实训系统，单击【办理】，如图 7‐22 和图 7‐23 所示。

图 7‐22　【通用（工会经费）申报】【实训】选取

图 7‐23　单击【通用（工会经费）申报】下的【办理】

第三步：进入【通用申报纳税申报表】填写界面，根据实训案例，填写相关数据，检查是否填写正确之后，单击【提交】，完成之后，单击左上角【全申报】，如图 7‐24 所示。

图 7‐24　【通用申报纳税申报表】填写并申报

7

第四步:返回【国家税务总局全国电子税务局教学版】,单击左上角【税费申报及缴纳】,单击【税款缴纳】,在税款缴纳列表,选中需要缴纳税款的内容,缴款方式选择【三方协议缴款】,单击【立即缴款】,单击【确定】,如图 7-25 所示。

图 7-25   缴纳税款

第五步:实训系统评分。申报和缴纳税款完成之后,提交实训内容,进入【提交评分】可以查看实训情况。

任务四   社会保险费计缴与申报

一、概念

社会保险费(下称社保),是指在社会保险基金的筹集过程当中,雇员和雇主按照规定的数额和期限向社会保险管理机构缴纳的费用,它是社会保险基金的最主要来源。

二、相关政策

中共中央办公厅、国务院办公厅印发《国税地税征管体制改革方案》,明确从 2019 年 1 月 1 日起,将基本养老保险费、基本医疗保险费、失业保险费、工伤保险费、生育保险费等各项社会保险费交由税务部门统一征收。

根据《国务院办公厅关于全面推进生育保险和职工基本医疗保险合并实施的意见》,生育保险基金并入职工基本医疗保险基金,统一征缴,统筹层次一致。

三、计缴方式

社会保险缴费分单位缴纳部分与个人缴纳部分。

用人单位缴费基数,按照本单位当月职工工资总额确定。职工工资总额根据国家统计局规定的统计口径计算。

　　职工个人缴费基数,按照本人上一年度月平均工资确定。当年新成立的用人单位的职工或者用人单位当年新增的职工,以当年第一个月工资为本人上一年度月平均工资。

　　每月需缴纳的社保费用计算公式为:

$$每月需缴纳的社保费 = 缴费基数 \times 缴费费率$$

岗位说明

　　税务会计岗,主要负责社会保险费的计缴与申报。

实训资料

(一)企业基本资料

　　见任务一

(二)业务资料

　　资料1:杭州市社保缴费比例和社保缴费基数。

　　2024年杭州市企业在职职工社保缴费基数下限标准为4 462元/月,上限标准为24 060元/月。社保缴费比例如表7-1所示。

表7-1　杭州市社保缴费比例

险　　种	单 位 部 分	个 人 部 分
养老保险费	15%	8%
医疗保险(含生育保险)费	9.5%	2%
失业保险费	0.50%	0.50%
工伤保险费	根据行业风险等级浮动	0

　　资料2:公司社保计算表。

　　杭州小闲趣筷子生产有限公司2024年7月有员工8人,实现营业收入40万元,7月公司社保计算表如表7-2所示。

表7-2　7月份杭州小闲趣筷子生产有限公司社保计算表　　金额单位:元

序号	姓　名	缴费基数	基本养老保险费		基本医疗保险费		失业保险费		工伤保险费
			单位15%	个人8%	单位9.5%	个人2%	单位0.5%	个人0.5%	单位0.2%
1	陈　伟	9 653.12	1447.97	772.25	917.05	193.06	48.27	48.27	19.31
2	方大刚	5 632.91	844.94	450.63	535.13	112.66	28.16	28.16	11.27

续　表

序号	姓名	缴费基数	基本养老保险费		基本医疗保险费		失业保险费		工伤保险费
			单位 15%	个人 8%	单位 9.5%	个人 2%	单位 0.5%	个人 0.5%	单位 0.2%
3	周　薇	8 596.56	1 289.48	687.72	816.67	171.93	42.98	42.98	17.19
4	丁细平	7 565.31	1 134.80	605.22	718.70	151.31	37.83	37.83	15.13
5	许智平	5 068.13	760.22	405.45	481.47	101.36	25.34	25.34	10.14
6	陈小勇	12 500.00	1 875.00	1 000.00	1 187.50	250.00	62.50	62.50	25.00
7	吴若泉	7 256.20	1 088.43	580.50	689.34	145.12	36.28	36.28	14.51
8	林如海	6 530.26	979.54	522.42	620.37	130.61	32.65	32.65	13.06
	合　计	62 802.49	9 420.37	5 024.20	5 966.24	1 256.05	314.01	314.01	125.60

根据上述业务资料进行 2024 年 7 月该企业社保费申报表填报工作。案例业务所涉及的会计、税收法律法规政策截至 2024 年 6 月 30 日。

业务操作

第一步：登录【电子税务局实训平台】，选择【社保税费申报】，进入【实训】，如图 7-26 和图 7-27 所示。

图 7-26　【社保税费申报】选取界面

图 7-27　进入【社保税费申报】中的【实训】

第二步：进入填写界面，根据实训案例，填写相关数据，检查是否填写正确之后，单击【提交】，完成之后，单击左上角【全申报】，如图 7-28 和图 7-29 所示。

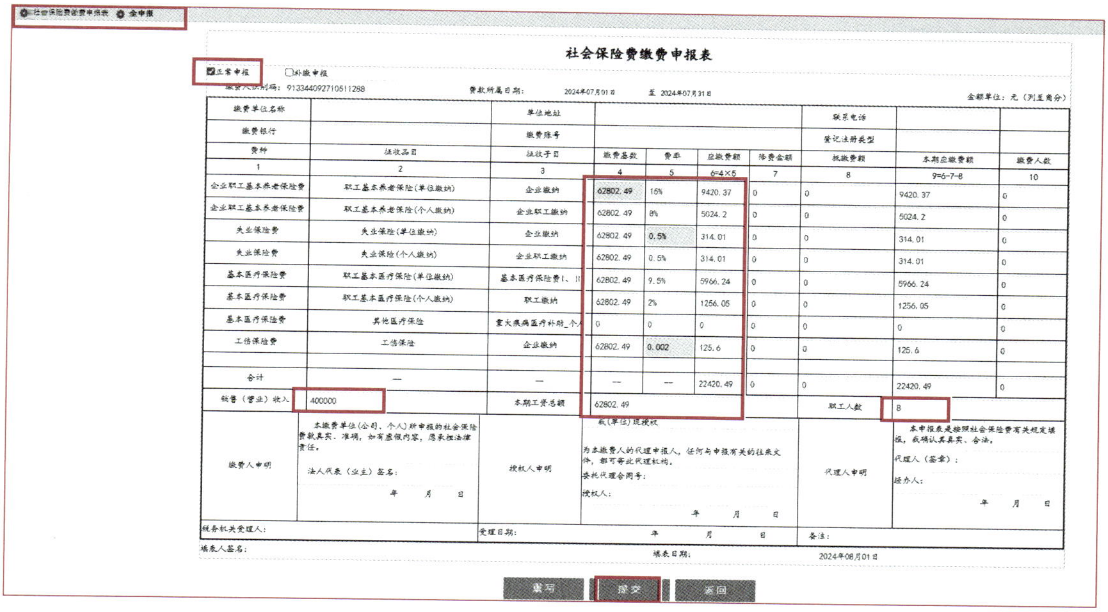

图 7 - 28　社会保险费缴费申报表填写

图 7 - 29　社会保险费缴费申报表选取

第三步：返回【国家税务总局全国电子税务局教学版】，单击左上角【税费申报及缴纳】，单击【税款缴纳】，在税款缴纳列表，选中需要缴纳税款的内容，缴款方式选择【三方协议缴款】，单击【立即缴款】，单击【确定】，如图 7 - 30 所示。

图 7 - 30　社会保险费缴费

7

第四步：实训系统评分。申报和缴纳税款完成之后，提交实训内容，进入【提交评分】可以查看实训情况。

任务五　财产和行为税计缴与申报

 知识准备

一、房产税

（一）计算

房产税的计算公式为：

$$全年应纳税额＝实际占用应税土地面积（平方米）×适用税额$$

或：

$$全年应纳税额＝\begin{matrix}证书确认应税土地面积或地下\\建筑物垂直投影面积（平方米）\end{matrix}×\begin{matrix}适用\\税额\end{matrix}×50\%$$

（二）房产税计征方式以及对应计算公式

1. 从价计征

从价计征的计算公式为：

$$应纳税额＝应税房产原值×（1－扣除比例）×1.2\%$$

2. 从租计征

从租计征的计算公式为：

$$应纳税额＝租金收入（不含增值税）×12\%　或　4\%$$

二、车船税

车船税的计算公式为：

$$应纳税额＝（年应纳税额÷12）×应纳税月份数$$

$$应纳税月份数＝12－纳税义务发生时间（取月份）＋1$$

三、印花税

（一）实行比例税率的凭证

实行比例税率的凭证，应纳税额的计算公式为：

$$应纳税额＝应税凭证计税金额×比例税率$$

（二）实行定额税率的凭证

实行定额税率的凭证，应纳税额的计算公式为：

$$应纳税额 = 应税凭证件数 \times 定额税率$$

（三）营业账簿中记载资金的账簿

营业账簿中记载资金的账簿，应纳税额的计算公式为：

$$应纳税额 = （实收资本 + 资本公积） \times 0.5‰$$

（四）其他账簿按件贴花，每件 5 元。

四、资源税

（一）从价定率应纳税额的计算

从价定率的资源税应纳税额计算公式为：

$$应纳税额 = 计税销售额 \times 适用税率$$

（二）从量定额应纳税额的计算

从量定额的资源税应纳税额计算公式为：

$$应纳税额 = 课税数量 \times 适用的单位税额$$

五、耕地占用税

耕地占用税的计算公式为：

$$应纳税额 = 应税土地面积 \times 适用税额$$

占用基本农田的：

$$应纳税额 = 应税土地面积 \times 适用税额 \times 150\%$$

六、契税应纳税额的计算

契税应纳税额的计算公式为：

$$应纳税额 = 计税依据 \times 税率$$

七、土地增值税

土地增值税的计算流程与方法为：

❶ 计算收入总额。

❷ 计算扣除项目金额。

❸ 用收入总额减除扣除项目金额计算增值额，其中：

$$增值额 = 转让房地产收入（不含增值税） - 扣除项目金额$$

❹ 计算增值额与扣除项目金额之间的比例，以确定适用税率的档次和对应的速算扣除

系数。

❺ 计算应纳税额,计算公式为:

$$应纳税额 = 增值额 \times 税率 - 扣除项目金额 \times 速算扣除系数$$

八、环境保护税应纳税额的计算

(一)应税大气污染物

应税大气污染物的应纳税额计算公式为:

$$应税大气污染物的应纳税额 = 污染当量数 \times 适用税额$$

(二)应税水污染物

1. 适用监测数据法的水污染物

适用监测数据法的水污染物包括第一类水污染物和第二类水污染物,其计算公式为:

$$污染当量数 = 排放量 \div 污染当量值$$

2. 适用抽样测算法的水污染物

(1)规模化禽畜养殖业排放的水污染物

规模化禽畜养殖业排放的水污染物计算公式为:

$$污染当量数 = 禽畜养殖数量 \div 污染当量值$$

(2)小型企业和第三产业排放的水污染物

小型企业和第三产业排放的水污染物计算公式为:

$$污染当量数 = 污水排放量(吨) \div 污染当量值(吨)$$

(3)医院排放的水污染物有以下两种计算方式:

$$医院排放的水污染物污染当量数 = 医院床位数 \div 污染当量值$$

或:

$$医院排放的水污染物污染当量数 = 污水排放量 \div 污染当量值$$

(三)应税固体废物

应税固体废物的应纳税额通过固体废物排放量和具体计算,公式为:

$$\begin{aligned}固体废物排放量 =\ &当期固体废物的产生量 - 当期固体废物的综合利用量 - 当期固体废物的贮存量 \\ &- 当期固体废物的处置量应纳税额\end{aligned}$$

$$应纳税额 = 固体废物排放量 \times 具体适用税额$$

九、烟叶税应纳税额的计算

烟叶税的计算公式为:

$$应纳税额＝实际支付的价款总额×税率$$
$$收购烟叶实际支付的价款总额＝收购价款＋价外补贴＝收购价款×（1＋10\%）$$

岗位说明

税务会计岗,主要负责各类税款的计算、缴纳会计核算。

案例资料

（一）企业资料

纳税人名称：烟雨江南有限责任公司

统一社会信用代码：913001083927440721

所属行业：烟叶行业

公司成立时间：2010 年 10 月 26 日

法人代表名称：李海国

身份证号：370101195609290019

注册资本：500 万元

资产总额：4 590 万元

从业人数：2 000 人

主管税务局：浙江省杭州市富阳区税务局

注册地址及电话号码：杭州市富阳区教工路 10 号 11－20 楼 0571－87489856

开户银行及账号：中国农业银行杭州教工路支行 12020231007580912

营业地址：杭州市富阳区 305 省道旁

注册类型：股份有限公司

会计主管：姜来

适用的会计准则：企业会计准则

会计档案存放地：公司档案室

会计核算软件：用友

记账本位币：人民币

会计政策和估计是否发生变化：否

固定资产折旧方法：年限平均法

存货发出成本计价方法：先进先出法

坏账损失核算方法：备抵法

企业主要经营范围：烟叶种植、收购、进行烟叶的加工、储备和出口；开拓卷烟市场,开采矿产资源。

公司为非小型微利企业、非上市公司；属于增值税一般纳税人,假设以下金额均不含增值税,不适用增值税小规模纳税人减征政策。

（二）业务资料

业务1：2024 年 4 月 1 日,公司在杭州市富阳区高桥镇高富路 15－3 号购买一幢由华润超市单独建造的地下储藏室用于存放烟叶,合同载明价款 500 000 元;于 2024 年 4 月 1 日签署合同并办理权属转移、变更登记手续,在 4 月 15 日取得了地下储藏室产权证书及土地使用证书,注明土地面积 40 平方米,土地性质:国有,土地等级:5 等,城镇土地使用税减免性质代码:10129901,减免税额 30 元,房产税的减免性质代码:08129913,减免税额 262.5 元。

富阳区城镇土地使用税单位年税额为每平方米 12 元。浙江省政府规定计算房产余值扣除比例为 30%,产权转移书据印花税税率为 0.05%,公司房产税、城镇土地使用税及印花税适用按季度申报方式,城镇土地使用税季度计税依据 5 平方米,房产税季度计税依据为 43 750 元(假设除本事项外,其他事项均不考虑印花税)。

请为烟雨江南公司在 2024 年 7 月 15 日申报第二季度该房产税、城镇土地使用税及印花税。

业务 2:2024 年 7 月 10 日,收到富阳区自然资源主管部门办理占用耕地手续的书面通知,批准占用耕地 18 200 平方米,耕地占用税税源编号:(2021)第 0100006,耕地坐落地址:浙江省杭州市富阳区高桥镇银湖街道 16 - 3 号,减免性质代码:14123401,减免税额 2 400 元。其中烟雨江南公司内设有幼儿园 200 平方米,剩余面积用于建设香烟生产厂,当地耕地占用税税额为 12 元/平方米。

请为烟雨江南公司在 2024 年 7 月 15 日申报该耕地占用税。

业务 3:2024 年 7 月 12 日,公司就该耕地与杭州市政府签订土地出让合同,合同载明应支付土地出让金及土地补偿费 4 000 万元、拆迁补偿费 400 万元、市政配套费 600 万元;税源编号:(2021)第 0100009,坐落地址:杭州市富阳区桂花西路 18 - 6 号,单独所有,契税税率为 4%。

请为烟雨江南公司在 2024 年 7 月 15 日申报契税。

业务 4:2024 年 7 月 12 日,公司与杭州市海美公司签订房地产转让合同,约定转让杭州市富阳区高桥镇高富路 15 - 6 号的一间六成新的小旧仓库,取得转让不含税收入 200 000 元,因虽设置账簿,但账目混乱,成本资料、收入凭证、费用凭证残缺不全,难以确定扣除项目金额,杭州市税务机关核定土地增值税的征收率为 8%。

请为烟雨江南公司在 2024 年 7 月 15 日申报该土地增值税。

业务 5:2024 年 6 月 26 日,公司从富阳浓香烟叶公司采购烟叶用于加工香烟,支付烟叶收购价款 88 000 元。另向烟农王骏支付了价外补贴 8 800 元,烟叶税税率 20%。

请为烟雨江南公司在 2024 年 7 月 15 日申报该烟叶税。

业务 6:公司在 2024 年 7 月 13 日购买整备质量为 4 吨的比亚迪节能汽车 1 辆用于运输烟叶,价格为 300 000 元,车辆识别代码:EV9496,减免性质代码:12061001,车辆所属街道:富阳区银湖街道,总计税依据:1 吨,减免税额 10 元。公司所在地车船税年税额为整备质量每吨 20 元。

请为烟雨江南公司在 2024 年 7 月 15 日申报该车船税。

业务 7:2024 年 4—6 月,公司在富阳南屿原矿区开采金属矿产铬用于香烟生产,共开采 1 千克,不含税价共计 50 000 元。公司的资源税采用季度申报方式,浙江省规定铬的适用税率为 10%。

请为烟雨江南公司在 2024 年 7 月 15 日申报第二季度该资源税。

业务 8:2024 年 4—6 月,公司由于在富阳区高桥镇生产香烟向大气直接排放二氧化硫

10 000 千克,根据大气污染物污染当量值表,二氧化硫的污染当量值为 0.95 千克,折算的污染当量数为 10 526.32,适用税额为 1.2 元/污染当量。

请为烟雨江南公司在 2024 年 7 月 15 日申报第二季度的环境保护税。

以上案例业务所涉及的会计、税收法律法规政策截至 2024 年 8 月 31 日。实训案例税款所属期可默认当前月份。

业务操作

第一步:登录【电子税务局实训平台】,选择【财产和行为税申报】,单击【办理】,进入实训界面,如图 7-31 至 7-33 所示。

图 7-31 选取【财产和行为税申报】

图 7-32 单击【财产和行为税申报】中的【办理】

图 7-33 选取【财产和行为税减免税明细申报附表】申报表

第二步:进入【财产和行为税减免税明细申报附表】和【财产和行为税纳税申报表】,根据实训案例,填写相关数据,检查是否填写正确之后,单击【提交】,完成之后,单击左上角【全申报】,如图 7-34 至图 7-37 所示。

7

图 7 - 34　城镇土地使用税减免填写

图 7 - 35　车船税减免填写

图 7 - 36　耕地占用税减免填写

图 7 - 37　填写【财产和行为税纳税申报表】

　　第三步：返回【国家税务总局全国电子税务局教学版】，单击左上角【税费申报及缴纳】，单击【税款缴纳】，在税款缴纳列表，选中需要缴纳税款的内容，缴款方式选择【三方协议缴款】，单击【立即缴款】，单击【确定】，如图 7 - 38 所示。

图 7 - 38　财产和行为税【税款缴纳】界面

第四步：实训评分。申报和缴纳税款完成之后，提交实训内容，进入【提交评分】界面可以查看实训情况。

在实训过程中，发现申报表数据填写错误，如果还未申报，可以在填写界面进行修改，如果已申报，可以返回【国家税务总局全国电子税务局教学版】选择【清除数据】，然后再进行正确的申报和纳税计缴，如图 7 - 39 和图 7 - 40 所示。

图 7 - 39　选取【数据清除】

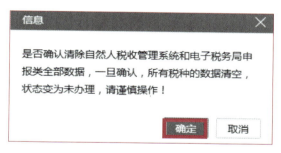

图 7 - 40　【数据清除】提示

📖 项目小结

本项目中，纳税人需根据税法规定，做好准确计算应纳税额的工作，确保申报数据的准确性。做好按时申报的工作，纳税人需按照税法规定的期限，及时完成纳税申报，避免逾期申报带来的风险。做好完整提交资料的工作，纳税人需提交完整的纳税申报资料，包括纳税申报表、财务报表等，以便税务机关审核。做好留意税收优惠政策的工作，纳税人应关注税收中的税收优惠政策，充分利用税收优惠政策降低税负。

📘 技能训练

一、单项选择题

1. 2024 年甲公司的房产原值为 1 000 万元，已提折旧 400 万元。已知从价计征房产税税率为1.2%,当地规定的房产税扣除比例为30%。甲公司当年应缴纳房产税税额的下列算式中,正确的是( )。

    A. $(1\ 000 - 400) \times (1 - 30\%) \times 1.2\% = 5.04$(万元)

    B. $(1\ 000 - 400) \times 1.2\% = 7.2$(万元)

    C. $1\ 000 \times (1 - 30\%) \times 1.2\% = 8.4$(万元)

    D. $1\ 000 \times 1.2\% = 12$(万元)

2. 2024年甲公司将一幢办公楼出租,取得含增值税租金92.43万元。已知增值税征收率为5%。房产税从租计征的税率为12%,下列关于甲公司2024年出租办公楼应缴纳房产税税额的计算中正确的是( )。

    A. $92.43 \div (1 + 5\%) \times 12\% = 10.56$(万元)

    B. $92.43 \div (1 + 5\%) \div (1 - 12\%) \times 12\% = 12$(万元)

    C. $92.43 \div (1 - 12\%) \times 12\% = 12.6$(万元)

    D. $92.43 \times 12\% = 11.091\ 6$(万元)

3. 根据房产税法律制度的规定,下列房产中,不属于房产税免税项目的是( )。

    A. 个人出租的住房   B. 军队自用的房产

    C. 高校学生公寓   D. 宗教寺庙自用的房产

4. 甲商贸公司位于市区,实际占用面积为5 000平方米,其中办公区占地4 000平方米,生活区占地1 000平方米,甲商贸公司还有一个位于农村的仓库,租给公安局使用,实际占用面积为15 000平方米,已知城镇土地使用税适用税率每平方米税额为5元,计算甲商贸公司全年应缴纳城镇土地使用税税额的下列算式中,正确的是( )。

    A. $5\ 000 \times 5 = 25\ 000$(元)   B. $(5\ 000 + 15\ 000) \times 5 = 100\ 000$(元)

    C. $(4\ 000 + 15\ 000) \times 5 = 95\ 000$(元)   D. $4\ 000 \times 5 = 20\ 000$(元)

5. 甲公园位于市郊,2024年实际占用土地面积4 500 000平方米,其中索道公司经营用地30 000平方米。已知,城镇土地使用税适用税率每平方米年税额为5元。计算甲公园2024年度应缴纳城镇土地使用税税额的下列算式中,正确的是( )。

    A. $30\ 000 \times 5 = 150\ 000$(元)

    B. $4\ 500\ 000 \times 5 = 22\ 500\ 000$(元)

    C. $(4\ 500\ 000 + 30\ 000) \times 5 = 22\ 650\ 000$(元)

    D. $(4\ 500\ 000 - 30\ 000) \times 5 = 22\ 350\ 000$(元)

6. 甲公司2024年实际占地面积15 000平方米,其中生产区占地10 000平方米,生活区占地3 000平方米,对外出租2 000平方米。已知城镇土地使用税适用税率每平方米年税额2元。计算甲公司当年应缴纳城镇土地使用税税额的下列算式中,正确的是( )。

    A. $15\ 000 \times 2 = 30\ 000$(元)   B. $(10\ 000 + 3\ 000) \times 2 = 26\ 000$(元)

    C. $10\ 000 \times 2 = 20\ 000$(元)   D. $(10\ 000 + 2\ 000) \times 2 = 24\ 000$(元)

7. 根据城镇土地使用税法律制度的规定,下列城市用地中,不属于城镇土地使用税免税项目的是( )。

    A. 市政街道公共用地   B. 国家机关自用的土地

    C. 企业生活区用地   D. 公园自用的土地

8. 根据契税法律制度的规定,下列各项中,属于契税纳税人的是( )。

    A. 典当商铺的李某   B. 转让国有土地使用权的乙公司

C. 出租住房的王某　　　　　　　　　　D. 受让国有土地使用权的甲公司

9. 根据契税法律制度的规定,下列各项中,属于契税征税范围的是(　　　　)。

A. 房屋互换　　　B. 房屋典当　　　C. 房屋抵押　　　D. 房屋出租

10. 根据车船税法律制度的规定,下列车船中,以净吨位数为计税依据的是(　　　　)。

A. 机动船舶　　　B. 轮式专用机械车　　C. 挂车　　　　D. 商用客车

二、多项选择题

1. 根据房产税法律制度的规定,与房屋不可分的下列部分中,应计入房产原值交房产税的有(　　　　)。

A. 给排水管道　　　B. 电梯　　　　　　C. 暖气设备　　　D. 中央空调

2. 根据城镇土地使用税法律制度的规定,下列各项中,可以作为城镇土地使用税计税依据的有(　　　　)。

A. 省政府确认的单位测定的面积

B. 土地使用证书确认的面积

C. 由纳税人申报的面积为准,核发土地使用证后做调整

D. 税务部门规定的面积

3. 根据契税法律制度的规定,下列选项中,免征契税的有(　　　　)。

A. 国家机关承受房屋用于办公

B. 纳税人承受荒山土地使用权用于农业生产

C. 军事单位承受土地用于军事设施

D. 城镇居民购买商品房用于居住

4. 甲商业企业在转让其自用的办公楼时产生的下列各项税费中,在计算土地增值税时可以扣除的有(　　　　)。

A. 增值税　　　　B. 城市维护建设税　　C. 教育费附加　　D. 印花税

5. 根据土地增值税法律制度的规定,下列各项中,在计算土地增值税时,应计入房地产开发成本的有(　　　　)。

A. 公共配套设施费　　　　　　　　B. 建筑安装工程费

C. 取得土地使用权所支付的地价款　　D. 土地征用及拆迁补偿费

6. 根据土地增值税法律制度的规定,下列情形中,属于税务机关可要求纳税人进行土地增值税清算的有(　　　　)。

A. 房地产开发项目全部竣工并完成销售的

B. 整体转让未竣工决算房地产开发项目的

C. 纳税人申请注销税务登记但未办理土地增值税清算手续的

D. 取得销售(预售)许可证满 3 年仍未销售完毕的

7. 根据印花税法律制度的规定,下列各项中,属于印花税纳税人的有(　　　　)。

A. 立据人　　　　B. 领受人　　　　　　C. 立合同人　　　D. 立账簿人

8. 根据印花税法律制度的规定,下列各项中,不是按件贴花的是(　　　　)。

A. 运输合同　　　B. 产权转移书据　　　C. 借款合同　　　D. 不动产权证书

9. 根据印花税法律制度的规定,下列合同和凭证中,免征印花税的有(　　　　)。

A. 军事物资运输结算凭证　　　　　　B. 仓储保管合同

C. 抢险救灾物资运输结算凭证　　　　D. 财产租赁合同

7

10. 根据城市维护建设税法律制度的规定,纳税人向税务机关实际缴纳的下列税款中,应为城市维护建设税计税依据的是(　　　　)。

A. 增值税税款
B. 消费税税款
C. 土地增值税税款
D. 车船税税款

三、判断题

1. 对以房产投资联营、投资者参与利润分红、共担风险的,以房产余值作为计税依据计缴房产税。　　　　　　　　　　　　　　　　　　　　　　　　　　　(　　)

2. 甲公司委托施工企业建设一栋办公楼,从该办公楼建成之次月起缴纳房产税。　　　　　　　　　　　　　　　　　　　　　　　　　　　　　　　　(　　)

3. 纳税人购置新建商品房,自房屋交付使用当月起,缴纳城镇土地使用税。(　　)

4. 转让国有土地使用权的行为,应征收土地增值税。　　　　　　　　(　　)

5. 房产所有人将房屋产权赠与直系亲属的行为,不征收土地增值税。(　　)

6. 纳税人隐瞒、虚报房地产成交价格的,按照房产的购置原价计算征收土地增值税。　　　　　　　　　　　　　　　　　　　　　　　　　　　　　　(　　)

7. 扣缴义务人代收代缴车船税的,纳税地点为扣缴义务人所在地。　　(　　)

8. 对于从境外采购进口的原产于中国境内的货物,应按规定征收进口关税。(　　)

9. 财产所有权人将财产赠给政府所立的书据免征印花税。　　　　　　(　　)

10. 根据车辆购置税法律制度的规定,个人购买的经营用小汽车不属于车辆购置税免税项目。　　　　　　　　　　　　　　　　　　　　　　　　　　　　(　　)

项目八 税收风险管控

知识目标

1. 了解税收风险的定义、类型。
2. 熟悉纳税评估原理和依据。
3. 掌握财税大数据对风险防控的重要性。

技能目标

1. 能应用纳税评估通用分析的方法。
2. 能应用纳税评估分税种特定分析的方法。
3. 能进行财税大数据的收集与预处理。
4. 能进行财税风险评估与建模。

素养目标

1. 培养诚信守法意识,严格遵守国家税收各项法律法规。
2. 培养风险管控意识,在日常工作中及时发现并防范潜在的税收风险。
3. 培养持续学习能力,保持对新税收法规、政策的关注和学习,提高应对复杂税务问题的能力。

知识导图 （图 8-1）

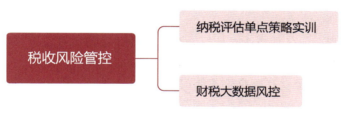

图 8-1 知识导图

滨江房地产开发有限公司从事以房屋开发销售为主的多元化经营模式,该公司与多家建筑公司、土地开发商、房地产设计与装修公司、金融机构、物业管理公司和房地产租赁公司等多家公司有相关经济业务往来,为增值税一般纳税人。

案例思考:

你认为该房地产企业从立项、设计、施工、验收到交付业务流程中容易产生哪些税收风险点。

任务一 纳税评估单点策略实训

知识准备

一、税收风险概述

税收风险,是指在征税过程中,由于制度方面的缺陷,政策、管理方面的失误,以及种种不可预知和控制的因素所引起的税源状况恶化、税收调节功能减弱、税收增长乏力、最终导致税收收入不能满足政府实现职能需要的一种可能性。

税务风险是企业的涉税行为因未能正确有效遵守税收法规而导致企业未来利益的可能损失,具体表现为企业涉税行为中影响纳税准确性的不确定因素,结果就是企业多交了税或者少交了税。概括来讲,企业的涉税行为大致可分为三类:税收政策遵从、纳税金额核算、纳税筹划。其中税收政策遵从是纳什么税的问题,纳税金额核算是纳多少税的问题,纳税筹划是如何纳最少的税的问题。

二、税收风险类型

税收风险的大小因企业的状况不同而不同,它既取决于企业面临的客观因素,也取决于企业内部的主观因素,主要有两种风险:

(一)交易风险

交易风险,是指企业各种商业交易行为和交易模式中因本身特点可能影响纳税准确性而导致未来交易收益损失的不确定因素,如:

(1)重要交易的过程没有企业税务部门的参与,企业税务部门只是交易完成后进行纳税核算。

(2)企业缺乏适当的程序应用于评估和监控交易过程中的纳税影响。

(3)除继续对企业提供的财务账簿进行纳税检查外,税务机关越来越多关注记录企业交易过程的资料。

对企业来讲,越不经常发生的交易行为,税收风险就越大,如兼并、资产重组等事项;而像原材料采购、商品销售、融资等日常交易行为的纳税风险相对就会小。

(二)遵从风险

遵从风险,是指企业的经营行为未能有效适用税收政策而导致未来利益损失的不确定因素,如:

(1)企业未能及时更新可适用税收政策系统。

(2)企业未能对自身内部发生的新变化做出适用税收政策判断。

(3)企业缺乏外部机构对自身纳税义务的指导性制度。

遵从风险是企业纳税风险中最大的一种风险。

三、纳税评估作用和依据

(一)纳税评估的作用

纳税评估,是税务机关对纳税人履行纳税义务情况进行事中税务管理、提供纳税服务的方式之一。通过实施纳税评估,发现征收管理过程中的不足,强化管理监控功能,以帮助纳税人发现和纠正在履行纳税义务过程中出现的错漏,矫正纳税人的纳税意识和履行纳税义务的能力。

(二)纳税评估的依据

1.法律法规依据

纳税评估工作根据国家税收法律、行政法规、部门规章和其他相关经济法规的规定进行。税务机关运用数据信息比对分析的方法,对纳税人和扣缴义务人纳税申报的真实性、准确性进行分析,并依法进行核实。

2.数据信息依据

纳税评估的信息资料不仅包括税务机关内部采集的信息,还可以通过信息网络,获取其他经济管理部门的外部信息。这些信息为纳税评估提供了数据支持,使得税务机关能够更全面、准确地了解纳税人的纳税情况。

纳税评估管理办法(试行)

3.管理原则依据

纳税评估工作遵循强化管理、优化服务、分类实施、因地制宜、人机结合、简便易行的原则。这些原则为纳税评估工作提供了指导,确保评估工作的有效性和效率。

🔍 岗位说明

税务风控岗,主要负责:税务管理,合理税务安排,确保公司纳税遵从,完成税务申报;参与公司财务体系完善,编制涉税相关政策。

8

▤ 实训资料

(一)企业基本资料

纳税人名称:杭州中建建筑股份有限公司

统一社会信用代码：913301097384125000

公司成立时间：2004年7月1日

经济性质：股份有限公司

增值税类型：一般纳税人

注册地址：杭州市滨江区南环路375号

经营范围：承担国内外公用、民用房屋建筑工程的施工、安装、咨询；基础设施项目的投资与承建；国内外房地产投资与开发；建筑与基础设施建设的勘察与设计；装饰工程、园林工程的设计与施工；实业投资；承包境内外资工程；进出口业务；建筑材料及其他非金属矿物制品、建筑用金属制品、工具、建筑工程机械和钻探机械的生产与销售（依法须经批准的项目，经相关部门批准后方可开展经营活动）。

建工建筑的集团总部在杭州，公司适用企业所得税税率25％，房产税按照最高比例减除30％，城镇土地使用税每平方米10元。

（二）业务资料

相关业务资料可从平台获取，也可扫描二维码查看。

涉税风险业务资料

业务操作

第一步：登录【税收风险管控教学平台】，进入【纳税评估单点策略实训】，单击【开始实训】，找到案例"建筑行业-中新建筑有限责任公司纳税评估"，单击【案例简介】，详细阅读案例的有关内容，单击【立即进入】，阅读【学习指引】【行业背景】【案例情景】，如图8-2至图8-4所示。

图8-2　登录【税收风险管控教学平台】

图8-3　选取【纳税评估单点策略实训】

图 8-4　选取案例【中新建筑有限责任公司纳税评估】

第二步：根据已知数据完成相关实训内容。依次填写【风险点判断和结论】【风险特征分析计算】【风险信息排除确认】【风险应对经验策略】，如图 8-5 至图 8-8 所示。

图 8-5　填写【风险点判断和结论】

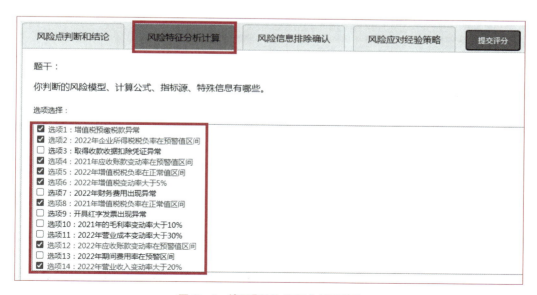

图 8-6　填写【风险特征分析计算】

8

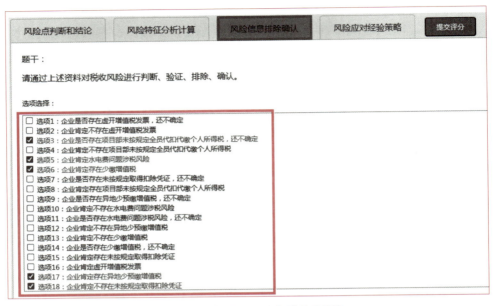

图 8 - 7　填写【风险信息排除确认】

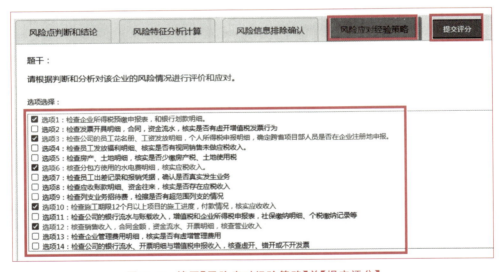

图 8 - 8　填写【风险应对经验策略】并【提交评分】

　　第三步：提交评分之后，可以单击【查看实训报告】，查看填写内容是否正确。阅读相关实训报告，如图 8 - 9 至图 8 - 11 所示。

图 8 - 9　查看实训报告

8

图 8-10　阅读纳税风险识别实训报告

图 8-11　查看【案例点评】

任务二　财税大数据风控

8

一、财税大数据概述

　　财税大数据,是指在财税领域生成、收集以及经过分析和处理的巨量多样化数据集合。这些数据不仅包括了传统的财务报表、税务记录等结构化数据,还涵盖了网络交易信息、电子发票等非结构化数据。财税大数据的重要性不言而喻。首先,它有助于提升税收征管效率,通过数据分析精准定位税收漏洞,确保税收的公平性和有效性。其次,财税大数据为政策制定者提供了科学的决策依据,使财税政策更加符合实际、贴近民生。最后,对于企业而言,财税大数据也是优化经营管理、降低财税风险的重要工具。

二、财税大数据的收集与预处理

(一) 数据收集

在税务风险分析中,数据收集是至关重要的一步:它直接决定了后续分析的准确性和有效性。

1. 税务系统数据

与税务部门建立合作关系,通过正式的数据共享协议或接口来获取数据。主要包括纳税人的申报记录、缴税记录、退税信息、税务稽查结果等。这些数据直接反映了纳税人的税务行为,是评估税务合规性和发现潜在税务风险的基础。

2. 企业财务数据

直接向企业索取或通过公开渠道获取,涵盖资产负债表、利润表、现金流量表等财务报表,以及成本核算、费用明细等详细财务数据。企业财务数据能够揭示企业的经营状况、盈利能力、成本结构等,对于评估企业的纳税能力和识别潜在的税务风险至关重要。

3. 第三方数据

购买或订阅第三方数据服务商提供的数据服务,如行业研究报告、市场调研数据等,包括行业趋势分析、市场规模预测、竞争对手情报等。这些数据为税务风险分析提供了宏观和行业背景,有助于更全面地理解企业的税务环境和潜在风险。

(二) 数据预处理

数据预处理是确保数据分析准确性和高效性的关键步骤。在税务风险分析中,数据预处理技术主要包括以下几个方面:

1. 数据清洗

去除原始数据中的重复、错误或无效记录,确保数据的干净和准确。使用数据清洗工具或编写脚本,自动检测并处理异常值、缺失值、重复值等问题。清洗后的数据质量更高,为后续的数据分析提供了可靠的基础。

2. 数据转换

由于不同来源的数据可能采用不同的格式和标准,因此需要进行数据转换以统一格式。利用数据转换工具或编程方法,将数据从一种格式转换为另一种格式。数据转换确保了不同数据源之间的兼容性和可比性,便于进行跨数据源的分析和挖掘。

3. 数据集成

将来自不同数据源的数据进行整合,形成一个统一的数据集。在数据集成过程中需要处理数据模式匹配、数据冗余和数据冲突等问题。通过数据集成,可以获得更全面、更丰富的数据视图,从而更准确地评估税务风险和制定相关策略。

三、财税风险评估与建模

在财税风险分析中,风险评估是核心环节,它旨在识别和量化潜在的财税风险。

（一）风险评估方法

1. 定性分析

定性分析主要依赖于专家判断和经验总结来进行风险评估。它侧重于对财税风险的性质、特点和可能产生的影响进行描述性分析。主要的实施步骤如下：

（1）组建专家团队。邀请具有丰富财税经验和专业知识的专家参与评估。

（2）收集信息。整理与财税风险相关的政策、法规、案例等资料。

（3）专家讨论与判断。通过专家会议、德尔菲法等方式，集合专家意见，对风险进行初步评估。

（4）经验总结。根据历史案例和专家经验，对风险的类型、发生概率和潜在影响进行概括。

定性分析能够充分利用专家的专业知识和经验，快速对风险进行初步识别。但受限于专家团队的知识水平和经验，可能存在一定的主观性。

2. 定量分析

定量分析通过运用统计分析和机器学习算法，构建数学模型来量化财税风险。它能够提供更精确、更客观的风险评估结果。主要的实施步骤如下：

（1）数据收集与整理。收集与财税风险相关的历史数据，并进行预处理。

（2）选择合适的统计方法或机器学习算法。根据数据特点和分析目的，选择合适的分析方法。

（3）构建风险评估模型。利用历史数据训练模型，使其能够预测和量化财税风险。

（4）模型验证与调整。通过实际数据验证模型的准确性，并根据反馈进行调整和优化。

定量分析能够提供精确的风险量化结果，有助于制定针对性的风险管理策略。但定量方法往往依赖于高质量的数据和合适的模型选择，且可能忽视某些难以量化的风险因素。

（二）风险评估模型构建

在财税风险评估中，构建有效的风险评估模型是至关重要的。

1. 选择合适的评估指标

深入了解财税风险的具体表现和影响因素，从众多可能的指标中，选择那些能够直接反映财税风险状况、具有代表性和可操作性的指标。将选定的指标整合成一个完整的评估指标体系，能够尽量覆盖财税风险的各个方面。

2. 构建评估模型

收集并整理历史数据，确保数据的准确性和完整性。根据数据特点和评估需求，选择合适的统计模型或机器学习算法作为评估模型的基础。利用历史数据对模型进行训练，使其能够识别财税风险与评估指标之间的关系。

3. 模型验证与优化

使用独立的数据集对训练好的模型进行验证，评估其预测性能和准确性。根据验证结果对模型进行调整和优化，以提高其预测能力。

4. 持续监控与更新

定期对模型进行重新训练和验证，确保其始终能够适应财税风险的变化。

8

🔍 岗位说明

税务主管岗,模拟企业税务主管岗位,对本企业财税风险进行自查评估及风险应对。

▤ 实训资料

(一)企业基本资料

公司名称:安徽长盛汽车制造有限公司

注册地址:安徽省合肥市东流路 198 号

经营范围:汽车、汽车发动机、汽车零部件设计、开发、制造、销售;与上述业务相关的技术开发、技术转让、技术咨询、技术培训、技术服务;进出口业务。

该公司是一家大型现代化乘用车生产企业,注册资金 59.3 亿元,总资产超 120 亿元,员工 5 000 余人,厂区面积达 934 000 平方米。经过 30 多年的发展,公司产能布局已覆盖东北、西南、华南、华东以及华北地区,拥有轿车厂、动力总成事业部以及冲压中心九大专业生产厂,具备了年产汽车 130 万辆,发动机 100 万台的能力。从建厂初期的一个品牌 1 款产品,发展到现在的产品谱系覆盖轿车、客车、卡车、SUV、MPV 等领域,拥有悦星、悦动、悦来、悦康等多个自主品牌,拥有排量从 0.8 L 到 2.5 L 的系列发动机平台。

企业主要涉及税费:增值税及其他附加税费、消费税、企业所得税、个人所得税、房产税、印花税、城镇土地使用税等。公司已通过国家高新技术企业认定,享受国家关于高新技术企业的税收优惠政策,即按 15% 的税率缴纳企业所得税,企业所得税为查账征收;房产税按照比例减除 30%。

(二)业务要求

(1)完成汽车制造业财税合规检查,并能够对不合规的问题点提出整改思路。

(2)组建汽车制造业风险指标及风险引擎。

(3)利用所组建的引擎进行风险扫描和风险排查。

(4)针对税务检查疑点进行计算补税税种及金额。

(5)能够对涉税风险疑点选择正确的风险应对措施。

▤ 业务操作

第一步:登录【税收风险管控教学平台】,进入【财税大数据风控】,单击【开始实训】,找到案例"长盛汽车制造有限公司-2022",单击【案例简介】,详细阅读案例的有关内容,单击【立即进入】,阅读【学习指引】【行业背景】【案例情景】,如图 8-12 至图 8-14 所示。

第二步:选择案例"长盛汽车制造有限公司-2022",单击【立即进入】,进入下一步,单击【开始实训】。

依据已知案例数据,查看"题干"以及"标准答案"的内容,完成【合规性检查】实训内容。

依据已知案例数据,查看"风险方向""作答方式""风险验证指标"的内容,完成【风险疑点判断】实训内容。

图 8－12　进入【财税大数据风控】

图 8－13　选取案例【长盛汽车制造有限公司－2022】

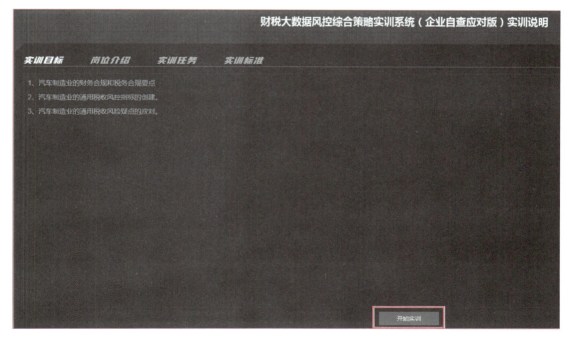

图 8－14　开始实训

依据已知案例数据,查看"指标名称""指标类型""计算公式"的内容,完成【风险引擎管理】实训内容。

依据已知案例数据,查看"指标名称""计算公式"的内容,完成【风险扫描】实训内容。

依据已知案例数据,查看"指标名称"的内容,完成【风险排查】实训内容。

依据已知案例数据,查看"指标名称""风险方向""应对方案""风险后果自测"的内容,完成【风险后果自测】实训内容。

依据已知案例数据,查看"涉税疑点""疑点是否存在""判断依据"的内容,完成【涉税风险疑点】实训内容。

依据已知案例数据,查看"涉税疑点""题干""处理方式""补税""税务调整""金额合计"等版块的内容,完成【违规成本及法律责任】实训内容。

第三步:阅读长盛汽车制造有限公司财税大数据风控能力实训报告,填写【违规成本及法律责任】。

📖 项目小结

2023 国赛真题——大数据税务预警与风险防控

税务风险是企业面临的重要挑战,合理的税务风险管控可以帮助企业降低风险,保护企业的合法权益。在知识层面,理解税收风险的定义、类型,明晰纳税评估的作用和依据,认识财税大数据在风险防控中的重要作用。技能方面,掌握涉纳税评估的通用及分税种特定分析方法,学会财税大数据的收集与预处理,能够进行财税风险评估与建模;培养具有诚信守法意识和风险管控意识,提高应对复杂税务问题的能力。

📔 技能训练

一、单项选择题

1. 落实信息管税的工作思路中,( )应作为税收风险管理工作的基础。
A. 挖掘和利用好内外部涉税信息
B. 挖掘和利用好征管系统信息
C. 挖掘和利用好第三方涉税信息
D. 挖掘和利用好分规模和分行业信息

2. 内部控制分析法的方法,不包括( )。
A. 审查法　　　　B. 访谈法　　　　C. 推算法　　　　D. 测试法

3. 财务报表具体审查方法,不包括( )。
A. 纳税人申报信息　　　　　　　B. 税务检查信息
C. 社会举报信息　　　　　　　　D. 私自截取邮件

4. 大数据分析具有的优势,不包括( )。
A. 可以发现新的模式和趋势　　　B. 可以提高决策效率
C. 可以降低成本　　　　　　　　D. 可以帮助企业获得政府扶持

二、多项选择题

1. 涉税风险程度评估,可以分为的等级有( )。
A. 高　　　　　B. 中　　　　　C. 低　　　　　D. 无

8

2. 纳税评估的依据包括（　　　　　）。

A. 档案管理流程　　　　　　　　B. 法律法规依据

C. 数据信息依据　　　　　　　　D. 管理原则依据

3. 常用税收风险评估的方法有（　　　　　）。

A. 定量分析　　　　B. 定性分析　　　　C. 定点分析　　　　D. 定员分析

4. 财税大数据风控策略包括（　　　　　）。

A. 预防性风控策略　　　　　　　　B. 监测性风控策略

C. 应对性风控策略　　　　　　　　D. 惯例法

5. 数据预处理技术包括（　　　　　）。

A. 数据转换　　　　B. 数据集成　　　　C. 人工智能　　　　D. 数据清洗

三、问答题

1. 简述风险评估模型的构建。

2. 检查涉税凭证是否完整、规范，在审计期间是否被审计机构正常审核，审核的具体内容有哪些？

项目九 综合税费计缴与申报模拟

 知识目标

掌握企业常见业务涉及的税收知识和实务操作。

技能目标

1. 能具备数电发票开具的技能。
2. 能掌握企业综合税费计算、申报、缴纳业务。
3. 能具备税收法律分析和运用能力。
4. 能具备企业税收岗位的适应能力。

 素养目标

1. 理解相关税收法律规定，增强法律意识。
2. 通过模拟训练，培养一丝不苟的工作作风。

知识导图 （本项目无知识性框架，以操作流程代替）

走进电子税务局

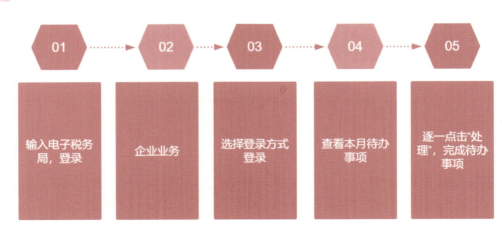

图 9-1 实训平台流程图

一、登录

登录国家税务总局全国电子税务局（教学版），输入学校编码、账号、密码。

二、选择训练模块

选择【全税种综合申报】模块，如图 9 - 2 所示。

图 9 - 2　全税种综合申报模块

通过此模块内嵌案例学习，可以掌握不同行业综合税费的计算、申报与缴纳。

三、选择练习案例

找到自己需要练习的案例，单击案例右侧【实训】，进入实训，如图 9 - 3 所示。

图 9 - 3　案例实训平台

四、选择模块

进入"案例实训"界面,逐个选择案例涉及模块,进行开票、申报等工作训练。

五、获得案例详情

案例详情获得方式一:进入对应界面,了解案例请选择【案例详情】,如图9-4所示。

图9-4　实训系统分布

案例详情获得方式二:进入练习选择的模块,单击左上方【登录】,输入账号、密码、验证码,确认登录,进入常用功能页面,选择自己即将做的事项,如:开票业务、税费申报及缴纳等,如图9-5所示。

图9-5　实训模块分布

进入选做事项页面,单击页面上部【案例详情】,根据需要选择案例详情呈现方式,如图9-6所示。

图9-6　调整【案例详情】

任务二　企业纳税计缴与申报模拟准备

一、案例背景

本套案例所有权属于国家税务总局全国电子税务局（教学版）研发单位。案例涉及全面数字化的电子发票开具、税务数字账户发票勾选与确认、增值税一般纳税人及附加税费网上申报、消费税纳税申报、财务报表填制与网上报送、企业所得税季度申报、社会保险费申报、通用申报（工会经费）、财产及行为税申报、个人所得税预扣预缴申报、查账征收企业所得税汇算清缴网上申报、残疾人就业保障金缴纳申报。

本实训选择虚拟的浙江红琦酒业有限公司 2024 年 3 月经营业务。

二、知识准备

本案例属于酒类企业综合案例，涉及税法知识比较全，在前面各项目中均已涉及，本项目仅列出特别需要注意的知识点。

案例详情

（一）一般纳税人出租不动产（表 9 - 1）

表 9 - 1　一般纳税人出租不动产税务处理

取得时间	计税方法	不动产 A 地，机构 B 地	税　务　处　理
2016 年 4 月 30 日前	简易计税（可选择）	AB 同地（同县市区，不预缴，下同）	纳税地点：机构所在地；应纳税款＝租金÷(1＋5％)×5％
		AB 不同地（预缴，下同）	预缴地点：不动产所在地；应纳税款＝租金÷(1＋5％)×5％ 纳税地点：机构所在地；应纳税款＝租金÷(1＋5％)×5％－预缴金额
2016 年 5 月 1 日后	一般计税	AB 同地	纳税地点：机构所在地；应纳税款＝租金÷(1＋9％)×9％
		AB 不同地	预缴地点：不动产所在地；应纳税款＝租金÷(1＋9％)×3％ 纳税地点：机构所在地；应纳税款＝租金÷(1＋9％)×9％－预缴金额

（二）商业折扣与现金折扣（表 9 - 2）

表 9 - 2　商业折扣与现金折扣税务处理

销售方式	描　述	增值税税务处理
商业折扣	企业为促进商品销售而在商品价格上给予的价格扣除属于商业折扣	(1) 商品销售涉及商业折扣的，应当按照扣除商业折扣后的金额确定销售商品收入金额 (2) 纳税人采取折扣方式销售货物，如果销售额和折扣额在同一

9

续　表

销售方式	描　　述	增值税税务处理
商业折扣	企业为促进商品销售而在商品价格上给予的价格扣除属于商业折扣	张发票上分别注明的,可按折扣后的销售额征收增值税。纳税人采取折扣方式销售货物,销售额和折扣额在同一张发票上分别注明是指销售额和折扣额在同一张发票上的"金额"栏分别注明的,可按折扣后的销售额征收增值税。未在同一张发票"金额"栏注明折扣额,而仅在发票的"备注"栏注明折扣额的,折扣额不得从销售额中减除
现金折扣	债权人为鼓励债务人在规定的期限内付款而向债务人提供的债务扣除属于现金折扣	销售商品涉及现金折扣的,应当按扣除现金折扣前的金额确定销售商品收入金额

(三) 收取包装物押金的增值税处理

1. 销售非酒类产品的规定

纳税人为销售货物而出租出借包装物收取的押金,单独记账核算的,不并入销售额征税。但对因逾期未收回包装物不再退还的押金,应按所包装货物的适用税率征收增值税。纳税人为销售货物出租出借包装物而收取的押金,无论包装物使用期限长短,超过 1 年(含 1 年)以上仍不退还的均并入销售额征收增值税。

2. 销售酒类产品的规定

对销售除啤酒、黄酒外的其他酒类产品而收取的包装物押金,无论是否返还以及会计上如何核算,均应并入当期销售额征税。

3. 销售额的规定

对增值税一般纳税人(包括纳税人自己或代其他部门)向购买方收取的价外费用和逾期包装物押金,应视为含税收入,在征税时换算成不含税收入并入销售额计征增值税。

(四) 保本金融产品利息收入交纳增值税规定

购买保本理财取得的利息需要按照贷款服务缴纳增值税;购买非保本理财取得的利息不需要缴纳增值税。

(五) 增值税视同销售情形及确定计税依据

1. 增值税视同销售情形

单位或者个体工商户的下列行为,视同销售货物:

(1) 将货物交付其他单位或者个人代销。

(2) 销售代销货物。

(3) 设有两个以上机构并实行统一核算的纳税人,将货物从一个机构移送其他机构用于销售,但相关机构设在同一县(市)的除外。

(4) 将自产或者委托加工的货物用于非增值税应税项目。

(5) 将自产、委托加工的货物用于集体福利或者个人消费。

(6) 将自产、委托加工或者购进的货物作为投资,提供给其他单位或者个体工商户。

(7) 将自产、委托加工或者购进的货物分配给股东或者投资者。

（8）将自产、委托加工或者购进的货物无偿赠送其他单位或者个人。

2. 视同销售的计税依据

视同销售货物和劳务，按下列顺序确定销售额：首先，按纳税人最近时期同类货物的平均销售价格确定；若无则按其他纳税人最近时期同类货物的平均销售价格确定；若都无，则按组成计税价格确定。组成计税价格的公式为：

$$组成计税价格 = 成本 \times (1 + 成本利润率)$$

属于应征消费税的货物，其组成计税价格中应加计消费税额，实行复合计税办法计算纳税的组成计税价格计算公式为：

$$组成计税价格 = \left(成本 + 利润 + \frac{自产自用}{数量} \times \frac{消费税定额}{税率}\right) \div \left(1 - \frac{消费税比}{例税率}\right)$$

（六）增值税附加税费的计税依据

增值税的附加税费是指以增值税为计税基础的附加税费，分别是城市维护建设税、教育费附加、地方教育附加。计算公式为：

$$应交城市维护建设税 = \left(\frac{实际缴纳的}{增值税} + \frac{消费税}{税额}\right) \times 城市维护建设税率$$

$$教育费附加 = \left(\frac{实际缴纳的}{增值税} + \frac{消费税}{税额}\right) \times 3\%$$

$$地方教育附加 = \left(\frac{实际缴纳的}{增值税} + \frac{消费税}{税额}\right) \times 2\%$$

（七）委托加工物资的消费税规定

按照消费税的有关规定，如果委托加工的物资属于应纳消费税的，应由受托方代扣代缴。委托加工的应税消费品，用于连续生产的，所纳税款按规定准予抵扣；委托加工的应税消费品直接对外销售的，不再征收消费税。

三、案例分析

（一）业务资料一

经济业务 1：白酒销售业务。对增值税一般纳税人向购买方收取的价外费用和逾期包装物租金，应换算成不含税收入并入销售额计征增值税。涉及主营业务收入和其他业务收入。

经济业务 2：甲类啤酒类产品以外的应税消费品包装物押金在收取时不缴纳增值税、消费税。逾期或已收取 1 年以上时缴纳增值税和消费税（押金需换算为不含税价款），涉及主营业务收入和其他业务收入。

资料一会计
分录及税费
计算

（1）特殊的包装物押金作价外费用理解。除啤酒、黄酒外的酒类产品包装物押金无论是否逾期均换算为不含税价款并入销售额，计算、缴纳增值税和消费税。

（2）啤酒、黄酒包装物押金属于正常押金，记入"其他应付款——押金"账户，逾期或已收取 1 年以上时视同销售包装物，缴纳增值税。啤酒、黄酒消费税均定额从量计征，此处不计算消费税。甲类、乙类啤酒判定标准是出厂价 3 000 元以上还是以下（以上为甲类，反之为乙类),出厂价为出厂环节销售额加上不含税押金。反复周转使用的塑料周转箱押金不计入此计算。

经济业务 3:企业存货成本构成包括买价和运费等,此题中进项税额均可抵扣。

经济业务 4:增值税普通发票的进项税额不得抵扣,计入相关资产成本或当期损益。

经济业务 5:预借差旅费。

经济业务 6:分析同经济业务 1,涉及主营业务收入。

经济业务 7:本业务均属购入商品用于集体福利,进项税额需转出。不涉及主营业务收入的增加。

经济业务 8:本业务系处置 2008 年购入的固定资产。一般纳税人销售自己使用过的 2008 年 12 月 31 日以前购进或者自制的固定资产,未放弃减税的条件下按简易办法依 3% 的征收率,减按 2% 征收增值税。

经济业务 9:正常商品购进未入库。

经济业务 10:白酒销售业务,计算增值税销项税额和消费税。

经济业务 11:委托加工应税消费品且收回后继续加工应税消费品。

经济业务 12:缴纳时直接记入"税金及附加"账户,根据电子税务局中印花税缴纳时间是否跨期确定是否通过"应交税费"账户核算。

经济业务 13:缴纳增值税,作如下会计分录:借记"应交增值税——未交增值税",贷记"银行存款"。

经济业务 14:增值税的附加税是指以增值税为计税基础的附加税费,分别是城市维护建设税、教育费附加、地方教育附加。另有个人所得税代扣代缴业务。

经济业务 15:收回委托加工酒品继续生产酒品的消费税计算。

经济业务 16:一般纳税人既可以开专票,也可以开普票,税率相同,一样计算缴税。

经济业务 17:用组成计税价格计算样品白酒要交的消费税。消费税组成计税价格是指按照计税价格应当包含的因素计算合成的计税价格。当货物属于应征消费税货物时,其组成计税价格中还应加计消费税额。

此题的计算过程如下:

$$组成计税价格 = [0.2 \times 35\,000 \times (1+10\%) + 0.2 \times 1\,000\,000/500 \times 0.5] \div (1-20\%)$$
$$= (7\,700 + 200) \div 0.8 = 9\,875(元)$$

$$应纳消费税 = 9\,875 \times 20\% + 200 = 2\,175(元)$$

经济业务 18:不得抵扣进项税额的判断与转出。取得增值税专用发票先全额抵扣,如属于不得抵扣的金额再进行进项税转出处理。

经济业务 19:购买商标权后,同时用于应税项目和免税项目进项税额允许全额抵扣增值税销项税额。

经济业务 20:本业务为转让自用固定资产,且其取得时间为 2009 年 1 月 1 日之后。考察点主要是无票收入处理,填写在附表 1。

经济业务 21:销售涉及商业折扣应当按照扣除商业折扣后的金额确定。在同一张发票的"金额"栏分别注明的,可按折扣后的销售额征收增值税。未在同一张发票"金额"栏注明折扣额,而仅在发票的"备注"栏注明折扣额的,折扣额不得从销售额中减除。

经济业务 22:非正常损失的购进货物以及相关的劳务和交通运输服务,非正常损失的在产品、产成品所耗用的购进货物(不包括固定资产)、劳务和交通运输服务,进项税额不得从销项税额中抵扣。非正常损失,是指因管理不善或违法造成被盗、丢失、霉烂变质的损失。根据上述规定,自然灾害不属于非正常损失,不必做进项税额转出。

经济业务23:用于简易计税方法计税项目、免征增值税项目、集体福利或个人消费的购进货物、加工修理修配劳务、服务、无形资产和不动产,其进项税额不得抵扣,作进项税额转出处理。

经济业务24:进口普通瓶装葡萄酒一般涉及关税、增值税、消费税。关税的计算公式为:

$$应纳关税＝海关核定的关税完税价格×葡萄酒关税税率$$

关税完税价格一般为CIF价,包括成本、保险和运输费用,但若中国海关对企业申报的CIF价表示怀疑,会参照同期同类的商品价格核定。进口葡萄酒的关税在一定程度上受国家之间的贸易关系影响。

经济业务25:本业务涉及消费税应税商品销售,涉及开具数电票增值税专用发票的项目信息维护、客户信息维护。

经济业务26:涉及现代服务业的增值税计算与处理问题。

经济业务27:库存商品用于在建工程,进项税额可以抵扣。

经济业务28:自产啤酒用于职工福利,涉及增值税和消费税的视同销售,此题还涉及啤酒类别的判定问题。

经济业务29:通过杭州市红十字会捐赠给杭州某希望小学应当视同销售计征增值税。

经济业务30:本业务开具增值税普通发票,计算增值税销项税额。

经济业务31:本业务是购买咨询服务。

经济业务32:公司收取的员工的罚款应当计入"营业外收入"缴纳企业所得税。

经济业务33:受托加工应税消费品,应由受托方在向委托方交货时代收代交税款。本题需要开具加工费数电普通发票。

经济业务34:企业支付的电费中用于职工福利进项税额不得抵扣,需要进行进项税转出处理。

经济业务35:销售果酒,涉及增值税、消费税,还需要开具数电增值税专用发票。

经济业务36:购买国内旅客运输服务,并取得数电增值税专用发票。

经济业务37:保本理财产品利息收入,应按照"贷款服务"缴纳增值税,金融商品持有期间(含到期)取得的非保本的上述收益,不属于利息或利息性质的收入,不征收增值税。

经济业务38:销售商品涉及现金折扣,应当按扣除现金折扣前的金额确定销售商品收入金额,计算缴纳增值税。

经济业务39:管理部门支付快递费,涉及增值税进项税额确定。

经济业务40:一般纳税人出租其2016年4月30日前购入的不动产,可以选择简易计税方法,征收率为5%,纳税义务发生时间为收到预收款的当天。

经济业务41:购入原材料。

经济业务42:由于管理不善造成存货盘亏,计入当期管理费用。这里涉及进项税额转出。

经济业务43:货款到账业务。

经济业务44:销售方向购买方收取的违约金,如果与应税销售行为直接相关,则属于价外费用,需要按照主销售行为项目及税率开具发票并计算缴纳增值税和消费税。

经济业务45:固定资产折旧计提业务。

(二)业务资料二

本业务资料的完成需要在业务资料一分析的基础上进行。总结涉及营业收入的业务序号和销售额如下:

(1) 215 252.21 元 (159 500＋55 752.21)

(2) 84 884.96 元 (84 000＋884.96)

(6) 234 000 元

(10) 10 400 元

(15) 164 000 元

(16) 75 600 元

(21) 81 130 元

(23) 78 095.24 元

(25) 800 000 元

(28) 4 770 元

(30) 7 800 元

(33) 44 247.79 元

(35) 63 500 元

(38) 85 400 元

(44) 3 433.63 元

营业收入＝159 500＋55 752.21＋84 000＋884.96＋234 000＋10 400＋164 000＋75 600＋81 130＋78 095.24＋800 000＋4 770＋7 800＋44 247.79＋63 500＋85 400＋3 433.63＝1 952 513.83(元)

营业成本＝958 965.30 元

税金及附加＝290 124.23 元

销售费用＝214 770.65 元

管理费用＝165 812.48 元

财务费用＝35 886.12 元

投资收益＝77 181.26 元

资产处置收益＝9 776.55 元

营业利润＝1 952 513.83－958 965.3－290 124.23－214 770.65－165 812.48－35 886.12＋77 181.26＋9 776.55＝373 912.86(元)

营业外收入＝2 000 元

营业外支出＝72 680 元

利润总额＝373 912.86＋2000－72 680＝303 232.86(元)

所得税费＝303 232.86×0.25＝75 808.22(元)

净利润＝303 232.86－75 808.22＝227 424.64(元)

盈余公积＝年初盈余公积＝2 021 134.70 元

未分配利润＝年初未分配利润＋本年累计净利润＝10 158 278.66＋5 423 641.78＝15 581 920.44(元)

所有者权益合计＝5 000 000＋2 021 134.70＋15 581 920.44＝22 603 055.14(元)

负债和所有者权益合计＝6 307 839.31＋22 603 055.14＝28 910 894.45(元)

2024 年 3 月
报表

(三)业务资料三

浙江红琦酒业有限公司属于增值税一般纳税人,税务机关核定企业所得税征收方式为查账征收,按照实际利润额预缴方式预缴企业所得税。企业财务执行新会计准则,非汇总企业,无分支机构。

企业 2024 年第一季度从业人数季初 301 人,季末 303 人,资产总额季初 2 800.26 万元,季末 2 925.12 万元;季度平均值从业人数 302 人,资产总额 2 862.69 万元。2024 年 3 月取得投资收益 77 181.26 元,均为公司购买国债取得的国债利息收入。

(四)业务资料四

2024 年杭州市企业在职职工社保缴费基数下限标准为 4 462 元/月,上限标准为 24 060 元/月。社保缴费比例如表 9-3 所示。

表 9-3　杭州市社保缴费比例

险　种	单位部分(%)	个人部分(%)
养老保险	15	8
医疗保险(含生育保险)	9.5	2
失业保险	0.50	0.50
工伤保险	根据行业风险等级浮动	0

浙江红琦酒业有限公司 2024 年 3 月份有员工 9 人,实现营业收入 1 952 513.83 元,3 月份公司社保计算表见表 9-4。

表 9-4　浙江红琦酒业有限公司 2024 年 3 月份社保计算表

序号	姓名	缴费基数	基本养老保险费		基本医疗保险费		失业保险费		工伤保险费
			单位(15%)	个人(8%)	单位(9.5%)	个人(2%)	单位(0.5%)	个人(0.5%)	单位(0.2%)
1	张明哲	10 022.15	1 503.32	801.77	952.10	200.44	50.11	50.11	20.04
2	马舒立	8 650.21	1 297.53	692.02	821.77	173.00	43.25	43.25	17.30
3	阮天翊	8 500.00	1 275.00	680.00	807.5	170.00	42.50	42.50	17.00
4	陈凯瑞	7 565.31	1 134.80	605.22	718.70	151.31	37.83	37.83	15.13
5	王玉璐	9 800.00	1 470.00	784.00	931.00	196.00	49.00	49.00	19.60
6	赵熙雯	12 500.00	1 875.00	1 000.00	1 187.50	250.00	62.50	62.50	25.00

9

续　表

序号	姓　名	缴费基数	基本养老保险费		基本医疗保险费		失业保险费		工伤保险费
			单位(15%)	个人(8%)	单位(9.5%)	个人(2%)	单位(0.5%)	个人(0.5%)	单位(0.2%)
7	王凯丞	7 256.20	1 088.43	580.50	689.34	145.12	36.28	36.28	14.51
8	郭耀杰	6 530.26	979.54	522.42	620.37	130.61	32.65	32.65	13.06
9	王琪涵	9 760.50	1 464.08	780.84	927.25	195.21	48.80	48.80	19.52

（五）业务资料五

2024 年公司职工 3 月工资总额 104 500.5 元。公司已成立了工会组织，杭州按先缴后返方式缴纳工会经费。本期应缴工会经费为 2 090.01 元（104 500.5×2%）。

（六）业务资料六

房产税计算分为以原值计算及以租金额计算两种方式。由于案例中没有给更多信息，所以根据现有资料分析，计算过程为：

季度应纳税额 = 150 000×12% = 18 000（元）

城镇土地使用税以纳税人实际占用的土地面积为计税依据，按照规定的适用税额标准计算应纳税额（因为税源采集录入量比较大，平台做简化处理。本题需要计算出应纳税额，并计算出税率和计税依据数字，进行申报）。

印花税是企业经营中经常涉及的税种。在 2023 年的印花税规定中，征收的税率减半，对于单件征收的免征。企业缴纳印花税，一般是财务人员将税票买回，自行在购销合同等凭证上贴花。印花税缴纳计算过程如下：

买卖合同部分应纳印花税税额 = （2 000 000 + 500 000）×0.03% = 750（元）

运输合同部分应纳印花税税额 = 100 000×0.03% = 30（元）

应纳印花税税额 = 750 + 30 = 780（元）

（七）业务资料七

在经济生活中，员工隶属单位年度内按发薪情况代扣代缴，下年年初员工汇算清缴。本案例只涉及企业代扣代缴。

需要录入人员基础信息表（平台内置模版，可以根据需要下载、填写、导入。导入完毕注意保存更新）、填写专项附加扣除、下载并填写正常工资薪金收入明细与个人所得税计算表模版、录入补充事项后导入。

（八）业务资料八

企业所得税年度汇算清缴：

（1）根据业务资料八资料 1 填写 A100000 表。

（2）根据业务资料八资料 2 所给"营业收入明细表""营业外收入明细表"填列 A101C10 表。其中转让专利技术利得填入表 18 行。

（3）业务资料八中资料 3 的备注 1 是转让专利技术利得，符合税收优惠条件，在 A107020 表中"四、符合条件的技术转让项目"填列。项目成本、相关税费等按"0"填列。

（4）业务资料八中资料 3 的备注 2 中，取得政府补助收入 100 万元，计入"递延收益"账户，并按照不征税收入进行管理。同年，将该资金用于对企业创新创业人才引进、培养和奖励，发生支出 250 000.00 元，记入"管理费用"账户，同时从"递延收益"账户转至"营业外收入"账户 250 000.00 元。在 A105040 表中第 6 行"本年度"行、符合不征税条件的财政性资金列中的"其中：计入本年度损益的金额"列、本年度支出情况列中的"支出金额"列及"费用化支出"列、本年度结余列中的"应计入本年度应税收入"列中填列。

（5）业务资料八中资料 3 的备注 3 中，公司以 60 000.00 元投资 A 公司，占 A 公司 40% 的股份。投资当日被投资单位净资产公允价值 200 000.00 元。公司对该项投资采用权益法核算。会计处理上确认了 20 000.00 元的营业外收入，在税务上不需要缴纳企业所得税，在 A105000 表"收入类调整项目"中"（四）按权益法核算长期股权投资对初始投资成本调整确认收益"对应的"调减金额"填写 20 000.00 元。

（6）业务资料八中资料 4"投资收益明细表"中，国债利息收入免征企业所得税在 A107010 表中行次 2 填写；符合条件的居民企业之间的股息、红利等权益性投资收益在 A107011 表中行次 1 对应列次 1、列次 7 处填写 18 0000.00 元。

（7）业务资料八中资料 5 所示，公允价值增加带来了 10 000.00 元收益，应在会计中记入"公允价值变动损益"账户，计入会计利润。在企业所得税汇算清缴时需在 A105000 中 7 行"账载金额"填 10 000.00 元，"调减金额"填写 10 000.00 元。

（8）根据业务资料八中所给"营业成本明细表""营业外支出明细表"填写 A102010。

（9）根据业务资料八中资料 8 的"销售费用明细表"，工资薪酬在 A104000 表中行次 1 列次 1 处填写；广告费不超过营业收入 15% 的，可税前扣除，在 A105060 行次 1 与"广告费与业务宣传费"对应处填写 541 088.68 元；销售佣金 53 000 元在 A105000 表行次 23"账载金额"填 53 000.00 元，"税收金额"填 50 000 元（业务发生额 100 万×5%），"调增金额"填 3 000.00 元。

（10）业务资料八中资料 9 的备注 1，按税费规定以已知金融企业同期同类贷款年利率为抵扣计算利息，即 6 万元 [（100×0.08%）×9÷12]，需要调增 4.5 万元，在 A105000 表中 18 行次"账载金额"填写 105 000.00 元，"税收金额"填写 60 000.00 元，"调增金额"填写 45 000.00 元。

（11）根据业务资料八资料 10 填写 A107012。研发费用全部做费用化处理，在会计上记入"管理费用"账户，在 A104000 表中"管理费用"的行次 19 处填写。

（12）根据业务资料八资料 12 填写 A105000 表中行次 33"账载金额"25 835.50 元、"调增金额"25 835.50 元。

（13）业务资料八中资料 11 的备注 1 业务符合对贫困地区捐赠税费准予全额扣除规定，在 A105070 行次 3"账载金额"及"税收金额"填写 50 000.00 元。

通过杭州市红十字会向灾区捐赠一批自产的货物，是公益性捐赠，在 A105070 行次 4"账载金额"及"税收金额"均填入销售含税价 158 200.00 元。该业务也符合视同销售税费规定，在 A105010 行次 18 将成本金额填入"税收金额"及"纳税调整金额"。

（14）业务资料八中资料 11 的备注 3，该业务按税法规定不得扣除在税前扣除，在 A105000 行次 21"账载金额"及"调增金额"填写实际发生额 20 000.00 元。

（15）业务资料八中资料 11 的备注 4 中，违反政府规定被相关职能部门处罚的罚款支出 5 000.00 元，税收滞纳金 3 000.00 元，按税法规定不得税前扣除，在 A105000 行次 19、20 分别填写"账载金额"5 000.00 元、3 000.00 元，"调增金额"5 000.00 元、3 000.00 元。

9

（16）根据业务资料八资料 13 填写 A105080 表中相应行次。

（17）根据业务资料八资料 14 填写 A105050 表相应行次。职工福利费按工资总额的 14％计提，职工教育经费按工资总额的 8％计提，工会经费按工资总额的 2％计提。公司安置残疾人员 4 名，签订劳动合同并缴纳社会保险，符合安置残疾人就业企业所得税优惠条件，在 A107010 行次 29 填写残疾人员工资 23 058.00 元。

（18）根据业务资料八资料 15 填写 A106000 表中相应行次。

任务三 企业纳税申报模拟操作

一、操作要求

（1）案例业务所涉及的会计、税收法律法规政策截至 2024 年 02 月 29 日。

（2）开具发票时注意修改"开票日期"与业务信息保持一致。

（3）计算结果以四舍五入方式保留两位小数。

二、开票业务

因为篇幅问题，本任务只演示三笔开票业务。

进入"案例实训"界面，选择并进入全面数字化的电子发票开票系统。单击【开票业务】，如图 9-7 所示。

案例开票列示

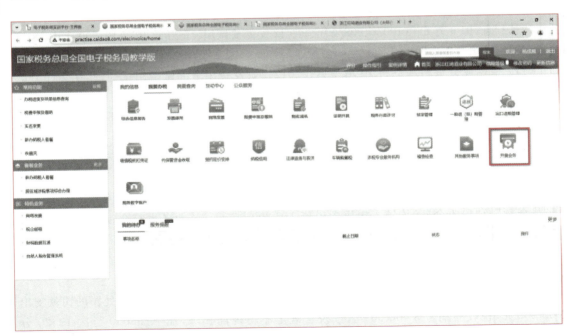

图 9-7 开票业务选择

（一）经济业务 10 开票处理

公司向杭州海欧烟酒专卖店（统一社会信用代码：913300007964974109；地址及电话：杭州市占墩路 101 号综合房 28008109；开户行及账号：杭州联合银行三墩支行201000007018379）销售 12 度青梅酒 50 箱，货物已发出，双方签订的书面合同约定当月 15日付款。开具数电增值税专用发票一份。出库单见案例资料。

步骤一：进入开票系统，单击【蓝字发票开具】，如图 9-8 所示。

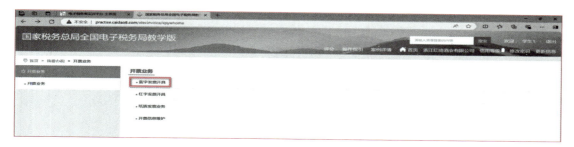

图 9-8　选择【蓝字发票开具】

步骤二：单击【立即开票】，如图 9-9 所示。

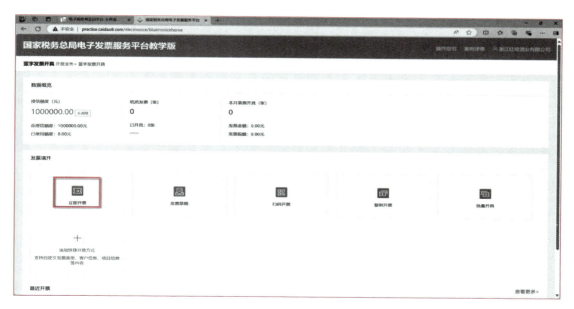

图 9-9　立即开票

9

步骤三：选择【增值税专用发票】，如图 9－10 所示。

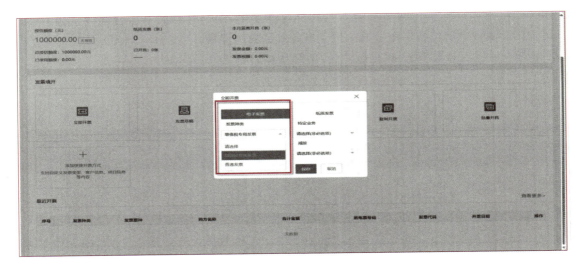

图 9－10 选择【增值税专用发票】

步骤四：单击【购买方信息】，如图 9－11 所示。

图 9－11 打开购买方信息簿

步骤五：勾选购买方信息，如图 9-12 所示。

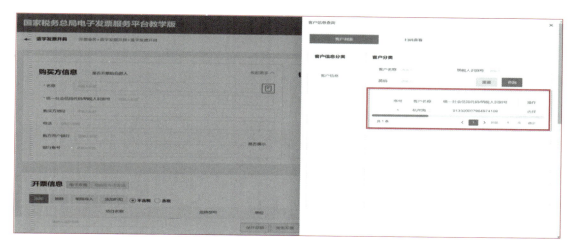

图 9-12　勾选购买方信息

步骤六：填写相应日期，如图 9-13 所示。

图 9-13　填写日期

9

步骤七：选择商品信息，如图 9－14 所示。

图 9－14　选择商品信息

步骤八：勾选商品信息，如图 9－15 所示。

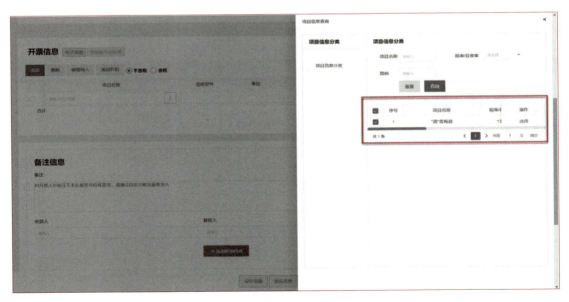

图 9－15　勾选商品信息

步骤九：填写数量，如图 9-16 所示。

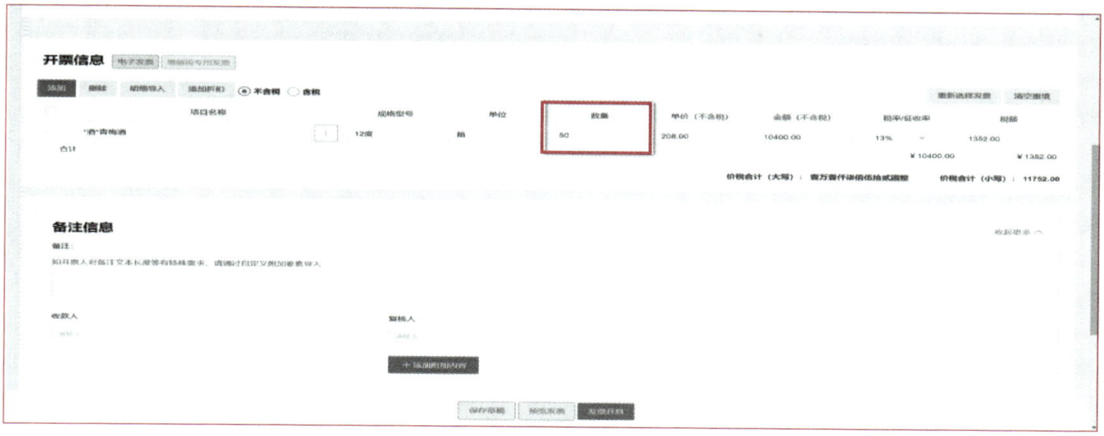

图 9-16　填写数量

步骤十：单击【发票开具】，如图 9-17 和图 9-18 所示。

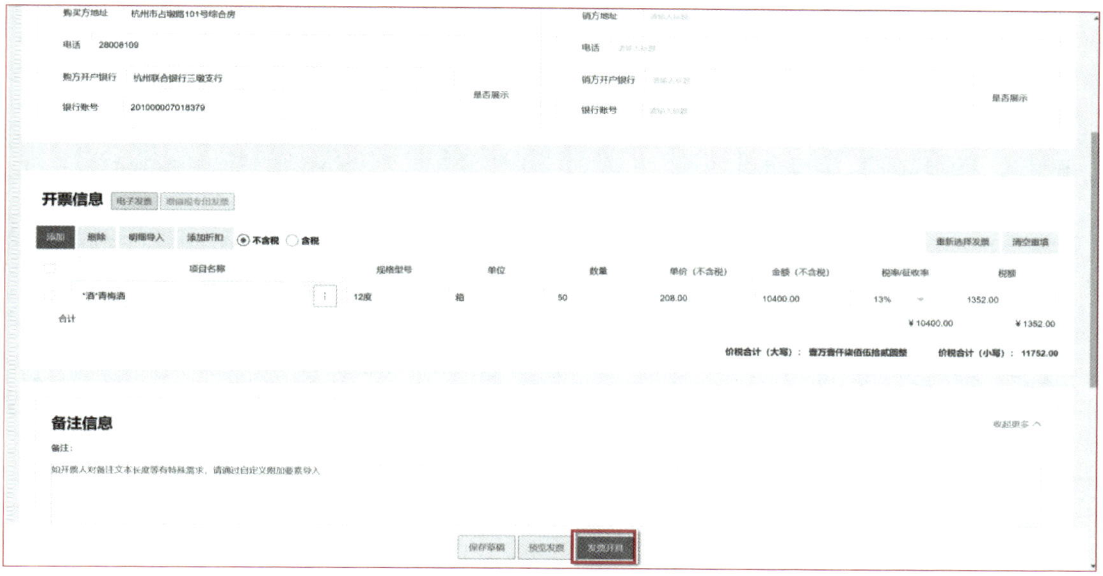

图 9-17　发票开具

9

电子发票（增值税专用发票）

发票号码：23101000000000194367
开票日期：2024-03-09 15:46:27

购买方信息	名称：杭州海欧烟酒专卖店 统一社会信用代码/纳税人识别号：913300007964974109				销售方信息	名称：浙江红琦酒业有限公司 统一社会信用代码/纳税人识别号：913340402817770125		

项目名称	规格型号	单位	数量	单价	金额	税率/征收率	税额
*酒*青梅酒	12度	箱	50	208.00	10400.00	13%	1352.00
合计					¥10400.00		¥1352.00
价税合计（大写）	⊗壹万壹仟柒佰伍拾贰圆整					（小写）¥11752.00	

图 9-18　业务 10 票样

（二）经济业务 21 开票处理

公司向浙江梅尼超市有限公司（统一社会信用代码：913301093218753621；地址及电话：杭州市滨江区江南大道 802 号 84634251；开户行及账号：建行滨江区高新支行655328375732756）销售白桃酒及荔枝酒各 200 箱,因是老客户,给予其 5％折扣销售,款项暂未收取,开具数电增值税专用发票一份。出库单见案例资料。

步骤一至九同经济业务 10。

步骤十：添加商业折扣,如图 9-19 所示。

图 9-19　添加商品折扣

步骤十一：填写商业折扣率，如图 9-20 所示。

图 9-20　填写商业折扣率

步骤十二：单击【开具发票】，完成开票，如图 9-21 所示。

电子发票（增值税专用发票）

发票号码：23103000000000194379
开票日期：2024-03-15 16:00:55

购买方信息	名称：浙江梅尼超市有限公司				销售方信息	名称：浙江红琦酒业有限公司		
	统一社会信用代码/纳税人识别号：913301093218753621					统一社会信用代码/纳税人识别号：913340402817770125		

项目名称	规格型号	单位	数量	单价	金额	税率/征收率	税额
*酒*白桃酒		箱	200	165.00	33000.00	13%	4290.00
*酒*白桃酒					-1650.00	13%	-214.50
*酒*荔枝酒		箱	200	262.00	52400.00	13%	6812.00
*酒*荔枝酒					-2620.00	13%	-340.60
合计					￥81130.00		￥10546.90
价税合计（大写）	⊗玖万壹仟陆佰柒拾陆圆玖角整					（小写）	￥91676.90

图 9-21　业务 21 票样

（三）经济业务 38 开票处理

公司向杭州译林烟酒专卖店（统一社会信用代码：913302394002303948；地址及电话：杭州市上城区环城东路 23 号 0571-83470888；开户行及账号：中国工商银行环城东路支行

1202028838473)销售白酒一批。为及早收回货款,公司与杭州译林烟酒专卖店约定的现金折扣条件为:2/10,1/20,$n/30$,商品已发出,假定计算现金折扣时不考虑增值税。请开具数电增值税专用发票一份。出库单见案例资料。

步骤一至九同经济业务10。

步骤十:修改商品规格和单价,如图9-22所示。

图9-22　修改商品规格和单价

步骤十一:单击【开具发票】,完成开票,如图9-23所示。

电子发票(增值税专用发票)

发票号码:23107000000000194447
开票日期:2024-03-26 16:50:18

购买方信息	名称:杭州译林烟酒专卖店				销售方信息	名称:浙江红琦酒业有限公司			
	统一社会信用代码/纳税人识别号:913302394002303948					统一社会信用代码/纳税人识别号:913340402817770125			

项目名称	规格型号	单位	数量	单价	金额	税率/征收率	税额
*酒*石冻春	45度	箱	50	590.00	29500.00	13%	3835.00
*酒*石冻春	50度	箱	50	650.00	32500.00	13%	4225.00
*酒*石冻春	52度	箱	30	780.00	23400.00	13%	3042.00
合计					¥85400.00		¥11102.00
价税合计(大写)	⊗玖万陆仟伍佰零贰圆整					(小写)	¥96502.00

图9-23　业务38票样

注意：此业务中商品信息只能录入一个，在开票业务模块里面修改商品参数。开票时也不需要加上现金折扣，直接用销售金额。

三、税务数字化账户发票勾选确认

进入"案例实训"界面，选择并进入全面数字化的电子发票开票系统。

步骤一：单击进入，如图 9 – 24 所示。

图 9 – 24　实训系统分布

步骤二：单击【登录】进入系统，如图 9 – 25 所示。

图 9 – 25　登录系统

步骤三：单击【税务数字账户】，如图 9-26 所示。

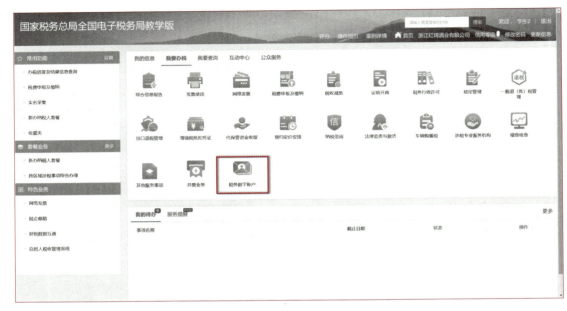

图 9-26 选择【税务数字账户】

步骤四：单击【发票勾选确认】，如图 9-27 所示。

图 9-27 单击【发票勾选确认】

步骤五：单击【抵扣类勾选】，如图 9-28 所示。

图 9-28 【抵扣类勾选】界面

步骤六：单击【全选】，如图 9-29 所示。

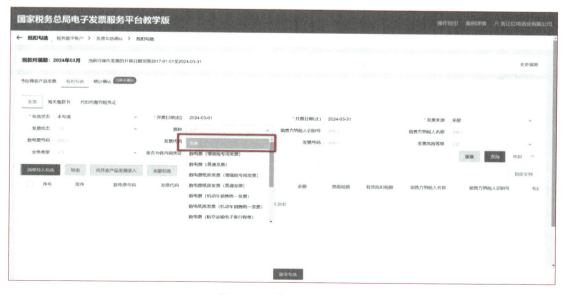

图 9-29 发票代码全选

步骤七：单击右侧【查询】后勾选并提交，如图9-30所示。

图9-30　勾选发票

步骤八：海关扣缴书的勾选步骤跟随下图序号，如图9-31所示。

图9-31　海关扣缴书勾选

步骤九：在勾选统计结果页面，查看统计数据，确认无误后，单击【统计确认】，如图9-32所示。

图 9-32　统计确认

四、一般纳税人增值税及附加税费申报

步骤一：进入"案例实训"界面，选择并进入全国税务局网厅申报平台，如图 9-33 所示。单击右上角【登录】，输入账号、密码、验证码登录，如图 9-34 所示。

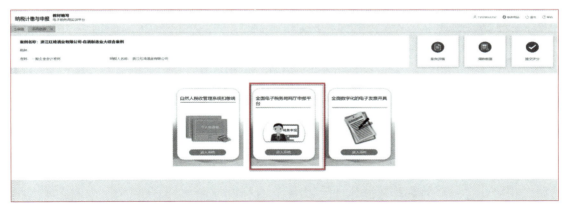

图 9-33　选择全国税务局网厅申报平台

国家税务总局全国电子税务局教学版
登录
我的待办
我要预约
个性服务
通知公告
我的信息
我要办税
我要查询
互动中心
公众服务

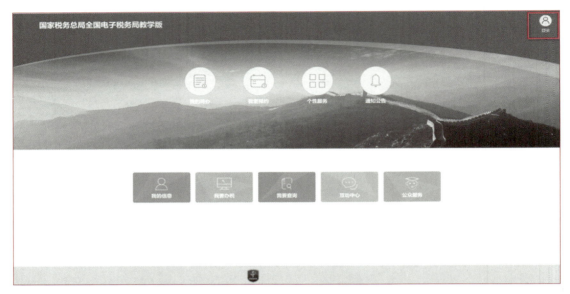

图 9-34 登录全国税务局网厅申报平台

步骤二：进入【我的待办】页面，选择【增值税及附加税费申报（一般纳税人）4.0】，单击右侧【办理】，如图 9-35 所示。

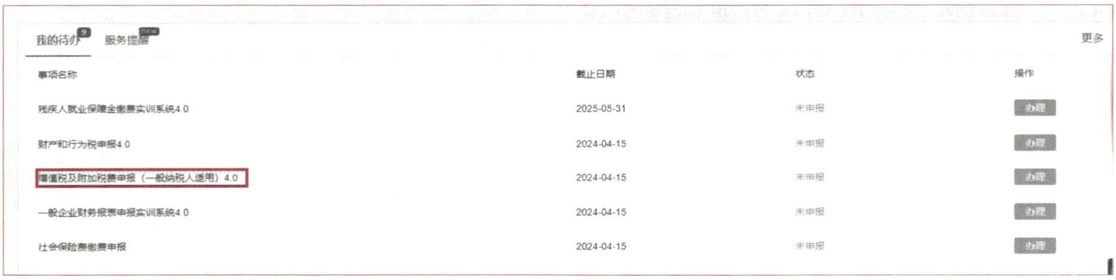

我的待办 9
服务提醒 new
更多
事项名称
截止日期
状态
操作
残疾人就业保障金缴费实训系统4.0
2025-05-31
未申报
办理
财产和行为税申报4.0
2024-04-15
未申报
办理
增值税及附加税费申报（一般纳税人适用）4.0
2024-04-15
未申报
办理
一般企业财务报表申报实训系统4.0
2024-04-15
未申报
办理
社会保险费缴费申报
2024-04-15
未申报
办理

图 9-35 我的待办

步骤三：进入“增值税申报”界面，如图 9-36 所示。逐次单击界面上方申报表附列资料等进行纳税申报，有数据就填写并提交。因为没有数据，点开后提交，进行零申报。

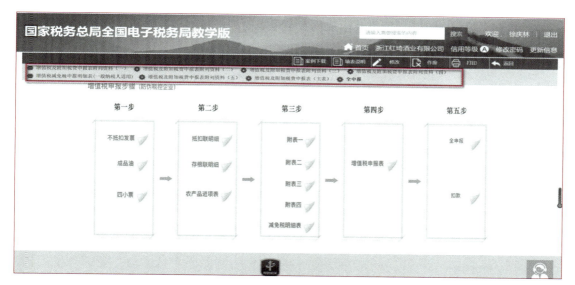

图 9 - 36　增值税申报

步骤四：填写并提交【增值税及附加税费申报表附列资料(一)】，如图 9 - 37 所示。

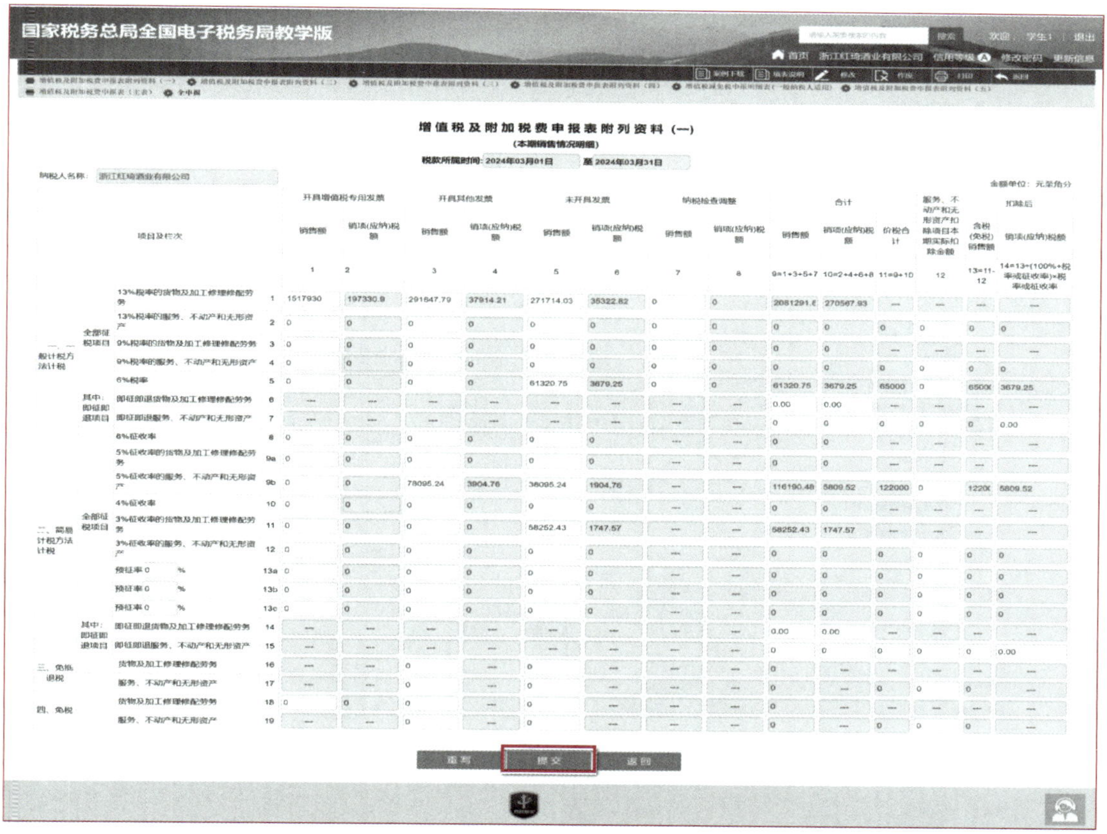

图 9 - 37　填写并提交【增值税及附加税费申报表附列资料(一)】

9

步骤五：填写并提交【增值税及附加税费申报表附列资料(二)】，如图9-38所示。

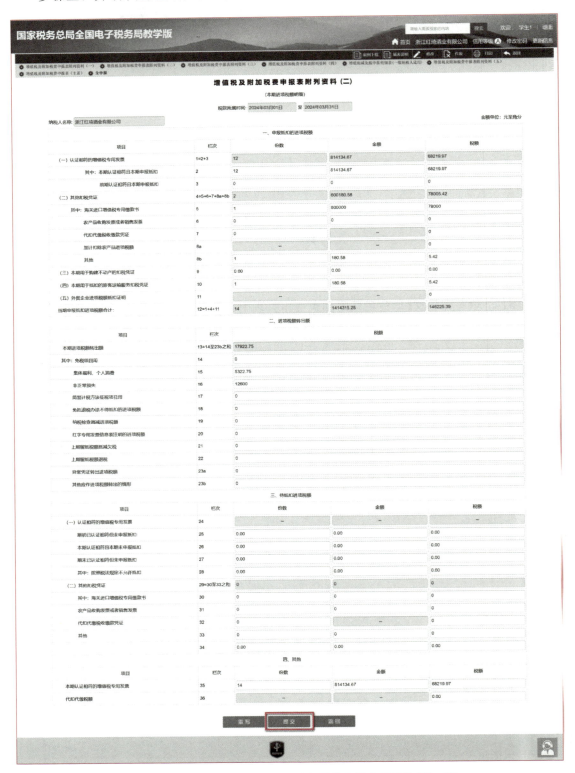

图9-38 填写并提交【增值税及附加税费申报表附列资料(二)】

步骤六：填写并提交【增值税及附加税费申报表附列资料（三）】，如图 9 – 39 所示。

图 9 – 39　填写并提交【增值税及附加税费申报表附列资料（三）】

步骤六：填写并提交【增值税及附加税费申报表附列资料（四）】，如图 9 – 40 所示。

图 9 – 40　填写并提交【增值税及附加税费申报表附列资料（四）】

步骤七：填写并提交【增值税减免税申报明细表】，如图 9-41 所示。

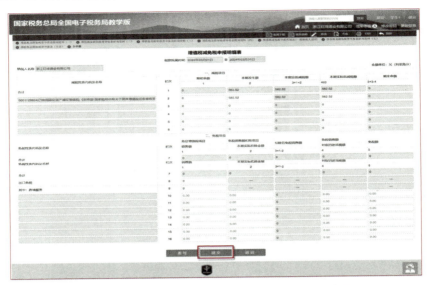

图 9-41 填写并提交【增值税减免税申报明细表】

步骤八：填写【增值税及附加税费申报表】（提示：此处不用提交），如图 9-42 所示。

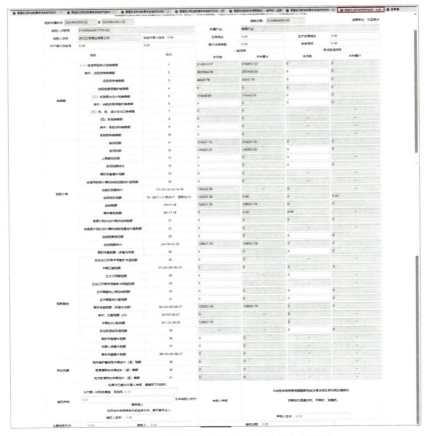

图 9-42 填写【增值税及附加税费申报表】

步骤九：填写并提交【增值税及附加税费附列资料(五)】，如图 9-43 所示。

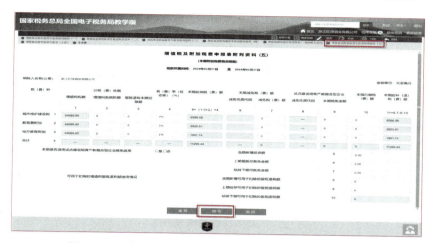

图 9-43　填写并提交【增值税及附加税费附列资料(五)】

步骤十：返回提交【增值税附加税费申报表】，再单击右上角【全申报】，结束工作，如图 9-44 所示。

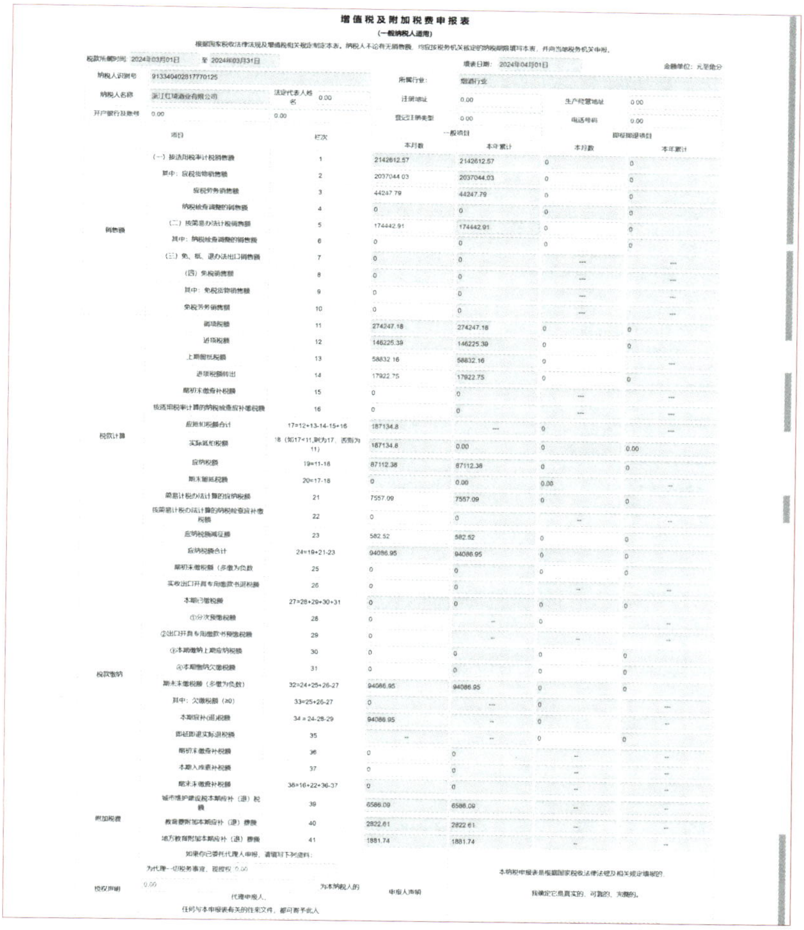

图 9-44　提交【增值税附加税费申报表】

五、消费税及附加税申报

步骤一：在【我的待办】页面，选择消费税进行办理，如图9-45所示。

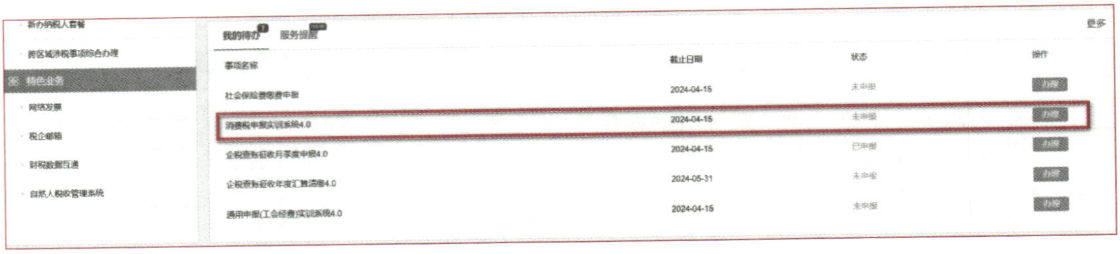

图9-45 消费税申报办理

步骤二：填写并提交【本期准予扣除税额计算表】，如图9-46所示。

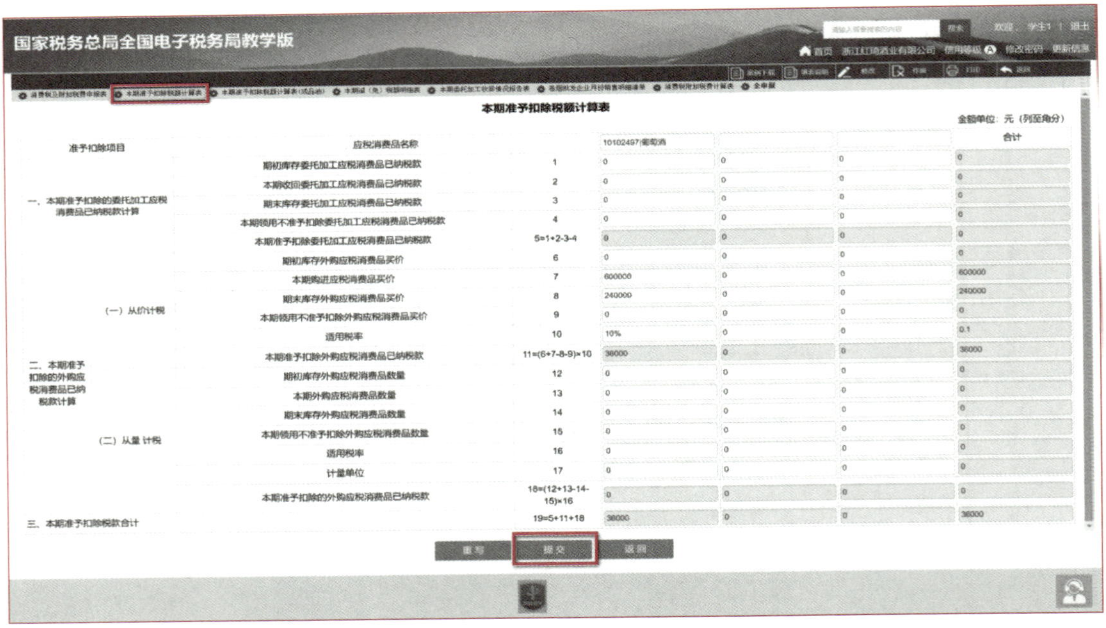

图9-46 填写并提交【本期准予扣除税额计算表】

提示：依次打开图9-46界面上方各表，业务涉及就填写提交，不涉及的就直接提交，后面只列示本案例涉及的表。

步骤三：填写【消费税及附加税费申报表】（填写完应税消费品名称等，此处不提交，转入步骤四），如图9-47所示。

国家税务总局全国电子税务局教学版

消费税及附加税费申报表

税款所属时间：2024年03月01日 至 2024年03月31日

纳税人识别号(统一社会信用代码)：913340402817770125

纳税人名称：

金额单位：人民币元（列至角分）

项目 应税消费品名称	适用税率 定额税率	比例税率	计量单位	本期销售数量	本期销售额	本期应纳税额
	1	2	3	4	5	6=1×4+2×5
白酒（从价计算）	0.5	20%	元/斤	4420	553927.21	112995.44
	0	0	0	0	0	0
啤酒（3000元/吨以上）	250	0	元/吨	9.6	0	2400
其他酒	0	10%		0	1122463.63	112246.36
合计	--	--	--	--	--	227641.81

	栏次	本期税费额
本期减（免）税额	7	0
期初留抵税额	8	0
本期准予扣除税额	9	36000
本期应扣除税额	10=8+9	36000
本期实际扣除税额	11[10<(6-7),则为10,否则为6-7]	36000
期末留抵税额	12=10-11	0
本期预缴税额	13	0
本期应补（退）税额	14=6-7-11-13	191641.81
城市维护建设税本期应补（退）税额	15	13414.93
教育费附加本期应补（退）费额	16	5749.25
地方教育附加本期应补（退）费额	17	3832.84

声明：此表是根据国家税收法律法规及相关规定填写的，本人（单位）对填报内容（及附带资料）的真实性、可靠性、完整性负责。

纳税人（签章）：

经办人：

经办人身份证号：

代理机构签章：

代理机构统一社会信用代码：

受理人：

受理税务机关（章）：

受理日期：

重写　提交　返回

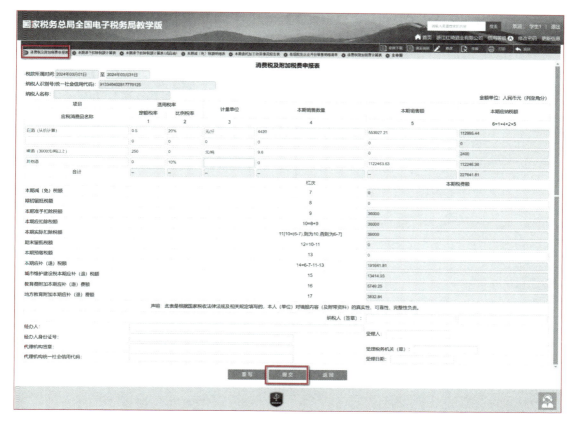

图 9－47　填写【消费税及附加税费申报表】

步骤四：填写并提交【消费税附加税费计算表】，如图 9－48 所示。

国家税务总局全国电子税务局教学版

消费税附加税费计算表

金额单位：元至角分

税（费）种	计税（费）依据 消费税税额	税（费）率（征收率）(%)	本期应纳税（费）额	本期减免税（费）额 减免性质代码	减免税（费）额	本期是否适用增值税小规模纳税人"六税两费"减征政策 □是 □否 减征比例（%）	减征额	本期已缴税（费）额	本期应补（退）税（费）额
	1	2	3=1×2	4	5	6	7=（3-5）×6	8	9=3-5-7-8
城市维护建设税	191641.81	7%	13414.93		0	0	0	0	13414.93
教育费附加	191641.81	3%	5749.25		0	0	0	0	5749.25
地方教育附加	191641.81	2%	3832.84		0	0	0	0	3832.84
合计	--	--	22997.02	--	0	--	0	0	22997.02

重写　提交　返回

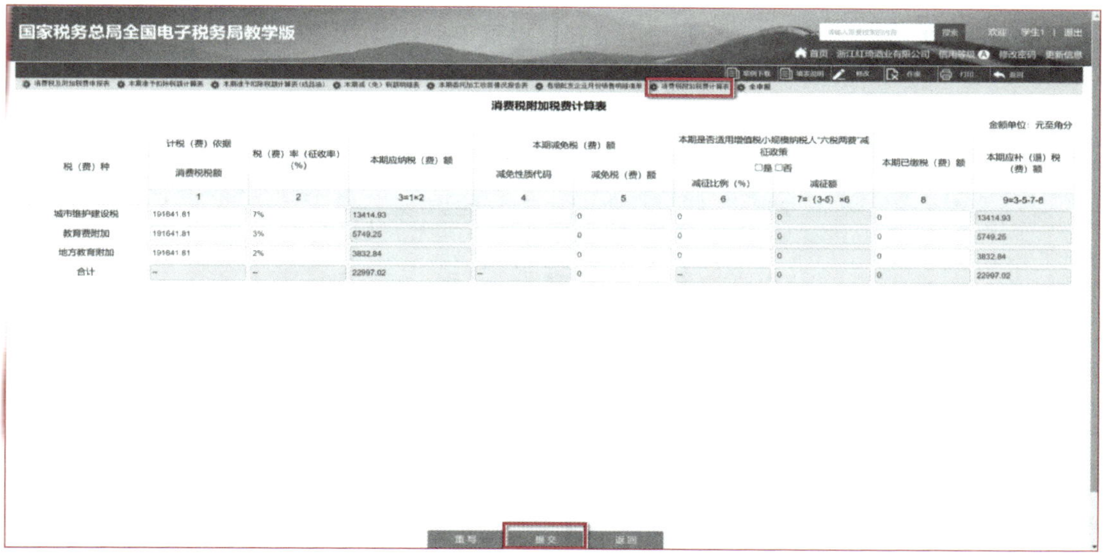

图 9－48　填写并提交【消费税附加税费计算表】

步骤五：提交【消费税及附加税费申报表】，如图9-49所示。

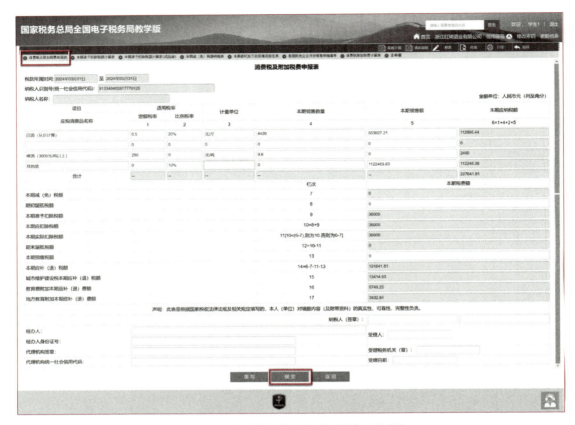

图9-49　提交【消费税及附加税费申报表】

步骤六：单击右上角【全申报】，完成消费税申报工作，如图9-50所示。

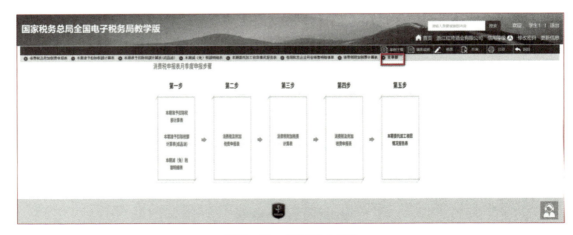

图9-50　单击【全申报】

六、财务报表申报

步骤一：在【我的待办】中选择【一般企业财务报表申报实训系统 4.0】，单击【办理】，如图 9-51 所示。

图 9-51　选择【一般企业财务报表申报实训系统 4.0】

步骤二：进入"财务报表申报"界面，依次填写界面上方业务涉及的报表（本案例只涉及资产负债表和利润表），如图 9-52 所示。

图 9-52　财务报表申报界面

9

步骤三：根据本期资料填写【资产负债表】并提交，如图 9-52 和图 9-53 所示。利润表的操作同此步骤。

图 9-52 打开【资产负债表】

图 9-53 填写【资产负债表】并提交

步骤四：单击界面上方【全申报】，完成财务报表申报工作。

七、企业所得税季度预缴申报

步骤一：在【我的待办】选择【企业查账征收月季度申报 4.0】，单击【办理】，如图 9-54 所示。

图 9-54 选择【企业查账征收月季度申报 4.0】

步骤二：填写并提交【A200000 - 中华人民共和国企业所得税月（季）度预缴纳税申报表（A 类）】，如图 9 - 55 所示。

图 9 - 55 填写并提交缴纳税申报表

步骤三：单击上方【全申报】，完成申报工作。

八、社会保险费申报

步骤一：进入【我的待办】，选择【社会保险费缴费申报】，单击【办理】，如图 9 - 56 所示。

图 9 - 56 选择【社会保险费缴费申报】

步骤二：单击随后出现在界面左上角的【社会保险费缴费申报表】，打开申报表并填写、提交，如图 9 - 57 所示。

图 9–57 打开、填写、提交【社会保险费缴费申报表】

步骤三：单击上图界面的左上角【全申报】，完成此项工作。

九、工会经费申报

步骤一：进入【我的待办】，选择【通用申报（工会经费）实训系统 4.0】，单击【办理】，如图 9–58 所示。

图 9–58 选择【通用申报（工会经费）实训系统 4.0】

步骤二：在随后出现的界面上单击左上角【通用申报表】，打开、填写并提交，如图9-59所示。

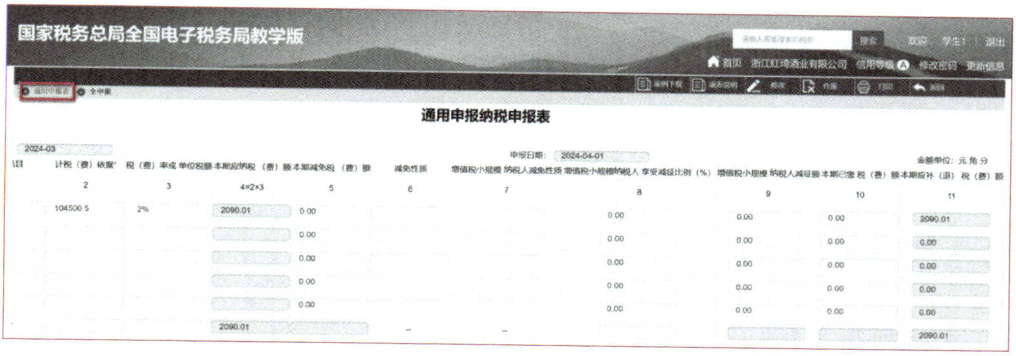

图9-59　填写并提交通用申报表

步骤三：单击上图界面的左上角【全申报】，完成此项工作。

十、财产及行为税纳税申报

步骤一：在【我的待办】中选择【财产和行为税申报4.0】，单击【办理】，如图9-60所示。

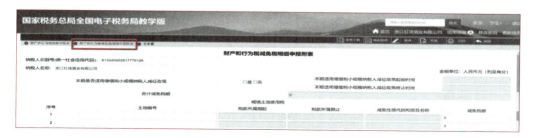

图9-60　选择【财产和行为税申报4.0】

步骤二：在随后出现的页面先单击【财产和行为税减免税明细申报附表】，此案例不涉及此表，直接提交，如图9-61所示。

图9-61　直接提交【财产和行为税减免税明细申报附表】

9

步骤三：点开、填写并提交【财产和行为税纳税申报表】，如图 9-62 所示。

图 9-62　填写、提交【财产和行为税纳税申报表】

步骤四：单击上图界面的左上角【全申报】，完成此项工作。

十一、个人所得税预扣预缴申报

步骤一：选择案例，单击进入【实训】，选择【自然人税收管理系统扣缴端】，单击【进入系统】，如图 9-63 所示。

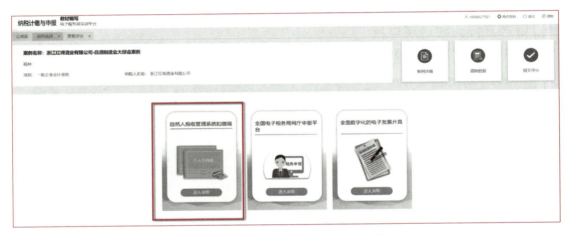

图 9-63　选择【自然人税收管理系统扣缴端】

步骤二：单击【人员信息采集】，如图 9-64 所示。

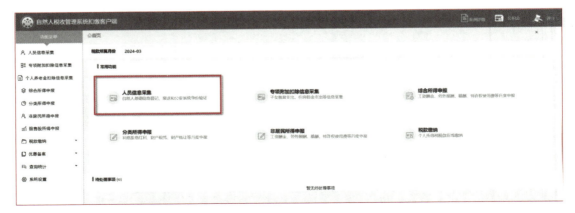

图 9-64　点开【人员信息采集】

步骤三：鼠标光标置于界面上部【导入】处，单击下拉菜单中【模版下载】下载模版，逐一填写业务资料七中人员信息，保存并导入模版，如图 9-65 所示。

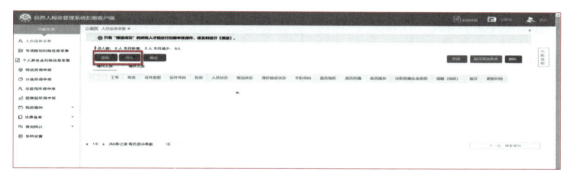

图 9-65 导入人员信息表

提示：这里也可以添加外籍人员（注意国籍的准确性）。

步骤四：单击右上角【提交数据】，如图 9-66 所示。

图 9-66 提交数据

步骤五：勾选所有人单击报送，如图 9-67 所示。

图 9-67 勾选、报送人员信息

个税代扣代缴人员信息表

步骤六：添加专项附加扣除人员（可直接填写或导入模版后提交数据），如图 9-68 所示。

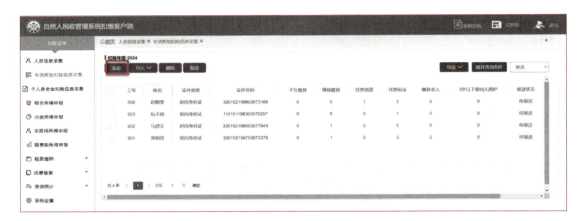

图 9-68　添加专项附加扣除人员

步骤七：勾选专项附加扣除人员后单击【报送】，如图 9-69 所示。

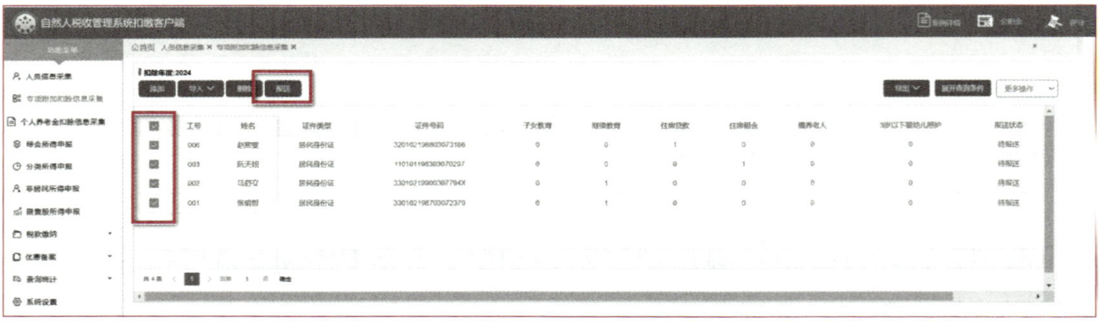

图 9-69　勾选并报送专项附加扣除人员

提示：（1）注意界面右上角【更多操作】的使用。

（2）本步骤如果不报送则会影响后续专项附加扣除。

步骤八：在左侧功能菜单单击【综合所得申报】，进行【收入及减除的填写】。单击【正常工资薪金所得】，可以手动添加，也可以导入模版并提交数据，如图 9-70 所示。

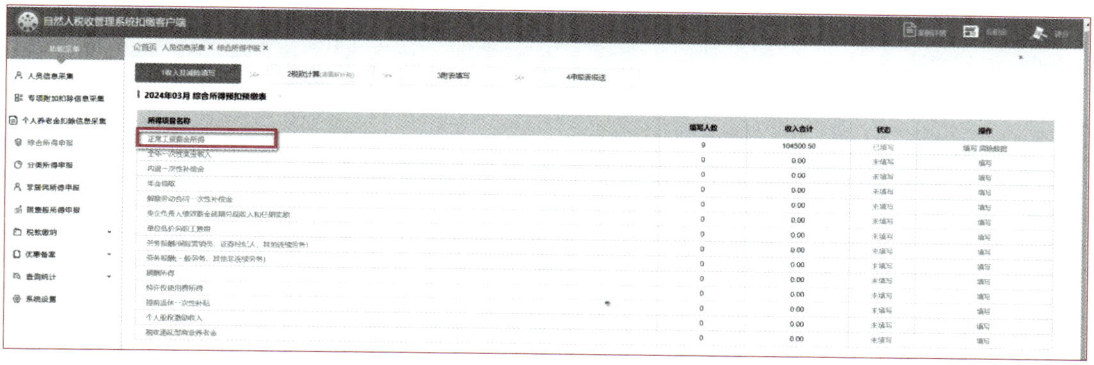

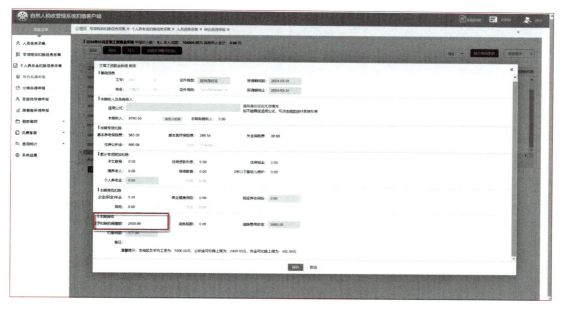

图 9－70　收入及减除的填写

步骤九：检查案例中有无免税收入、公益捐赠等，如有则请填写真实、准确的数据，本案例中陈凯瑞的工资包含出差补助 500 元，直接在本期收入中扣除，如图 9－71 所示。王凯丞的公益捐赠相关处理，要在【更多操作】中单击【修改】或双击表中人名进入修改页面修改，如图 9－72 所示。阮天翊购买商业保险的 5 220 元在申报中只可以抵扣 200 元，双击姓名，进入修改信息界面，填写信息并保存，如图 9－73 所示。

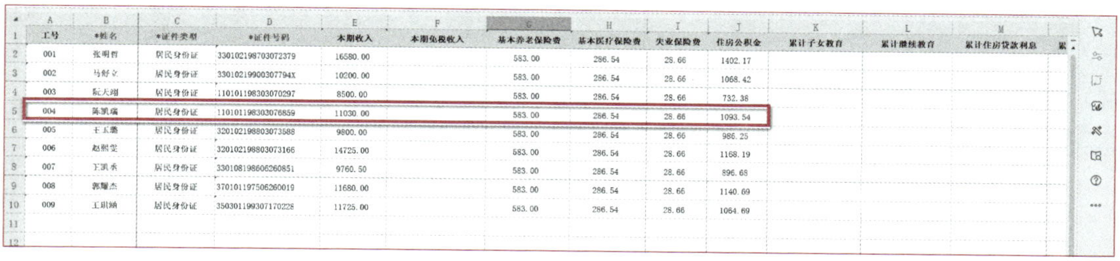

工号	*姓名	*证件类型	*证件号码	本期收入	本期免税收入	基本养老保险费	基本医疗保险费	失业保险费	住房公积金	累计子女教育	累计继续教育	累计住房贷款利息
001	张明哲	居民身份证	330102198703072379	16580.00		583.00	286.54	28.66	1402.17			
002	马舒文	居民身份证	33010219900307794X	10200.00		583.00	286.54	28.66	1068.42			
003	阮天翊	居民身份证	110101198303070297	8500.00		583.00	286.54	28.66	732.38			
004	陈凯瑞	居民身份证	110101198303076859	11030.00		583.00	286.54	28.66	1093.54			
005	王玉璐	居民身份证	320102198803073588	9800.00		583.00	286.54	28.66	986.25			
006	赵熙雯	居民身份证	320102198803073166	14725.00		583.00	286.54	28.66	1168.19			
007	王凯丞	居民身份证	330108198606260851	9760.50		583.00	286.54	28.66	896.68			
008	郭耀杰	居民身份证	370101197506260019	11680.00		583.00	286.54	28.66	1140.69			
009	王琪婻	居民身份证	350301199307170228	11725.00		583.00	286.54	28.66	1064.69			

图 9－71　陈凯瑞出差补助的扣除

图 9－72　王凯丞公益捐赠的填写

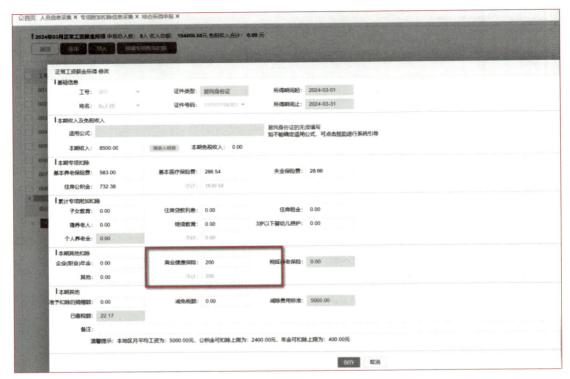

图 9-73 阮天翊的商业保险扣除额填写

步骤十：关闭修改界面，勾选人员，单击【预填专项附加扣除】等，如图 9-74 所示。

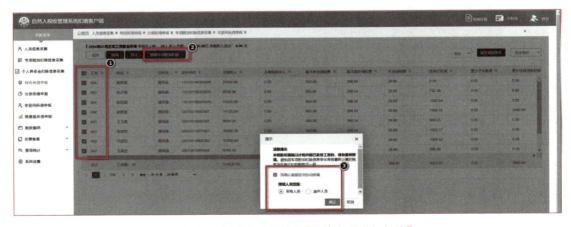

图 9-74 勾选人员并单击【预填专项附加扣除】

提示：逐一保存个人信息，更新内置信息。如果修改信息涉及人员较多，可以采用模版导入。

步骤十一：逐一筛选需要填写的【综合所得申报】中各项目数据，如图 9-75 所示。本项目涉及如下业务。

（1）劳务报酬（保险营销员、证券经纪人、其他连续劳务）。

选择【劳务报酬（保险营销员、证券经纪人、其他连续劳务）】进行办理新增数据并保存（实习生数据），如图 9-75 和图 9-76 所示。

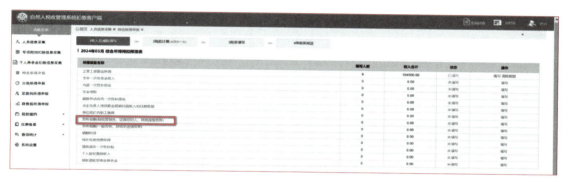

图 9-75　选择劳务报酬

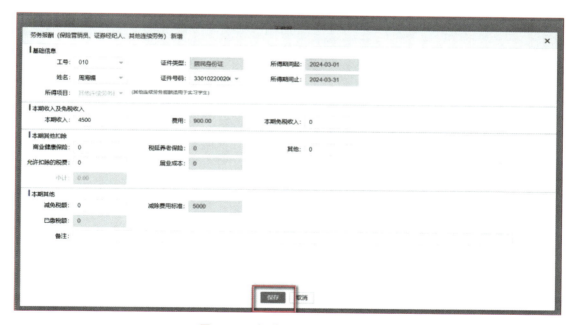

图 9-76　新增实习生数据并保存

9

（2）劳务报酬（一般劳务、其他非连续劳务）。

选择【劳务报酬（一般劳务、其他非连续劳务）】办理新增数据并保存（非本公司人员），如图 9 - 77 和图 9 - 78 所示。

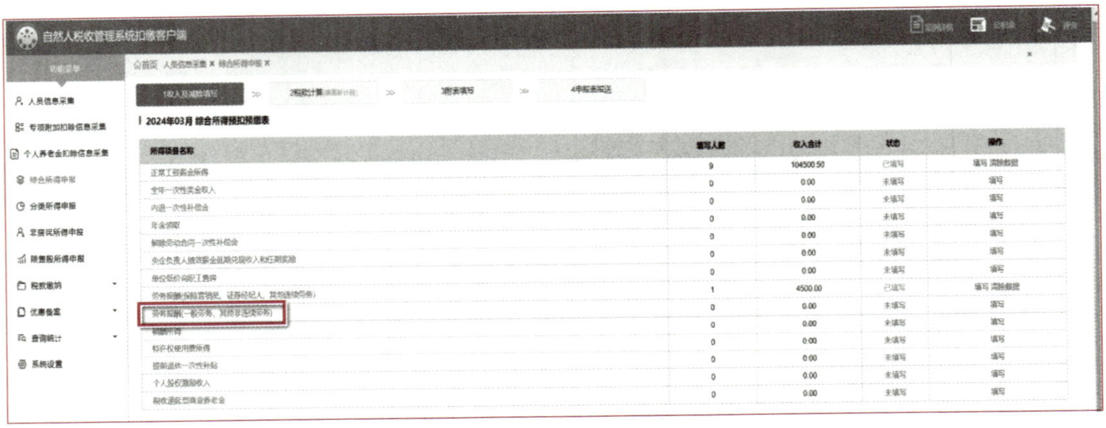

图 9 - 77　选择【劳务报酬（一般劳务、其他非连续劳务）】

图 9 - 78　新增数据并保存（非本公司人员）

提示：上步骤结束后单击左上角的【返回】，回到收入及减税填写环节，检查并完善其他项目信息（本案例不涉及其他）。

步骤十二：单击上方【税款计算】，再单击左上角【重新计算】，如图 9-79 所示。

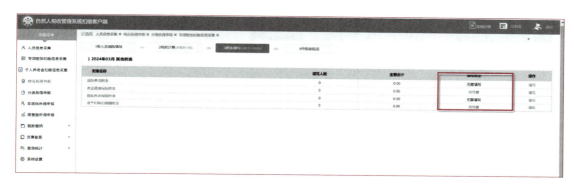

图 9-79　税款重新计算

步骤十三：单击上方【附表填写】并填制相关表格，如图 9-80 所示。

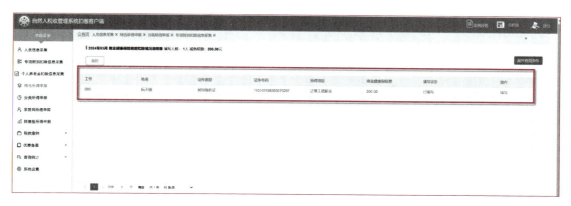

图 9-80　附表填写

本案例涉及如下业务。

（1）填报商业健康保险附表。

单击【商业健康保险附表】，本期商业保险可抵扣 200 元。填写并保存，如图 9-81 所示。

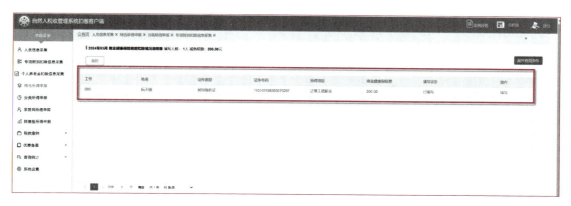

图 9-81　填写并保存商业健康保险附表

（2）填报准予扣除的捐赠附表。

单击【准予扣除的捐赠附表】，填写并保存，如图9-82所示。

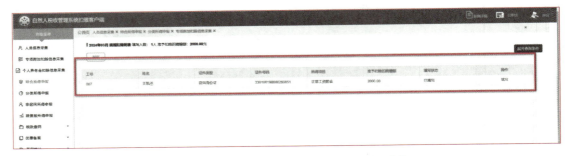

图9-82 填写并保存【准予扣除的捐赠附表】

步骤十四：返回并单击【申报表发送】，再单击【获取反馈】，如图9-83所示。

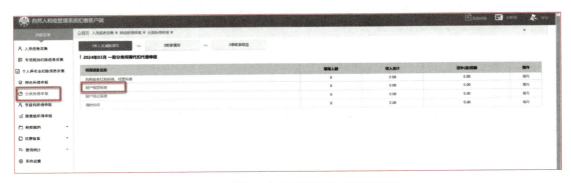

图9-83 发送申报表并获取反馈

步骤十五：单击【分类所得申报】，逐一筛选需要填写的项目。本案例涉及如下业务。

（1）填报财产租赁所得。

单击【财产租赁所得】进入并添加财产租赁所得信息，如图9-84所示。填写【财产租赁所得新增表】并保存，如图9-85所示。

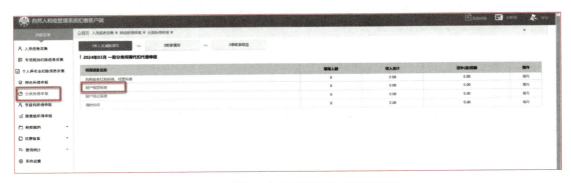

图9-84 单击、进入并添加财产租赁所得

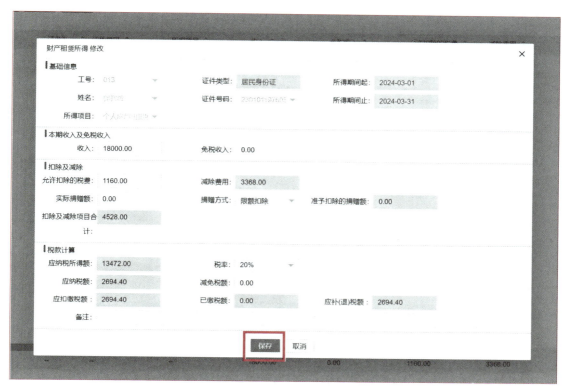

图 9 - 85　填写【财产租赁所得新增表】并保存

（2）填报偶然所得。

单击【偶然所得】进入并添加偶然所得信息，如图 9 - 86 所示。填写【偶然所得新增信息表】并保存，如图 9 - 87 所示。

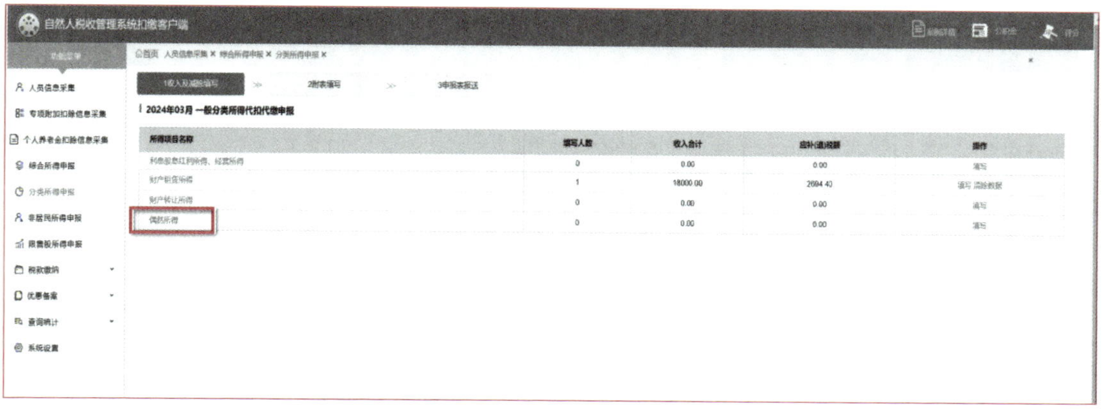

图 9 - 86　单击、进入并添加偶然所得

9

图 9 - 87 填写并保存【偶然所得新增信息表】

步骤十六：返回，查看【分类所得申报附表】（本案例不涉及）。

步骤十七：返回，单击【申报表发送】，再单击【发送申报】，单击【获取反馈】，如图 9 - 88 所示。

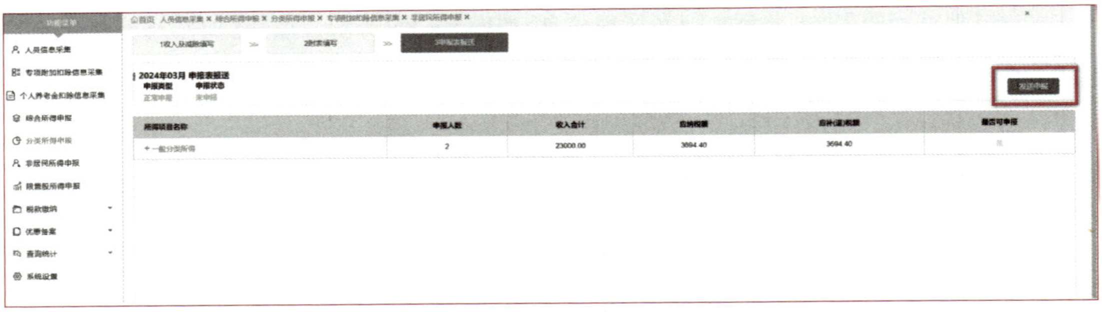

图 9 - 88 发送申报并获取反馈

步骤十八：在左侧功能菜单中单击【非居民所得申报】，进入【收入及减除填写】环节。本案例涉及如下业务。

（1）填报劳务报酬所得。

单击【劳务报酬所得】进入并添加劳务报酬所得，如图 9 - 89 所示。填写【劳务报酬所得新增信息表】并保存，如图 9 - 90 所示。

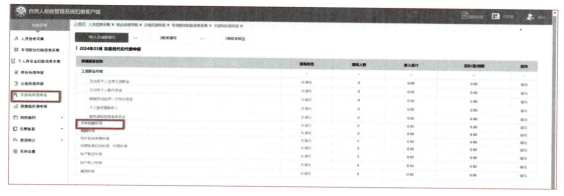

图 9-89　单击、进入并添加劳务报酬所得

图 9-90　填写、保存【劳务报酬所得新增表】

（2）填报特许权使用费所得。

单击【特许权使用费所得】进入并添加特许权使用费，如图 9-91 所示。填写【特许权使用费所得新增信息表】并保存，如图 9-92 所示。

所得项目名称	填写状态	填写人数	收入合计	应补（退）税额	操作
工资薪金所得	—	—	—	—	
无住所个人正常工资薪金	未填写	0	0.00	0.00	填写
无住所个人数月奖金	未填写	0	0.00	0.00	填写
解除劳动合同一次性补偿金	未填写	0	0.00	0.00	填写
个人股权激励收入	未填写	0	0.00	0.00	填写
税收递延型商业养老金	未填写	0	0.00	0.00	填写
劳务报酬所得	已填写	1	12000.00	750.00	填写 清除数据
稿酬所得	未填写	0	0.00	0.00	填写
特许权使用费所得	未填写	0	0.00	0.00	填写
利息股息红利所得、经营所得	未填写	0	0.00	0.00	填写
财产租赁所得	未填写	0	0.00	0.00	填写
财产转让所得	未填写	0	0.00	0.00	填写
偶然所得	未填写	0	0.00	0.00	填写

图 9-91　单击、进入并添加特许权使用费

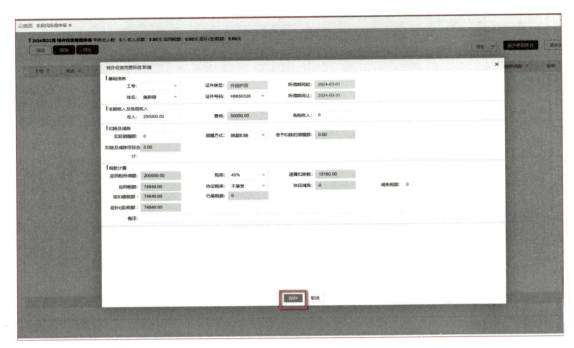

图 9 - 92 填写【特许权使用费所得新增信息表】并保存

步骤十九：返回，查看【非居民所得申报附表】（本案例不涉及）。

步骤二十：返回，单击【申报表发送】，再单击【发送申报】，单击【获取反馈】，如图 9 - 93 所示。

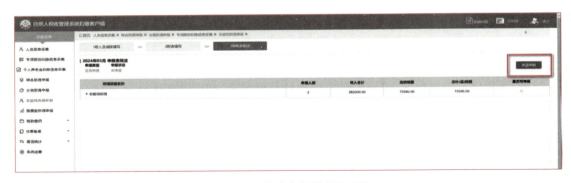

图 9 - 93 发送申报并获取反馈

十二、残疾人就业保障金缴费申报

步骤一：在【我的待办】中，选择【残疾人就业保障金缴费实训系统 4.0】，单击【办理】，如图 9 - 94 所示。

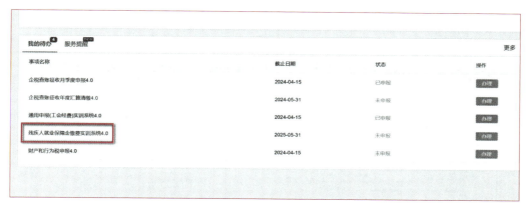

图 9-94　选择残疾人就业保障金缴费办理

步骤二：根据业务资料九填写并提交【残疾人就业保障金缴费申报表】，如图 9-95 所示。

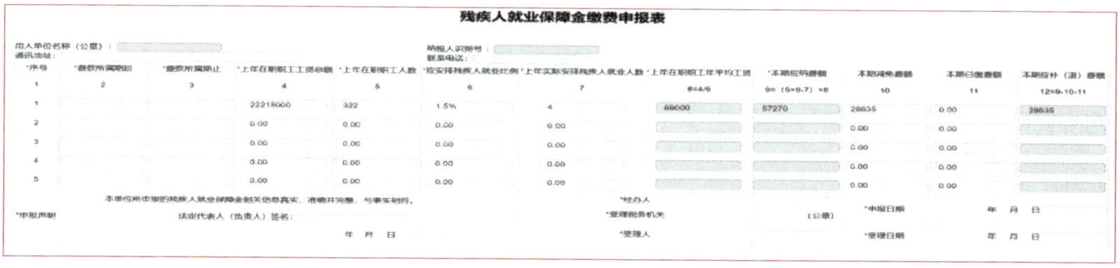

残疾人就业保障金缴费申报表

图 9-95　填写【残疾人就业保障金缴费申报表】

步骤三：单击界面左上角【全申报】，结束工作。

十三、查账征收企业所得税汇算清缴

步骤一：在【我的待办】中，选择【企税查账征收年度汇算清缴 4.0】，单击【办理】，如图 9-96 所示。

图 9-96　选择【企税查账征收年度汇算清缴 4.0】并办理

步骤二：填写并提交【A000000 企业所得税年度纳税申报基础信息表】，如图 9 - 97 所示。

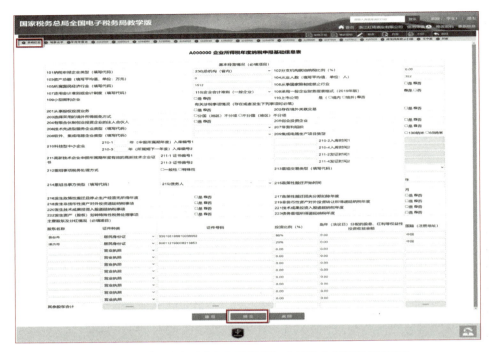

图 9 - 97 填写并提交【企业所得税年度纳税申报基础信息表】

步骤三：勾选并提交【企业所得税年度纳税申报表填报表单】，如图 9 - 98 所示。

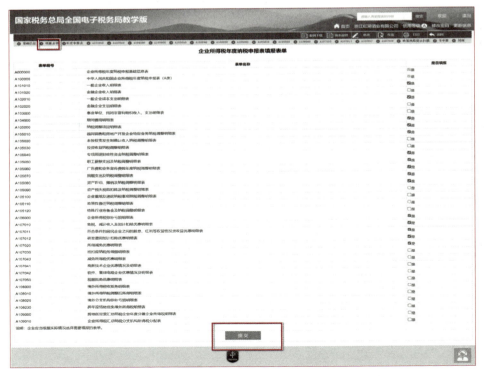

图 9 - 98 勾选并提交【企业所得税年度纳税申报表填报表单】

步骤四：填写并提交【A101010 一般企业收入明细表】，如图 9-99 所示。

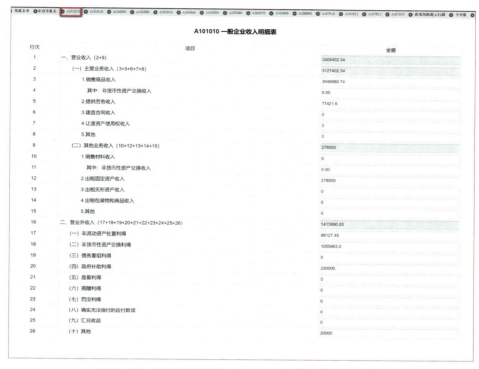

图 9-99　填写并提交【A101010 一般企业收入明细表】

步骤五：填写并提交【A102010 一般企业成本支出明细表】，如图 9-100 所示。

图 9-100　填写并提交【A102010 一般企业成本支出明细表】

步骤六：填写并提交【A104000 期间费用明细表】，如图 9‑101 所示。

A104000 期间费用明细表

行次	项目	销售费用 1	其中:境外支付 2	管理费用 3	其中:境外支付 4	财务费用 5	其中:境外支付 6
1	一、职工薪酬	385483.93	*	249993.43			
2	二、劳务费	0	0	0	0	0.00	0.00
3	三、咨询顾问费	0	0	7856	0	0.00	0.00
4	四、业务招待费	0	0.00	68954.25	0.00	0.00	0.00
5	五、广告费和业务宣传费	541058.68	0.00	0.00	0.00	0.00	0
6	六、佣金和手续费	53000		0		8825.87	0
7	七、资产折旧摊销费	0	0	20552.14	0.00	0.00	0
8	八、财产损耗、盘亏及毁损损失	0	0	0	0.00	0.00	0
9	九、办公费	0	0	11478.35	0.00	0.00	0
10	十、董事会费	0	0	0			
11	十一、租赁费	0	0	15000	0.00	0.00	0
12	十二、诉讼费	0	0	0			
13	十三、差旅费	57800.87	0	16926.18	0.00	0.00	0
14	十四、保险费	0	0	25897.56	0.00	0.00	0
15	十五、运输、仓储费	0	0	37465.22	0.00	0.00	0
16	十六、修理费	0	0	27052.5	0.00	0.00	0
17	十七、包装费	0	0	14500.25	0.00	0.00	0
18	十八、技术转让费	0	0	0			
19	十九、研究费用	0	0	215703.74	0.00	0.00	0
20	二十、各项税费	0	0	0.00	0.00	0.00	0
21	二十一、利息收支	0	0.00	0.00	0.00	105000	0
22	二十二、汇兑差额	0.00	0.00	0.00	0.00	0.00	0
23	二十三、现金折扣	0.00		0.00		0.00	0
24	二十四、党组织工作经费	0.00	0.00	0.00	0.00		
25	二十五、其他	0.00	0	0	0	2000	0
26	合计(1+2+3+…25)	1037373.48		711379.82	0	115825.67	

图 9‑101 填写并提交【A104000 期间费用明细表】

步骤七：填写并提交【A105010 视同销售和房地产开发企业特定业务纳税调整明细表】，如图 9‑102 所示。

A105010 视同销售和房地产开发企业特定业务纳税调整明细表

行次	项目	税收金额 1	纳税调整金额 2
1	一、视同销售(营业)收入(2+3+4+5+6+7+8+9+10)	140000	140000
2	(一)非货币性资产交换视同销售收入	0	0
3	(二)用于市场推广或销售视同销售收入	0	0
4	(三)用于交际应酬视同销售收入	0	0
5	(四)用于职工奖励或福利视同销售收入	0	0
6	(五)用于股息分配视同销售收入	0	0
7	(六)用于对外捐赠视同销售收入	140000	140000
8	(七)用于对外投资项目视同销售收入	0	0
9	(八)提供劳务视同销售收入	0	0
10	(九)其他	0	0
11	二、视同销售(营业)成本(12+13+14+15+16+17+18+19+20)	81800	81800
12	(一)非货币性资产交换视同销售成本	0	0
13	(二)用于市场推广或销售视同销售成本	0	0
14	(三)用于交际应酬视同销售成本	0	0
15	(四)用于职工奖励或福利视同销售成本	0	0
16	(五)用于股息分配视同销售成本	0	0
17	(六)用于对外捐赠视同销售成本	81800	81800
18	(七)用于对外投资项目视同销售成本	0	0
19	(八)提供劳务视同销售成本	0	0
20	(九)其他	0	0
21	三、房地产开发企业特定业务计算的纳税调整额(22-26)		
22	(一)房地产企业销售未完工开发产品特定业务计算的纳税调整额(24-25)		
21	三、房地产开发企业特定业务计算的纳税调整额(22-26)		
22	(一)房地产企业销售未完工开发产品特定业务计算的纳税调整额(24-25)		
23	1.销售未完工产品的收入	0.00	
24	2.销售未完工产品预计毛利额		
25	3.实际发生的税金及附加、土地增值税		
26	(二)房地产企业销售的未完工产品转完工产品特定业务计算的纳税调整额(28-29)		
27	1.销售未完工产品转完工产品确认的销售收入	0.00	
28	2.转回的销售未完工产品预计毛利额		
29	3.转回实际发生的税金及附加、土地增值税		

图 9‑102 填写并提交【A105010 视同销售和房地产开发企业特定业务纳税调整明细表】

步骤八：填写并提交【A105040 专项用途财政性资金纳税调整明细表】，如图 9－103 所示。

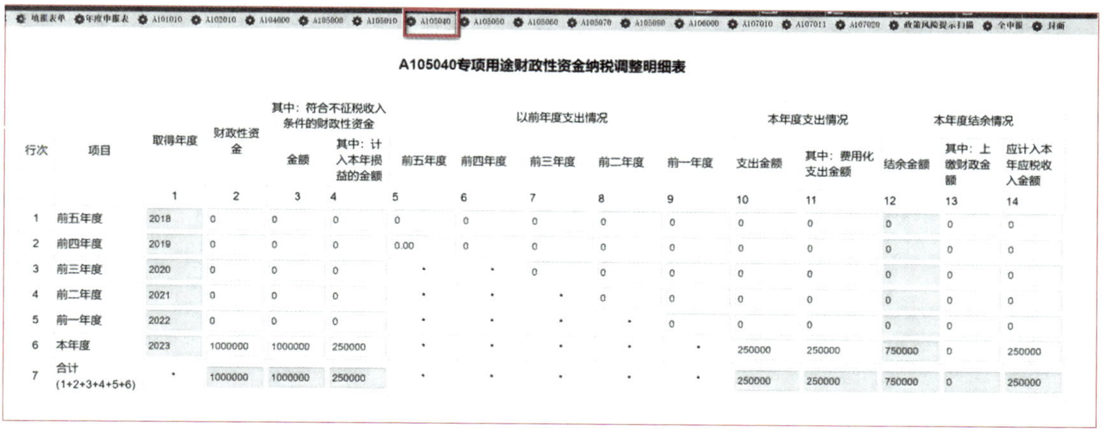

A105040专项用途财政性资金纳税调整明细表

行次	项目	取得年度	财政性资金	其中：符合不征税收入条件的财政性资金		以前年度支出情况					本年度支出情况		本年度结余情况		
				金额	其中：计入本年损益的金额	前五年度	前四年度	前三年度	前二年度	前一年度	支出金额	其中：费用化支出金额	结余金额	其中：上缴财政金额	应计入本年应税收入金额
		1	2	3	4	5	6	7	8	9	10	11	12	13	14
1	前五年度	2018	0	0	0	0	0	0	0	0	0	0	0	0	0
2	前四年度	2019	0	0	0	0.00	0	0	0	0	0	0	0	0	0
3	前三年度	2020	0	0	0	*	*	0	0	0	0	0	0	0	0
4	前二年度	2021	0	0	0	*	*	*	0	0	0	0	0	0	0
5	前一年度	2022	0	0	0	*	*	*	*	0	0	0	0	0	0
6	本年度	2023	1000000	1000000	250000	*	*	*	*	*	250000	250000	750000	0	250000
7	合计(1+2+3+4+5+6)	*	1000000	1000000	250000	*	*	*	*	*	250000	250000	750000	0	250000

图 9－103　填写并提交【A105040 专项用途财政性资金纳税调整明细表】

步骤九：填写并提交【A105050 职工薪酬纳税调整明细表】，如图 9－104 所示。

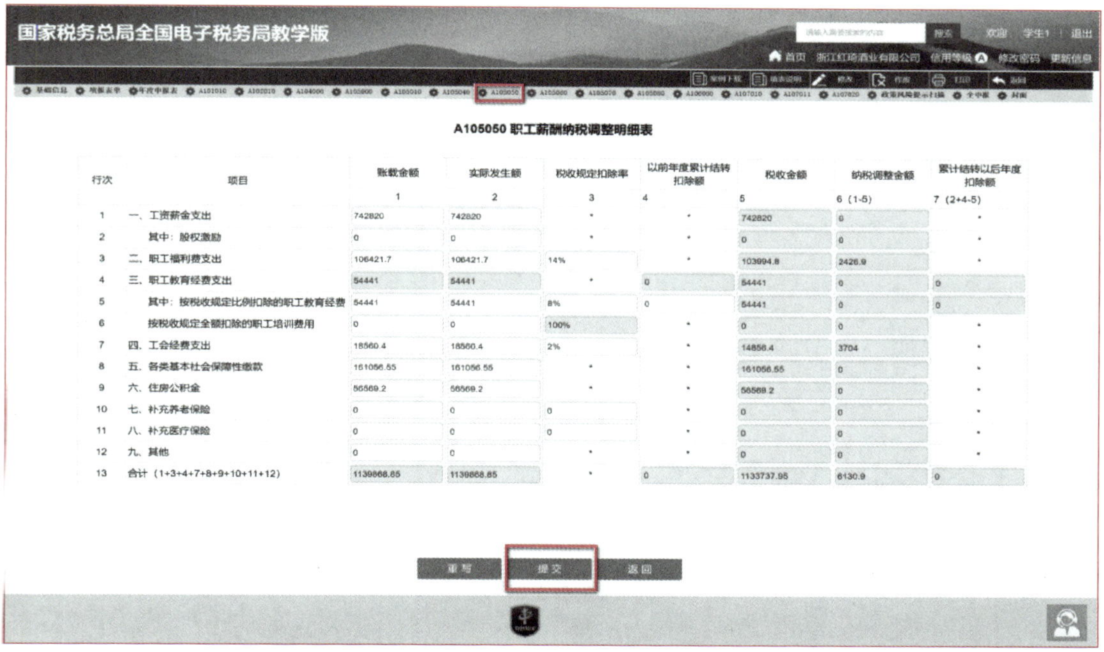

A105050 职工薪酬纳税调整明细表

行次	项目	账载金额	实际发生额	税收规定扣除率	以前年度累计结转扣除额	税收金额	纳税调整金额	累计结转以后年度扣除额
		1	2	3	4	5	6（1-5）	7（2+4-5）
1	一、工资薪金支出	742820	742820	*	*	742820	0	*
2	其中：股权激励	0	0	*	*	0	0	*
3	二、职工福利费支出	106421.7	106421.7	14%	*	103994.8	2426.9	*
4	三、职工教育经费支出	54441	54441	*	0	54441	0	0
5	其中：按税收规定比例扣除的职工教育经费	54441	54441	8%	0	54441	0	0
6	按税收规定全额扣除的职工培训费用	0	0	100%	*	0	0	*
7	四、工会经费支出	18560.4	18560.4	2%	*	14856.4	3704	*
8	五、各类基本社会保障性缴款	161056.55	161056.55	*	*	161056.55	0	*
9	六、住房公积金	56569.2	56569.2	*	*	56569.2	0	*
10	七、补充养老保险	0	0	0	*	0	0	*
11	八、补充医疗保险	0	0	0	*	0	0	*
12	九、其他	0	0	*	*	0	0	*
13	合计（1+3+4+7+8+9+10+11+12）	1139868.85	1139868.85	*	0	1133737.95	6130.9	0

图 9－104　填写并提交【A105050 职工薪酬纳税调整明细表】

9

步骤十：填写并提交【A105060 广告费和业务宣传费等跨年度纳税调整明细表】，如图 9 - 105 所示。

A105060 广告费和业务宣传费等跨年度纳税调整明细表

行次	项目	广告费和业务宣传费 1	保险企业手续费及佣金支出 2
1	一、本年支出	541088.68	0
2	减：不允许扣除的支出	0	0
3	二、本年符合条件的支出（1-2）	541088.68	0
4	三、本年计算扣除限额的基数	3545402.34	0
5	乘：税收规定扣除率	15%	0%
6	四、本年计算的扣除限额（4×5）	531810.35	0
7	五、本年结转以后年度扣除额3＞6，本行=3-6；3≤6，本行=0）	9278.33	0
8	加：以前年度累计结转扣除额	0	0
9	减：本年扣除的以前年度结转额[3＞6，本行=0；3≤6，本行=8与（6-3）孰小值]	0	0
10	六、按照分摊协议归集至其他关联方的广告费和业务宣传费（10≤3与6孰小值）	0	0
11	按照分摊协议从其他关联方归集至本企业的金额	0	0
12	七、本年支出纳税调整金额（3＞6，本行=2+3-6+10-11；3≤6，本行=2+10-11-9）	9278.33	0
13	八、累计结转以后年度扣除额（7+8-9）	9278.33	0

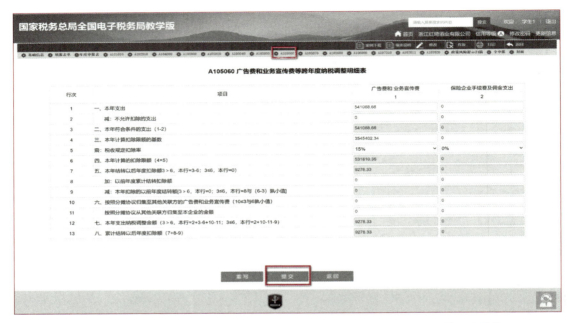

图 9 - 105　填写并提交【A105010 广告费和业务宣传费等跨年度纳税调整明细表】

步骤十一：填写并提交【A105070 捐赠支出及纳税调整明细表】，如图 9 - 106 所示。

A105070 捐赠支出及纳税调整明细表

行次	项目	账载金额 1	以前年度结转可扣除的捐赠额 2	按税收规定计算的扣除限额 3	税收金额 4	纳税调增金额 5	纳税调减金额 6	可结转以后年度扣除的捐赠额 7
1	一、非公益性捐赠	0	*	*	*	0	*	*
2	二、全额扣除的公益性捐赠	50000	*	*	50000	*	*	*
3	其中：扶贫捐赠	50000	0.00	0.00	50000	0.00	0.00	0.00
4	三、限额扣除的公益性捐赠(5+6+7+8)	158200	0	213540.96	158200	0	0	0
5	前三年度（2020 年）	*	0	*	*	*	0	*
6	前二年度（2021 年）	*	0	*	*	*	0	0
7	前一年度（2022 年）	*	0	*	*	*	0	0
8	本　年（2023 年）	158200	*	213540.96	158200	0	*	0
9	合计（1+2+4）	208200	0	213540.96	208200	0	0	0
附列资料	2015年度至本年发生的公益性扶贫捐赠合计金额	0.00	*	*	0.00	0.00	*	*

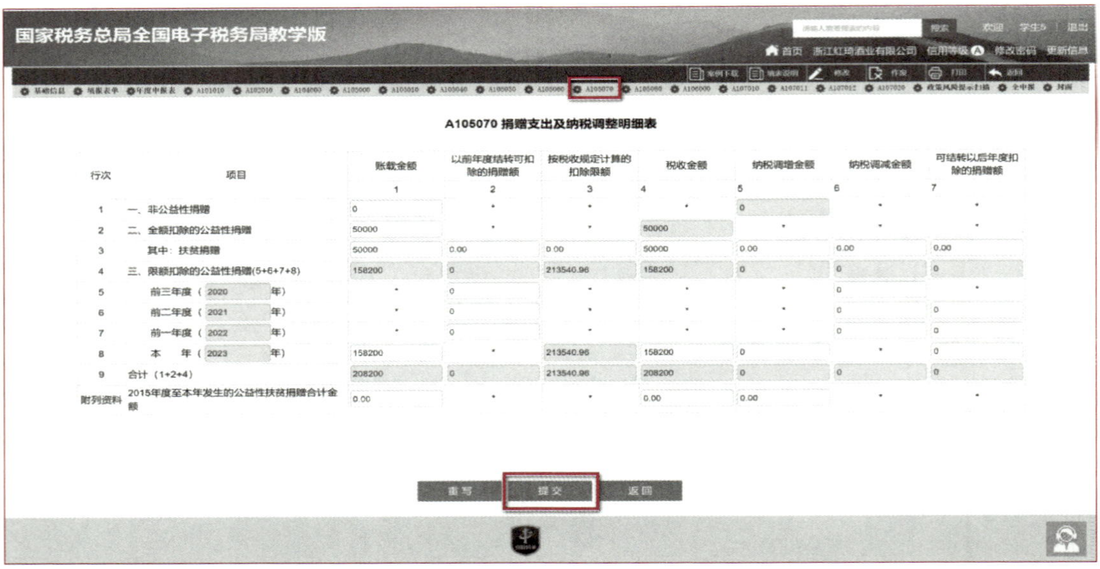

图 9 - 106　填写并提交【A105070 捐赠支出及纳税调整明细表】

步骤十二：填写并提交【A105080 资产折旧、摊销及纳税调整明细表】，如图 9-107所示。

A105080 资产折旧、摊销及纳税调整明细表

行次	项目	账载金额			资产计税基础	税收金额				纳税调整金额
		资产原值	本年折旧、摊销额	累计折旧、摊销额		税收折旧、摊销额	享受加速折旧政策的资产按税收一般规定计算的折旧、摊销额	加速折旧、摊销统计额	累计折旧、摊销额	
		1	2	3	4	5	6	7=5-6	8	9(2-5)
1	一、固定资产(2+3+4+5+6+7)	9757500.55	691270.67	4567646.42	9757500.55	691270.67	*	*	4567646.42	0
2	（一）房屋、建筑物	6780000	205847.35	3304160.41	6780000	205847.35	*	*	3304160.41	0
3	（二）飞机、火车、轮船、机器、机械和其他生产设备	2561000	434756.85	1003457.89	2561000	434756.85	*	*	1003457.89	0
4	（三）与生产经营活动有关的器具、工具、家具等	342000.55	35426.21	211451.54	342000.55	35426.21	*	*	211451.54	0
5	（四）飞机、火车、轮船以外的运输工具	0	0	0	0	0	*	*	0	0
6	（五）电子设备	74500	15240.26	48576.58	74500	15240.26	*	*	48576.58	0
7	（六）其他	0	0	0	0	0	*	*	0	0
8	（一）重要行业固定资产加速折旧(不含一次性扣除)	0	0	0	0	0	0	0	0.00	0
9	（二）其他行业研发设备加速折旧	0	0	0	0	0	0	0	0	0
10	（三）固定资产一次性扣除	0	0	0	0	0	0	0	0	0
11	（四）技术进步、更新换代固定资产	0	0	0	0	0	0	0	0	0
12	（五）常年强震动、高腐蚀固定资产	0	0	0	0	0	0	0	0	0
13	（六）外购软件折旧	0	0	0	0	0	0	0	0	0
14	（七）集成电路企业生产设备	0	0	0	0	0	0	0	0	0
15	二、生产性生物资产(16+17)	0	0	0	0	0	*	*	0	0
16	（一）林木类	0	0	0	0	0	*	*	0	0
17	（二）畜类	0	0	0	0	0	*	*	0	0
18	三、无形资产(19+20+21+22+23+24+25+27)	1060000	105241.74	515486.62	1060000	105241.74	*	*	515486.62	0
19	（一）专利权	1060000	105241.74	515486.62	1060000	105241.74	*	*	515486.62	0
20	（二）商标权	0	0	0	0	0	*	*	0	0
21	（三）著作权	0	0	0	0	0	*	*	0	0
22	（四）土地使用权	0	0	0	0	0	*	*	0	0
23	（五）非专利技术	0	0	0	0	0	*	*	0	0
24	（六）特许权使用费	0	0	0	0	0	*	*	0	0
25	（七）软件	0	0	0	0	0	*	*	0	0
26	其中：享受企业外购软件加速摊销政策	0.00	0.00	0.00	0.00	0.00		0	0.00	*
27	（八）其他	0	0	0	0	0	*	*	0	0
28	四、长期待摊费用(29+30+31+32+33)	0	0	0	0	0	*	*	0	0
29	（一）已足额提取折旧的固定资产的改建支出	0	0	0	0	0	*	*	0	0
30	（二）租入固定资产的改建支出	0	0	0	0	0	*	*	0	0
31	（三）固定资产的大修理支出	0	0	0	0	0	*	*	0	0
32	（四）开办费	0	0	0	0	0	*	*	0	0
33	（五）其他	0	0	0	0	0	*	*	0	0
34	五、油气勘探投资	0	0	0	0	0	*	*	0	0
35	六、油气开发投资	0	0	0	0	0	*	*	0	0
36	合计(1+15+18+28+34+35)	10817500.55	796512.41	5083133.04	10817500.55	796512.41	0		5083133.04	0
附列资料	全民所有制改制资产评估增值政策资产	0.00	0.00	0.00	0.00	0.00	0		0.00	

注：行2~行7左侧标注"所有固定资产"；行9~行14左侧标注"其中：享受固定资产加速折旧及一次性扣除政策的资产加速折旧额大于一般折旧额的部分"。

图 9-107　填写并提交【A105080 资产折旧、摊销及纳税调整明细表】

9

步骤十三：填写并提交【A106000 企业所得税弥补亏损明细表】，如图 9－108 所示。

填报表单 年度申报表 A101010 A102010 A104000 A105000 A105010 A105040 A105050 A105060 A105070 A105080 A106000 A107010 A107011 A107012 A107020 政策风险提示扫描 全申报

A106000 企业所得税弥补亏损明细表

行次	项目	年度	当年境内所得额	分立转出的亏损额	合并、分立转入的亏损额		弥补亏损企业类型	当年亏损额	当年待弥补的亏损额	用本年度所得额弥补的以前年度亏损额		当年可结转以后年度弥补的亏损额
					可弥补年限5年	可弥补年限10年				使用境内所得弥补	使用境外所得弥补	
		1	2	3	4	5	6	7	8	9	10	11
1	前十年度	2014	0	0	0	0	100|一般企	0	0	0	0	0
2	前九年度	2015	0	0	0	0	100|一般企	0	0	0	0	0
3	前八年度	2016	0	0	0	0	100|一般企	0	0	0	0	0
4	前七年度	2017	0	0	0	0	100|一般企	0	0	0	0	0
5	前六年度	2018	224538.99	0	0	0	100|一般企	0	0	0	0	0
6	前五年度	2019	224538.99	0.00	0	0	100|一般企	0	0	0	0	0
7	前四年度	2020	-254257.55	0	0	0	100|一般企	0	0	0	0	0
8	前三年度	2021	367789.68	0	0	0	100|一般企	0	0	0	0	0
9	前二年度	2022	405523.6	0	0	0	100|一般企	0	0	0	0	0
10	前一年度	2023	382282.45	0	0	0	100|一般企	0	0	0	0	0
11	本年度	2024	145128.48	0	0	0	100|一般企	0	0	0	0	0
12	可结转以后年度弥补的亏损额合计											0

图 9－108 填写并提交【A106000 企业所得税弥补亏损明细表】

步骤十四：填写并提交【A107020 所得减免优惠明细表】，如图 9－109 所示。

填报表单 年度申报表 A101010 A102010 A104000 A105000 A105010 A105040 A105050 A105060 A105070 A105080 A106000 A107010 A107011 A107012 A107020 政策风险提示扫描 全申报

A107020 所得减免优惠明细表

行次	减免项目	项目名称	优惠事项名称	优惠方式	项目收入	项目成本	相关税费	应分摊期间费用	纳税调整额	项目所得额		减免所得额
										免税项目	减半项目	
		1	2	3	4	5	6	7	8	9	10	11(9+10×50%)
1	一、农、林、牧、渔业项目		1.蔬菜、谷物	免税	0	0	0	0	0	0	0	0
2			1.蔬菜、谷物	免税	0	0	0	0	0	0	0	0
3		小计	·	·	0	0	0	0	0	0	0	0
4	二、国家重点扶持的公共基础设施项目		1.港口码头项	免税	0	0	0	0	0	0	0	0
5			1.港口码头项	免税	0	0	0	0	0	0	0	0
6		小计	·	·	0	0	0	0	0	0	0	0
7	三、符合条件的环境保护、节能节水项目		1.公共污水处	免税	0	0	0	0	0	0	0	0
8			1.公共污水处	免税	0	0	0	0	0	0	0	0
9		小计	·	·	0	0	0	0	0	0	0	0
10	四、符合条件的技术转让项目	鲜醇55度白酒	·	·	1055863.2	0	0	0	0	·	·	·
11			·	·	0	0	0	0	0	·	·	·
12		小计	·	·	1055863.2	0	0	0	0	1055863.2	0	1055863.2
13	五、实施清洁机制发展项目		·	免税	0	0	0	0	0	0	0	0
14			·	免税	0	0	0	0	0	0	0	0
15		小计	·	·	0	0	0	0	0	0	0	0
16	六、符合条件的节能服务公司实施合同能源管理项目		·	免税	0	0	0	0	0	0	0	0
17			·	免税	0	0	0	0	0	0	0	0
18		小计	·	·	0	0	0	0	0	0	0	0
19	七、线宽小于130纳米的集成电路生产项目		·	免税	0	0	0	0	0	0	0	0
20			·	免税	0	0	0	0	0	0	0	0
21		小计	·	·	0	0	0	0	0	0	0	0
22	八、线宽小于65纳米或投资额超过150亿元的集成电路生产项目		·	免税	0	0	0	0	0	0	0	0
23			·	免税	0	0	0	0	0	0	0	0
24		小计	·	·	0	0	0	0	0	0	0	0
25	九、其他			免税	0	0	0	0	0	0	0	0
26				免税	0	0	0	0	0	0	0	0
27		小计	·	·	0	0	0	0	0	0	0	0
28	合计	·	·	·	1055863.2	0	0	0	0	1055863.2	0	1055863.2

重写 提交 返回

图 9－109 填写并提交【A107020 所得减免优惠明细表】

步骤十五：填写并提交【A107012 研发费用加计扣除优惠明细表】，如图 9 - 110 所示。

图 9 - 110 填写并提交【A107012 研发费用加计扣除优惠明细表】

步骤十六：填写并提交【A107011 符合条件的居民企业之间的股息、红利等权益性投资收益优惠明细表】，如图 9 - 111 所示。

图 9-111　填写并提交【A107011 符合条件的居民企业之间的股息、红利等权益性投资收益优惠明细表】

步骤十七：填写并提交【A107010 免税、减计收入及加计扣除优惠明细表】，如图 9-112 所示。

行次	项目	金额
	A107010 免税、减计收入及加计扣除优惠明细表	
1	一、免税收入 (2+3+9+10+11+12+13+14+15+16)	480000
2	(一) 国债利息收入免征企业所得税	300000
3	(二) 符合条件的居民企业之间的股息、红利等权益性投资收益免征企业所得税 (4+5+5+7+8) 填写A107011	180000
4	1.一般股息红利等权益性投资收益免征企业所得税 (填写A107011)	180000
5	2.内地居民企业通过沪港通投资且连续持有H股满12个月取得的股息红利所得免 征企业所得税 (填写A107011)	0
6	3.内地居民企业通过深港通投资且连续持有H股满12个月取得的股息红利所得免 征企业所得税 (填写A107011)	0
7	4.居民企业持有创新企业CDR取得的股息红利所得免征企业所得税 (填写A107011)	0
8	5.符合条件的永续债利息收入免征企业所得税 (填写A107011)	0
9	(三) 符合条件的非营利组织的收入免征企业所得税	0.00
10	(四) 中国清洁发展机制基金取得的收入免征企业所得税	0
11	(五) 投资者从证券投资基金分配中取得的收入免征企业所得税	0
12	(六) 取得的地方政府债券利息收入免征企业所得税	0
13	(七) 中国保险保障基金有限责任公司取得的保险保障基金等收入免征企业所得税	0
14	(八) 中国奥委会取得北京冬奥组委支付的收入免征企业所得税	0
15	(九) 中国残奥委会取得北京冬奥组委分期支付的收入免征企业所得税	0
16	(十) 其他	0
17	二、减计收入 (18+19+23+24)	0
18	(一) 综合利用资源生产产品取得的收入在计算应纳税所得额时减计收入	0
19	(二) 金融、保险等机构取得的涉农利息、保费减计收入 (20+21+22)	0
20	1.金融机构取得的涉农贷款利息收入在计算应纳税所得额时减计收入	0
21	2.保险机构取得的涉农保费收入在计算应纳税所得额时减计收入	0
22	3.小额贷款公司取得的农户小额贷款利息收入在计算应纳税所得额时减计收入	0
23	(三) 取得铁路债券利息收入减半征收企业所得税	0
24	(四) 其他 (24.1+24.2)	0
24.1	1.取得的社区家庭服务收入在计算应纳税所得额时减计收入	0
24.2	2.其他	0
25	三、加计扣除 (26+27+28+29+30)	235988.27
26	(一) 开发新技术、新产品、新工艺发生的研究开发费用加计扣除 (填写A107012)	213930.27
27	(二) 科技型中小企业开发新技术、新产品、新工艺发生的研究开发费用加计扣除 (填写A107012)	0.00
28	(三) 企业为获得创新性、创意性、突破性的产品进行创意设计活动而发生的相关费用加计扣除	0
29	(四) 安置残疾人员所支付的工资加计扣除	23058
30	(五) 其他	0
31	合计 (1+17+25)	716088.27

图 9-112　填写并提交【A107010 免税、减计收入及加计扣除优惠明细表】

步骤十八：填写并提交【A105000 纳税调整项目明细表】，如图 9－113 所示。

A105000 纳税调整项目明细表

行次	项目	账载金额	税收金额	调增金额	调减金额
		1	2	3	4
1	一、收入类调整项目（2+3+…8+10+11）	*	*	140000	280000
2	（一）视同销售收入（填写A105010）	0	140000	140000	0
3	（二）未按权责发生制原则确认的收入（填写A105020）	0	0	0	0
4	（三）投资收益（填写A105030）	0	0	0	0
5	（四）按权益法核算长期股权投资对初始投资成本调整确认收益	0	0	0	20000
6	（五）交易性金融资产初始投资调整	0	0	0	0
7	（六）公允价值变动净损益	10000	0	0	10000
8	（七）不征税收入	250000	0	0	250000
9	其中：专项用途财政性资金（填写A105040）	250000	0	250000	250000
10	（八）销售折扣、折让和退回	0	0	0	0
11	（九）其他	0	0	0	0
12	二、扣除类调整项目（13+14+…24+26+27+28+29+30）	1522023.1	1751464.96	392636.47	140000
13	（一）视同销售成本（填写A105010	0	81800	0	81800
14	（二）职工薪酬（填写A105050）	1139868.85	1133737.95	6130.9	0
15	（三）业务招待费支出	68954.25	17727.01	51227.24	0
16	（四）广告费和业务宣传费支出（填写A105060）	0	0	9278.33	0
17	（五）捐赠支出（填写A105070）	208200	208200	0	0
18	（六）利息支出	105000	60000	45000	0
19	（七）罚金、罚款和被没收财物的损失	0	0	5000	0
20	（八）税收滞纳金、加收利息	0	0	3000	0
21	（九）赞助支出	0	0	20000	0
22	（十）与未实现融资收益相关在当期确认的财务费用	0	0	0	0
23	（十一）佣金和手续费支出	0	0	3000	0
24	（十二）不征税收入用于支出所形成的费用	0	0	0	0
25	其中：专项用途财政性资金用于支出所形成的费用（填写A105040）	0	250000	250000	0
26	（十三）跨期扣除项目	0	0	0	0
27	（十四）与取得收入无关的支出	0	0	0	0
28	（十五）境外所得分摊的共同支出	0	0	0	0
29	（十六）党组织工作经费	0	0	0	0
30	（十七）其他	0	0	0	58200
31	三、资产类调整项目（32+33+34+35）	822347.91	796512.41	25835.5	0
32	（一）资产折旧、摊销（填写A105080）	796512.41	796512.41	0	0
33	（二）资产减值准备金	25835.5	0	25835.5	0
34	（三）资产损失（填写A105090）	0	0	0	0
35	（四）其他	0	0	0	0
36	四、特殊事项调整项目（37+38+…+42）	0	0	0	0
37	（一）企业重组及递延纳税事项（填写A105100）	0	0	0	0
38	（二）政策性搬迁（填写A105110）	0	0	0	0
39	（三）特殊行业准备金（填写A105120）	0	0	0	0
40	（四）房地产开发企业特定业务计算的纳税调整额(填写A105010)	0	0	0	0
41	（五）合伙企业法人合伙人应分得的应纳税所得额	0	0	0	0
42	（六）发行永续债利息支出	0	0	0	0
43	（七）其他	0	0	0	0
44	五、特别纳税调整应税所得	0	0	0	0
45	六、其他	0	0	0	0
46	合计（1+12+31+36+44+45）	2854371.01	2687977.37	558471.97	420000

图 9－113　填写并提交【A105000 纳税调整项目明细表】

步骤十九：根据资料八中相关数据填写并提交【A100000 中华人民共和国企业所得税年度纳税申报表(A 类)】，如图 9－114 所示。

图 9-114　填写并提交【A100000 企业所得税年度纳税申报表(A类)】

　　步骤二十：单击界面右上角【全申报】,结束工作。

　　注意：纳税人、缴费人(以下统称纳税人)填报完申报表,单击【全申报】,提示"全申报成功",此时仅完成了提交申报表,系统显示申报状态为"已申报(未导入)",此时还未申报成功。纳税人须持续关注申报状态,待系统显示"已申报已导入"即为申报成功。如系统显示"已申报未导入""导入失败信息",说明纳税人本次申报信息有误,需要单击红色字体(导入失败信息),查看具体失败原因。查明原因后,做好相关事项更正,重新申报。

9

任务四 税款扣缴模拟

　　申报记录状态为"已申报(已导入)"时,纳税人可直接单击【缴款】,还可以到【税费缴纳】中,确认税款无误后,进行缴款,完成缴纳工作。系统支持【三方协议缴款】和【银行端缴款】两种模式,如图9－115所示。签署了"三方协议缴款"的纳税人可直接进行网上缴款。纳税人也可以打印银行端缴款凭证,前往银行缴款,注意需于打印当天去银行缴款。

图 9－115　两种缴款模式

　　如果税款有误,已经打印银行端缴款凭证,请单击【未缴款凭证作废】后,再修改各税种申报。显示"申报成功"界面后,纳税人可直接单击【缴款】。纳税人可在【税费申报及缴纳】—【常规申报】—【扣款结果查询】模块查看扣款是否成功。

　　本案例涉及企业常规税费的缴纳和个人所得税的扣缴。

一、企业常规税费的缴纳

　　步骤一:在"常用功能"界面,单击【税费申报及缴纳】,进入申报缴纳界面,如图9－116所示。

图 9－116　税费申报及缴纳

步骤二：确认纳税申报表是申报成功状态后，单击【税款缴纳】，如图 9 - 117 所示。

图 9 - 117　缴纳税款

步骤三：勾选【税款缴纳列表】中的序号后单击【立即缴款】，如图 9 - 118 所示。

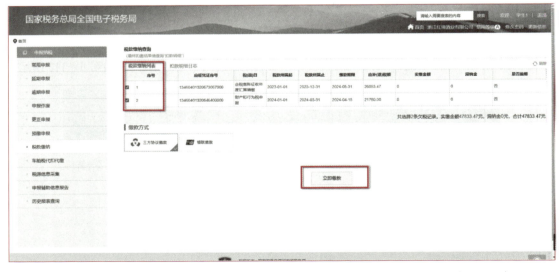

图 9 - 118　勾选并缴款

步骤四：单击【扣款明细日志】，确认申报项目都为【扣款成功】，结束缴纳工作，如图9－119所示。

图 9－119　查看扣款状态

二、个人所得税预扣预缴

步骤一：成功申报个人所得税后，单击【税款缴纳】，单击【三方协议缴纳】，如图 9－120所示。

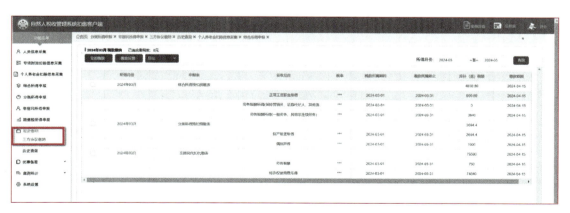

图 9－120　三方协议缴纳

步骤二：选择应缴税款表，单击【确认扣款】，完成缴纳工作，如图 9 - 121 所示。

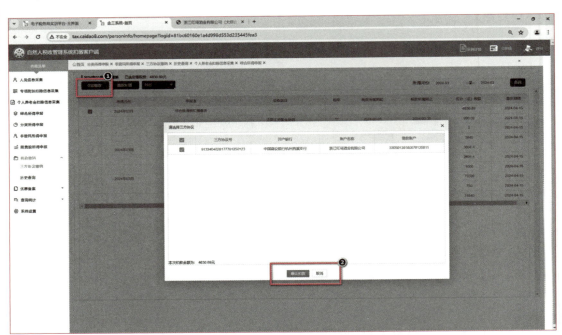

图 9 - 121　缴款并确认

主要参考文献

[1] 辛连珠.企业所得税纳税申报表操作实务与风险管理[M].北京：中国财政经济出版社,2015.

[2] 财政部营改增课题组.营业税改征增值税政策操作指南及会计实务[M].北京：中国财政经济出版社,2013.

[3] 全国税务师职业资格考试教材编写组.税法(Ⅰ)[M].北京：中国税务出版社,2024.

[4] 全国税务师职业资格考试教材编写组.税法(Ⅱ)[M].北京：中国税务出版社,2024.

[5] 全国税务师职业资格考试教材编写组.涉税服务实务[M].北京：中国税务出版社,2024.

[6] 全国税务师职业资格考试教材编写组.涉税服务相关法律[M].北京：中国税务出版社,2024.

[7] 李建军.营改增政策解读与企业实操手册[M].北京：人民邮电出版社,2013.

课程平台申请体验单

学校和院系名称：＿＿＿＿＿＿＿＿＿＿＿＿＿＿＿ （需院系盖章）

学校联系人：＿＿＿＿＿＿＿＿＿ **联系方式：**＿＿＿＿＿＿＿＿＿

　　感谢贵校使用喻竹等编写的《纳税计缴与申报》(第四版)(978－7－04－061750－4)。为便于学校统一组织教学,学校可凭本体验单向浙江衡信教育科技有限公司免费申请安装其开发的"电子税务局实训平台"(以学校为单位申请实训平台软件清单中的任选三个软件、免费安装一次、60 个站点、不限学生账号数量,自安装日起免费 180 天使用期)。

申请方式：

　　1. 详细填写本体验单第一行学校和院系名称(院系盖章)及相关信息。

　　2. 把本体验单传真或拍照发给浙江衡信教育科技有限公司相关业务部门审核(联系方式见下),获取体验单号。

　　3. 凭完整的申请体验单编号和院系名称申请体验。

　　4. 本体验单最终解释权归浙江衡信教育科技有限公司所有。

浙江衡信教育科技有限公司联系方式：

客服电话：13291878097　　　　客服微信：13291878097

教学资源服务指南

感谢您使用本书。为方便教学，我社为教师提供资源下载、样书申请等服务，如贵校已选用本书，您只要关注微信公众号"高职财经教学研究"，或加入下列教师交流QQ群即可免费获得相关服务。

"高职财经教学研究"公众号

资源下载： 点击"**教学服务**"—"**资源下载**"，或直接在浏览器中输入网址（http://101.35.126.6/），注册登录后可搜索相应的资源并下载。（建议用电脑浏览器操作）

样书申请： 点击"**教学服务**"—"**样书申请**"，填写相关信息即可申请样书。

样章下载： 点击"**教学服务**"—"**教材样章**"，即可下载在供教材的前言、目录和样章。

题库申请： 点击"**题库申请**"，填写相关信息即可申请题库或下载试卷。

师资培训： 点击"**师资培训**"，获取最新会议信息、直播回放和往期师资培训视频。

◎ 联系方式

会计QQ3群：473802328　　会计QQ2群：370279388　　会计QQ1群：554729666

（以上3个会计QQ群，加入任何一个即可获取教学服务，请勿重复加入）

联系电话：（021）56961310　　电子邮箱：3076198581@qq.com

◎ 在线试题库及组卷系统

我们研发有十余门课程试题库："基础会计""财务会计""成本计算与管理""财务管理""管理会计""税务会计""税法""税收筹划""审计基础与实务""财务报表分析""EXCEL在财务中的应用""大数据基础与实务""会计信息系统应用""政府会计""内部控制与风险管理"等，平均每个题库近3000题，知识点全覆盖，题型丰富，可自动组卷与批改。如贵校选用了高教社沪版相关课程教材，我们可免费提供给教师每个题库生成的各6套试卷及答案（Word格式难中易三档，索取方式见上述"题库申请"），教师也可与我们联系咨询更多试题库详情。